MUSA KÂZIM ENGİN

HAK VE HAKİKAT YOLU ALEVİLİK

Gerçeklerin ve sırların izinde Aleviliğin temelleri

ARAŞTIRMA - İNCELEME

Musa Kâzım Engin
Hak ve Hakikat Yolu Alevilik - Gerçeklerin ve Sırların İzinde...

Genel Yayın Yönetmeni: Aydın Şimşek
Editör: Dorlion Editör Atölyesi
Kapak Görseli: Heykeltraş Ressam Ali Akdemir
Kapak Tasarım & Sayfa Düzeni: Dorlion Tasarım Atölyesi
1. Baskı: Mayıs 2022

Sertifika No: 33967
ISBN: 978-605-249-689-3

© Dorlion Yayınları | Mayıs 2022
© Musa Kâzım Engin | Mayıs 2022

Merkez: İstiklal Mah. Yeşiltepe Sok. 24/A Eskişehir
Şube: Kültür Mahallesi, Liderler İş Merkezi, Kızılırmak Cd. D. No: 63/9 06420 Çankaya/Ankara
Tel: (0312) 433 03 78 • **Gsm:** (0555) 037 73 19

İç Baskı & Cilt: Bil Ofset Basım Yayın Matbaa Hizmetleri San. Tic. Ltd. Şti.
Tesviyeci Caddesi No: 7/5 İskitler-Ankara
Tel: (0312) 433 03 78
Sertifika No: 46767

www.dorlionyayinlari.com

KİTAP İSTEME ADRESİ:

İNSANCIL

Sipariş Hattı: (0530) 307 10 93 - (0530) 643 30 84
web: www.insancilkitap.com • **e-mail:** depo@insancilsahaf.com

Musa Kâzım Engin

HAK VE HAKİKAT YOLU ALEVİLİK

Gerçeklerin ve sırların izinde
Aleviliğin temelleri

İÇİNDEKİLER

Babam Veyis ENGİN DEDE'nin anısına saygıyla...

Musa Kâzım Engin

12.12.2019

"HÜ DİYELİM GERÇEKLERİN DEMİNE; GERÇEKLERİN DEMİ NURDAN SAYILIR."

Başlarken...

"Hak ve Hakikat Yolu Alevilik" adını verdiğim bu çalışmama başlarken özdeyişe uygun olarak, gerçeklerin ya da "yol diliyle" söylersek **hak** ve **hakikat**in izinden gitmeye çalışacağım. Önceliğim Alevi-Kızılbaş aydınlanması olacaktır. Çünkü günümüzde Aleviler yüzyıllardır çektikleri çileyi, zulmü bir alın yazısı gibi, **"öğretilmiş çaresizlik"** gibi görmeye ve yavaş yavaş da olsa önemli bir kısmı teslim olmaya, egemenlere ve onların inançlarına biat etmeye, ince bir asimilasyona ve dejenerasyona doğru gidiyorlar.

Günümüz egemenleri/muktedirleri tarafından dayatılan bu gidişat ile mücadele etmek, hesaplaşmak ve kavgamızı vermekten başka çaremiz yoktur. Her şeyden önce sadece bu nedenle olsa dahi "Alevi aydınlanmasını" güncelleştirerek işe başlamak zorundayız.

Bu aydınlanmayı öncelikle Yol ve Erkân üzerinden başlatmayı elzem bir görev olarak görüyorum. Çağdaş, ilimden gidilen, bilimden gidilen, laik ve modern normlarla hem kendimizi yenilemek, hem de topluma iyi, doğru, güzel örnekler sunmak zorundayız.

Bugün büyük bir kavram kargaşası yaşanmaktadır. Alevi-Kızılbaş literatürü birkaç yönlü iğdiş edilmekte, içi boşaltılmakta ve boşaltılan yere hurafeler, dogmalar doldurulmaktadır. Bizim yönümüz ve yolumuz ise olabildiğince kavram kargaşasının önüne geçmek, kavramların içini doldurup, doğru, gerçek, felsefi, Bâtıni anlamlarını cesaretle ve ısrarla anlatmak; tabii ki eğitimin önemini, aciliyetini ve değerini ısrarla her platformda vurgulamaktır.

Eğer bu yolda yavaş yürürsek muktedirlerin dayattığı "alın yazısı" bizim önümüze geçer ve bundan sonra "kaderci" bir davranış bizi esir alır. Onun için tabiri caizse "alın yazımızdan" daha hızlı yürümemiz gerektiği çok açıktır!

Egemen güçler/muktedirler yüzyılların getirdiği bir donanıma sahipler. Her duruma hazırlıklılar, güçlüler; bizlerin ise ne eğitim kadrosu var ne müfredatı var ne ciddi bir araştırma kurumumuz var. Sanki fırtınaya apansız yakalanmış gibiyiz. Bütüncül olarak şeriatçı/müteşerri değerler ile toplum olarak hesaplaşmayı bir kenara bırakın, ayrışamadık; aydınlanmayı gerçekleştiremedik. Haktan ve hakikatten yana dinamikler, her kıpırdanışta egemenler tarafından darmadağın edildiler ve bu süreç tüm acımasızlığı ile halen devam ediyor. Hâlbuki "Alevi-Kızılbaş Öğretisi" bu konuda bizlere yeterli veriyi miras olarak bırakmıştır.

Günümüzde artık iktidara taşınan ve yerleşen şeriatçı örgütlenme, bizi yolumuzdan çevirmeye çalışıyor; her yerden kuşatıyor; yaşamımızı zapturapt altına almak için tüm yolları deniyor. Bağnazlığını hayatın, bireyin, toplumun her alanında gösteriyor ve adeta herkesi biat etmeye zorluyor. Toplumumuza ışık verenleri, insan-ı kâmilleri kuşatma altına alıyor ve hemen her türlü "insanlık kazanımına" saldırıyor.

Soru ve sorun şudur: Susacak mıyız? Aklın, bilimin yolumuzun ışığını savunup direnecek miyiz? Teslim olup asimile mi olacağız! Yüzyıllardır çok çeşitli bedeller ödenen aydınlanma savaşında; zaman içinde gelişmiş, derinleşmiş ve artık "**insanlık kazanımı**" olmuş değerleri yadsıyacak mıyız? Bilgi/Aydınlanma/ Işık çağdışı şeriatçı güçlere, içimizdeki takiyyecilere ve gizli yobaz zihniyetlere karşı bizi dirençli tutacak ve gelecek kuşaklara aktarabileceğimiz tek olanağımızdır. Düşünmenin kesintiye uğramaması için, güncellenerek yeniden üretilmesi gerekiyor.

Hak ve Hakikat Yolu Alevilik işte tam da bu noktada önem taşımaktadır. Her türden gericiliğin ve yobazlığın at koşturduğu bir platforma dönüştürülen Alevi toplumsal yapısı, hızla tüketilen, egemenlik ilişkisine göre yeniden dizayn edilmeye çalışılan bir durumdadır. Alevilikte "**Yol ve Erkan**" ile ilgili gerçekleri ortaya koyarken bazı kişi ve grupları karşımıza alacağımızı şimdiden öngörmek zor olmasa gerek.

Aleviliğin tarihsel, düşünsel ve toplumsal perspektifi açısından "**Gerçeğe Hü**" demek ve dik durmak zorundayız. Dik duruşumuz yüzyıllardır ödenen bedellerden, yaşanan katliamlardan beslenen onurlu bir duruştur. Hallac-ı Mansur'a, Seyyid Nesimi'den Baba İlyas'a, Pir Sultan'dan Seyit Rıza'ya ve **hak** ve **hakikat** yolunda serini veren erenlere, âşıklara ve sadıklara borcumuz vardır. Gelecek kuşaklara, çocuklarımıza, torunlarımıza borcumuz vardır.

Düşüncenin, felsefenin ayağa kalkması/ayaklanması lazımdır. Düşüncenin girdiği yerden hurafe kaçar, yobazlık göçer. Düşünen insan aydınlanmayı bir insanlık ideali olarak benimser; yetmiş iki millete bir nazar ile bakar; sevgiyi din edinir, ırkçılıktan, bağnazlıktan uzaklaşır ve "kara yazgısının" önüne geçer. Atalarımız, yol önderlerimiz "Yolcu ateşte yanmakla, **yol** yanmaz," derken, şaşanları ve düşenleri hesaba katmışlardır. "Gönül kalsın, **yol** kalmasın," derken birilerinin olası benliğine vurgu yapmışlardır. "Yol cümleden uludur," derken özgürlüğü ve eşitliği adalet ile ortaya koymuşlar; kimseye imtiyaz tanımamışlardır. "**Yola yoldaşla** gidilir; **kallaş** ile değil" derken, musahip yoldaşlığı, yârin yanağından gayrıyı paylaşanları, canını yola kurban edecek kadar ilkeli ve dik duruşlu olan ikrarlı canları anlatmışlardır.

Asırlardan beri aydınlanmanın ve başkaldırının toprağı olan Anadolu'nun ve Mezopotamya'nın kuytularında yaşama tutunan engin kültür; binlerce yılın geleneğini, örfünü, âdetini, hizmetini ve güzelliklerini teknoloji ve bilişim çağındaki insana benzeri görülmemiş bir alternatif olarak açmak, açılmak durumundadır.

Bunun için önce "yol" ile ilgili tanımlamalardan veya yoldan ne anladığımıza ilişkin saptamalardan başlamak elzemdir. Günümüzde "yol" öylesine karmaşık hale getirilmektedir ki sanki bu kavram kargaşasını yaratanlar; 'içinden çıkılmasın, anlaşılmasın ve asimilasyonda amaç böylece tam olarak hâsıl olsun' demektedirler. Gelenekten geleceğe iz sürdüğümüz için kitabımızda Yol önderlerimizin veciz sözleri **kalın puntolarla** verilecektir.

Ezdi aşkın şerbetini hoş etti,
Birisi doldurdu biri nuş etti,
İkisi bir derya olup cuş etti,
Lâl ü mercan inci dür'e düş oldum.

Ol derya yüzünde gezdim bir zaman,
Yoruldu kanadım dedim el aman,
Erişti carıma bir ulu sultan,
Şehinşah bakışlı ere düş oldum.

Açtı nikabını ol ulu sultan,
Yüzünde yeşil ben göründü nişan,
Kaf-u nun suresin okudum o an,
Arş-Kürs binasında yâre düş oldum.

Ben Âdem'den evvel çok geldim gittim,
Yağmur olup yağdım ot olup bittim,
Bülbül olup Firdevs bağında öttüm,
Bir zaman gül için hara düş oldum.

Âdem ile balçık olup ezildim,
Bir noktada dört hurufa yazıldım,
Âdem'e can olup Sit'e süzüldüm,
Muhabbet şehrinde kâra düş oldum.

Mecnun olup Leyla için dolandım,
Buldum mahbubumu inandım kandım,
Gılmanlar elinden hülle donandım,
Dostun visalinde nâra düş oldum.

On dört yıl dolandım **Pervane**likte, (Nefesin orijinalinde 14
bin yıl değil 14 yıl geçer!)
Sıtkı ismin buldum divanelikte,
Sundular aşk meyin mestanelikte,
Kırkların Cemi'nde dara düş oldum.

Sıdkı'yam çok şükür didare erdim,
Aşkın pazarında hak yola girdim,
Gerçek âşıklara çok meta verdim,
Şimdi Hacı Bektaş Pir'e düş oldum.
(İsmail Özden, Alevi-Bektaşi Şiirleri Antolojisi, Cilt. 4,
Ankara)

"Pervanelik" dediğimiz 14 milyar yıllık evrende, bilindiği kadarı ile atmış bin yıllık açık izi olan, 5000 yıldır artık yazılı eser bırakarak var olan insanlığın evrensel gelişimini, değişimini, kısaca varoluşunu, yine evrende bulunan diğer tüm varlıklar ile birlikte açıklayan Alevilik, tüm varlıkların birbiri ile ilişkisi olduğunu, hepsinin birbiri etrafında döndüğünü ve diğerinin varlığı ile ilgili bilgi verdiğini, adeta birbirini tavaf ettiğini ve birbirinden sorumlu olduğunu kabul eder.

Bunun için de tüm varlığın (büyük varlığın, evrenin) olması lazımdır. Evrende zıtlar bir aradadır. Acı-tatlıyı, soğuk-sıcağı, uzun-kısayı, şişman-zayıfı, gece –gündüzü bildirir. Karanlık olmazsa, ışığın değeri olmaz; hastalık olmazsa, sağlığın değeri bilinmez; zalim olmazsa, mazlumun değeri belli olmaz.

Yol önderlerimizin sözleri:

İnsan çok büyüktür, tarif hiç gelir; tarif etsem Hak'tan bana suç gelir. Dert sende, derman senin elinde ama bilmiyorsun. İlletinin sende olduğunu görmüyorsun. Sen kendini küçük bir cisim sanırsın; hâlbuki **büyük evren** (kâinat) sende saklıdır. Sen öyle bir kitapsın ki, gizli olan şeyler "**o**" kitabın harfleri ile meydana çıkar, okunur. Kâinat kitabında yazılı olan şeylerin hepsi sendedir; çünkü okunacak en büyük kitap insandır. Kâmil insan sözü Hak kelamıdır!

Bu değerli sözlerden kısaca çıkaracağımız sonuç: İnsan, ham ervahlıktan, **insan-ı kâmile** evirilecek ve bu yolda dört kapı ve kırk makamdan geçecektir. "**Ham ervahlıktan insan-ı kâmile, yol odur ki ışık ile gidile,**" özdeyişi ile **ışığı** takip edecek, bilimi takip edecek, gerçeği arayacak ve bulacağız, başka bir **yol** yoktur, **yol ise zaten budur!**

Övünç duyacağı bir soyu varsa bilgisiz kulun,
Bilsin ki çamurdan ve sudandır özü soyunun,
Dünya'da insan-ı kâmilin ölçeği güzelliktir,
Bilim, doğruluk ve sevgidir, soyu insan olanın.

Katlanılmaz bir kötülük gelirse eğer başına,
Suskun kayalar gibi dur ve diren tek başına,
Rahat günlerde gelir geçer, zor günler de,
Sabırlı ol, dünya harcı değmez ki gözyaşına.

Kanat ger dostuna her dem pekiştir sevgini,
İçten arzula onu, hastaya ilaç gibi isteğini,
Ama her dost görüneni de dost sanma sakın,
Yalan dostluklar herkese sıçratır pisliğini.

En büyük utançtır, varsıl yoksulu ezer,
Yoksulluk özgür olan insanı da tutsak eder,
Özgür olmak istiyorsan her daim zalime dik dur,
Yoksa hem hakkın hem de şerefin gider.

En bilge insan eksiğini bilen kişidir,
Sözünü tutan, benliğini silen kişidir,
Kötülükten uzakta, iyiliklerle güzelleşen,
Dünya yıkılsa, özünü yoklayan kişidir.

Aleviliği bu sözlerde yakalamak, bu sözlerin ışığında yorumlamak ve **insan-ı kâmil** yolculuğunda bu sözleri temel ilham kaynağımız olarak görmek zorundayız. Yukarıdaki nefesi dikkatle, satır satır incelediğimizde bize gerekli ışığı vermektedir.

Bu yolculukta Aleviliği/Kızılbaşlığı doğru anlamak ve anlatmak için "zor" olan yolu; yani mantığı, felsefeyi ve düşünceyi esas alacağız; çünkü kolay olan yol soru sormayan, irdelemeyen, sorgulamayan, sadece iman eden, inanmayı emreden, akıl ve sezgileri kullanmayan biat kültürüdür; çünkü biat edenin sezgiye, akla, mantığa ve onun sorarak, sorgulayarak elde ettiği felsefeye ihtiyacı yoktur. Biat eder, biat ettiğine iman eder ve egemen olana uyar. Uysaldır, tartışmaz, emredileni yapar, neden yaptığını düşünmez, bu yüzden "**kul**"dur. Beyni asla özgürleşmez. Asıl zor olan ise Alevi felsefesini kavramaktır.

KIZILBAŞ-ALEVİ ÖĞRETİSİNDE ÜÇ TİP İNSAN

Aleviliğin en az konuşulan ve en az bilinen yönü onun felsefi boyutudur. Alevi'yi ayaklar üzerine dikecek, yön, felsefesidir. Çağdaş insan yaratmanın özgür beyinlerle olacağı, **kâmil insan** olmak için önce düşünen, sorgulayan, soran bir sürecin yaşanması gerektiğini, bu süreç sonunda insanın **ilm-el yakin** prensibinin yakalandığını **Alevi yol önderleri** yüzyıllarca anlatmışlar ve uygulamışlardır. O halde soralım: **İlm-el yakin** nedir; ne demektir?

Alevi öğretisine, yoluna göre üç tip insan vardır:

1) **Uyuyan insan**

2) **Uyanan insan**

3) **Kâmil insan**

Uyuyan insanın **kâmil** insan mertebesine ulaşması için bir yola girmesi ve yolculuğa çıkması gerekir. Yola giren insanın çeşitli aşamalardan geçmesi ile **Hakk-i kata** ulaşması, **kâmil insan** olması **kâmil** insanlardan oluşan, "**Rıza Şehri**" ilkeleri ile yaşayan "**kâmil toplum**" hedeflenmektedir. Bu arada hemen belirtelim, "**Rıza Şehri**" ilkelerini ileride ayrıntılı inceleyeceğiz.

Bu yolculuk;

a) İlm-el yakin,

b) Ayn-el yakin

c) Hakk-el yakin ile gerçekleşecektir.

Kısaca İlm-el yakin: Bilgi ile yaklaşmak; Ayn-el yakin: Gönül gözü ile yaklaşmak, Hakk-el yakin: Hakk'ı özünde görmek, Hakk ile hak olmak, **hakikate** ermek, **gerçeğe ve ışığa** ulaşmak, **kâmil insan** olmak olarak özetlenebilir. İleride bu aşamaları detaylı olarak incelemek üzere tekrar İnsan unsuruna dönelim.

1- Uyuyan insan: Uyuyan insan kendi özündeki bilgi, görgü ve erdem eksikliğini göremeyen, her şeyi gördüğünü, anladığını ve bildiğini sanan insandır. Özünü yoklamayı, sorgulamayı düşünmediğinden kişisel "ben" onu etki alanına sokmuştur. Bu yüzden kibirlidir, alçak gönüllü değildir. Bilgiye yeniliğe, toplumsallığa uzaktır. Her hata yaptığında yine kendisinin doğru ve haklı olduğunu düşünür. Asla kendine bir hata ya da eksik payı çıkarmaz. Benlik kişinin şeytanıdır, Benliğine esir olanlar kendi şeytanlarının esri olmuşlardır. Bu tip insanları Alevi yol önderleri, pirleri "içgüdüleri ile hareket eden, sadece doğal ihtiyaçlarını karşılamak için çaba sarf eden," bazı hayvanlardan farksız kabul eder. Bu tip insanlar hep "zahirde" kalmışlardır ve asla **yola** giremezler.

Alçağa indir özünü,

Dosta turap et yüzünü,

Pişir de söyle sözünü,

Arasında çiğ bulunur.

(Yunus Emre)

2- Uyanan İnsan: Uyanan insan; özünü yoklayan ve sorgulayan insandır. Her şeyi bilmediğini ve bilemeyeceğini kabul eden, hayatta öğrenmesi gereken çok şey olduğunu düşünen ve bunun için bilgiye, öğrenmeye ihtiyaç duyan insandır. Eksikliğini gidermek için sormaya, öğrenmeye talip olan, bu yolda uğraş veren, hem bilgi hem de görgü kuralarını öğrendikçe daha da alçak gönüllü olan insandır. Kendini yetiştirdikçe içindeki **"ben"** duygusunu öldüren ve zamanla **"toplumsal ben olan biz"** duygusunu, yani sevgiyi ve paylaşımı geliştiren ve yücelten, kutsayan insandır.

Hünkâr Hace Bektaş'ın "Her nense nesnedir, cahil **hiç** nesnedir" ve "Yolumuz; bilim, irfan ve insanlık yoludur," ilkelerini yaşamına uygulamak için uğraşan insan **"uyanan insan"**dır. Uyanan insan, "Âlimin sohbeti, cahilin ibadetinden daha hayırlıdır," diyendir. Çünkü ilim ve irfan mürşittir. İlim ve irfanın girdiği yerde karanlık olmaz. İnsanları **cehalet** ve **gaflet** bunaltıp boğar. **"Uyanan insan"** ilim ve irfanı alır; **"Sevgi bizim dinimizdir,"** der.

3- Kâmil İnsan: Kâmil insan; özünü yoklayıp sorguladıktan sonra, kendini tanımaya başlayıp, ilim, irfan ve sevgi yolunda uzun bir uğraş verdikten ve Hakk'ı gönül gözü ile görmeye, can gözü ile kavramaya başlayan insandır. Kâmil insan bu yolda ve yolculukta tüm aşamalardan geçmiştir, benliğini tamamen öldürmüştür. Hakk'a ve Hakikate ermiştir. Özünü Hakk'a ve halka adamış, halka **"turap"** olmuştur. Bütün mevki, makam ve saltanatlardan vazgeçmiştir. Hiçlik mertebesine ulaşmıştır. O artık bütün gününü Hakk'a ve Halka adamıştır.

Alevi felsefesinin olmazsa olmaz amacı kâmil insanı yaratmak ve kâmil insanlardan oluşan bir kâmil toplumu oluşturmaktır. Bu açıdan bakıldığında Aleviliğin toplumsal yaşam projesi karşımıza çıkmaktadır. Bu toplumsal proje **"Rıza Şehri"**dir.

Rıza Şehri Alevilerin nasıl bir toplumsal hayatı hedeflediklerinin en güzel örneğidir. **"Rıza"** uygulaması, insanı sevmenin, kişi özgürlüğüne, insan onuruna atfedilen önemin ve değerin en güzel göstergesidir. Hayatın her alanında, her konuda **"rıza"**nın temel alındığını göstermesi bakımından "Eşitlik, özgürlük ve adaleti" kavramanın ve eksiksiz uygulamanın ispatıdır.

Bu uygulama " **Rıza Şehri**" ilkesi ile modern demokrasilerin dahi üzerine çıkarak, temsili değil, doğrudan demokrasi uygulaması ile bir "**insanlık idealine**" işaret etmektedir. Sonuç olarak kâmil insan, ilim, irfan, insanlık ve sevgi yolunda en üst mertebeye ulaşmış, pişmiş, olmuştur. Bu yolda önce bilgi eksikliğini tamamlamış, gönül gözü ile her şeyi görebilen olmuş, tamamen iç "**ben**"liğini öldürmüş, "**biz**" olmuş Hakk'ı özünde görüp, **hakikate** ermiştir. Sevgiyi din ve iman edinmiştir.

Alevi felsefesinin temel aşamaları olan ilm-el yakin, ayn-el yakin ve hakk-el yakin, ancak uyanan insanların çabaları ile gerçekleşir. Bu aşamalarda "**ham ervah**" olarak kabul edilen insan ilim yolu ile gönül gözü ile görecek mertebeye, oradan da irfan, terbiye, görgü ve sevgi ile ayn-el yakin olmaktadır. Bütün bu zorlu ve zorunlu duraklar insanı kemale eriştirir. Er olup, erlerle yaşayıp, erenlere karışmak, ilkesi Hakk-el yakine ulaştırmaktadır. Yol önderlerimizin, pirlerin, âşıkların ve sadıkların sözleri, deyiş ve nefesleri bize bu felsefeyi çok net olarak aktarmaktadır.

Hace Bektaş Veli Dergâhı girişinde var olan ve nedense sökülerek, bugün "müze" tabelasının konulduğu yerde bir kitabe vardır. Bu kitabede " Bu kapı ışıkların (âşıkların) Kâbe'sidir, eksik gelen tamam olur," diye yazmaktadır. Bu kitabe Alevi felsefesinin bir anayasa gibi özet bir manifestosudur. Bu ve benzeri kitabeler Anadolu'nun birçok yerinde mevcuttur. Egemen güçler özellikle Osmanlı döneminde bu kitabeden korkmuş olmalılar ki yerinden sökerek kaldırmışlardır. Ama tarihsel olarak bu kitabenin varlığını da amacını da, felsefesini de yok edememişlerdir.

1165 yılında Endülüs'te (İspanya) doğan Muhyiddin Arabî şöyle der:

"Kalbim her sureti kabul eder oldu.

Ceylanlara otlak, rahiplere manastır, putlara tapınak, hacılara Kâbe,

Tevrat'ın sayfaları, İslam'ın Mushaf'ı oldu.

Dinim sevgi dinidir, onun kervanına yöneldim.

Sevgi dinidir, dinim ve imanım."

Muhyiddin Arabi'nin etkilendiği Beyza-al Tur'da 857 yılında doğan Hallac-ı Mansur; 22 Mart 922'de Bağdat'ta En el Hakk fikrini seslendiren, Hakk-el yakin olmuş, düşüncelerinin bedelini Abbasi egemenlerine canı ile ödemiştir. Yine İspanya-Kurtuba'da 1126'da doğan İbn-i Rüşt ilim, irfan, akıl, vicdan yolundan ayrılmadığı için çağının yobaz egemenleri tarafından cezalandırılmıştır. Bazı gerici-yobaz çevrelerin bugün sahiplendiği ünlü tıp hekimi İbn-i Sina ve düşünür Farabi; Hallac-ı Mansur'un ardından, onun düşüncelerini ilim, irfan ve tıp alanında kanıtlarken; egemen İslam anlayışı tarafından "kâfirlikle" suçlanabilmiştir.

Savm-ü salât, Hacc-ı zekât,

Sanma bize, Zahit için,

İnsan-ı kâmil olmağa,

Lazım olan irfan imiş. **(Şirazlı Hafız)**

Dünya dediğiniz bir bakmışınızdır bizim,

Ceyhun nehri, kanlı gözyaşımızdır bizim,

Cehennem boşuna dert çektiğimiz günler,

Cennetse, sevgi ile yoğurduğumuz günledir bizim.

(Şirazlı Hafız)

Yunus Emre der Hoca,

Gerekse var bin Hacca

Hepisinden iyice,

Bir gönüle girmektir.

(Yunus Emre)

Cennette huri gılman,
Sevdası bizde yoktur,
Hakk'ın cemali varken,
Cennet azap oluptur.

Hatayi hal çağında,
Hakk gönül alçağında,
Yüz bin Kâbe yapmaktır,
Bir gönül al, çağında.

(Şah Hatayi)

Dön ziyaret eyleme İbrahim'in bünyadını,
Dertli'nin gönlün ziyaret et, Beytullah'ı gör.

(Dertli)

Duvara karşı secde etmek bize ne hacet,
Bizim niyazımızda Hakk imamımızdır.
Ey hoca sen bizi cahil mi sandın,
Biz Ledün ilminin ulemasıyız. (Ledun ilmi: Derin, gizli ve özel bilgi sahibi olmak)

Ey gönül Hakk sendedir, Hakk sendedir,
Söyle Hakk'ı kim, En-el Hakk sendedir.
Hakk-ı mutlak, zat-ı mutlak sendedir,
Mushaf'ın hattı, muhakkak sendedir.

Sen Hakk'ı yabanda arama sakın,
Kalbini pak eyle, Hakk sana yakın,
İnsana hor bakma, gözünü sakın,
Cümlesin insanda bulduk erenler.

Ham ervahlıktan insan-ı kâmile; yol odur ki ışık ile gidile. Bu söz yolu, yolun felsefesini, açıkça göstermektedir. Bu ışıktan dolayıdır ki, "Bu yol kaybolmaz, yola gireni de utandırmaz !" Bu yola girenler, bu yolda yürüyenler her zaman ışığın-âşığın şu sözünü hatırlarlar. "Ben beni bilmezdim, halkı kınardım / Meğer ilmim noksan imiş bilmedim". Kendini bilmek, özünü tanımak; insanlık yolunda yürüyen insan-ı kâmil yolcularının temel ilkesi olmuştur ve olmaya da devam edecektir.

Anadolu Aleviliğinin oluşumu, felsefesinin ve ilkelerinin tam anlamı ile olgunlaşması yüzyıllar süren bir süreçte gerçekleşmiştir. Bu gelişme süreci içerisinde Ortodoks, tutucu, gerici "İslam" ile hep çatışmıştır. Alevilik; gerek insanlara birey olarak sunduğu özgürlük, eşitlik, adalet kavramları, gerekse toplumsal yaşamda "rıza" ilkesi ile insan yaşamında somut olarak karşılığı buluna ve kabul gören, toplumu cendereden kurtarıp ileri götüren bir lokomotif işlevi görmüştür. Bu işlevinden dolayı her dönemde egemen olan zihniyet Aleviliğe düşman olmuş ve ezmiştir. Ama asla yok edememiştir. Alevilik bir ortaçağ kimliği değildir. Tam tersine Orta Çağ koşullarında egemen olan kimliğe karşı doğup biçimlenmiş, kendisini sürekli yenileyerek günümüze taşınmış modern ve çağdaş bir kimliktir.

Alevilik; bu nedenle kitaba adını verdiğimiz **Hakk ve Hakikat Yolu**'dur. Aleviliğin felsefi, inançsal, toplumsal ve kültürel boyutları vardır. Doğayla barışık, kurdun-kuşun hakkını gözeten, bilen ve insan yaşamını bu bütünün içinde **rızalık** ile ele alan bir inançtır. Alevilik binlerce yıldır kadim insanlığın hafızası, insanlığın kültürü, insanlığın ahlakı ve moral değerlerinin bütünü olarak bugünlere gelmiştir. İnsan aklına ve doğaya uygundur. Kâmil insanı ve kâmil toplumu amaçlar.

Okunacak en büyük kitabın insan olduğunu savunur. Nefsini öldüren değil, nefsini bilen, dolayısı ile kendini bilen insan olma hedefidir. Tarihsel süreç içinde semavi dinlerle karşılaşmış, bazı noktalarda yolları kesişmiştir. Birçok semavi din ve inançlar "Serçeşme"den birçok konuda ilham almışlardır.

Hakk-Âlem-Âdem ya da diğer bir değişle Hakk-kâinat (evren)-insan tasarımı, kendine özgü kuralları, ahlakı, yaşama biçimi ve inançları ile özgündür ve kadimdir. Her şey kemâle erinceye kadar bir devriye içindedir, tekâmüle kadar bu böyle devam eder.

Alevilik "iyilik" üzere kurulmuştur. "**Dili, dini, ırkı, rengi ve cinsi ne olursa olsun iyiler iyidir.**" Hünkâr nefesi yolu göstermektedir.

ALEVİLİKTE İKRAR

Alevilikte "**ikrar**"ı anlatmadan önce, konunun daha iyi anlaşılması için ikrarın kelime manası ve Bâtıni anlamı üzerine birkaç söz söylemek gerekir diye düşünüyorum. İkrar Arapçadır. Kabul edip, onaylayıp bunu dili ile ifade etmek, sözünü vermek anlamına gelir.

Alevilikte, "**İkrar yerin göğün direğidir**" ve Hünkâr'ın şu özlü sözü ile hayat bulur: "**Ham ervahlıktan insan-ı kâmile, yol odur ki ışık ile gidile!**" Burada ham ervahı yine Hünkâr'ın bir sözü ile açıklayalım. Hace Bektaş Dergâhı'nın kapısındaki kitabede şöyle yazardı: "**Bu kapı ışıkların (âşıkların) Kâbe'sidir; eksik gelen tamam olur!**"

İnsanın eksiğini tamamlayıp yani Ham ervahlıktan çıkıp, kemalet bilincine ulaşması manasında kullanılmaktadır. İkrar vermek ve ikrarına sadık olmak bu amaca ulaşmayı istemek, bu kararda kalmak andını ifade eder.

Çıktım Şu Âlemi Seyran Etmeye
İkrar Verdim Bu İkrarı Gütmeye
Virani

Hukuk kurallarına göre ikrar: İtiraf etmek, isbat etmek, kabul etmek; anlamlarına gelir. Kişi bir şeyi ikrar ediyorsa ayrıca ispat gerekmez. Yine kişi bir konuda itiraz etmiyor ve cevap vermiyor ise *"Sükût ikrardan gelir,"* cümlesi ile de ifade edilir.

Alevi - Bektaşi - Kızılbaş **dört kapı kırk makam** öğretisinde **tarikat** (yol) ikrarı vermek; **yola girmenin,** yola bağlı olmanın, yol kurallarına sadık kalmanın, yol sırlarını "sır" etmenin yeminini etmektir. Bunun için yola giren muhip, talip, tarikata girenler için yapılan Cem'de yol kurallarına sadık kalacağına, sırlarını saklayacağına dair ikrar eder.

İkrar verdim bu ikrarı güderim
İkrarımdan dönmem yolun ucundan
Eksikliğim bilip yoldan kalmadım
Dönen dönsün ben dönmezem yolumdan
Pir Sultan Abdal

Ahtı bütün ikrarında ber karar
Söz verüp durmayan yâri neyleyim
Ruhsati

İkrarınıza ser veririz ahde kavîyiz
Biz şâh-ı velâyet kuluyuz hem Aleviyiz
Şeyh Galib

Günümüzde yukarıda bahsettiğimiz sistem çeşitli nedenlerle işlerliğini oldukça zayıflatmıştır. Alevi olmak, bir Alevi anne-babadan dünyaya gelmekle birlikte, asıl olarak ikrar verip bu **yola** girmekle olur. İkrarda bunun ilk aşaması, giriş kapısıdır.

İkrar sözdür. Söz vermek ve sözünün gereklerini yaşamında ortaya koymak, sözüne, yani ikrarına bağlı kalarak bir yaşam sahibi olmaktır.

Alevi olmak isteyen, Alevi inancına uygun bir yaşamın sahibi olmak isteyen, Aleviliğin kişiyi manevi boyutta anlamlı ve mutlu yaşama götüren yol olduğuna kanaat getiren "her kişi" ikrar vermek durumundadır. Bu verdiği ikrarında gereklerini ömrünün sonuna dek uygulamakla yükümlüdür. Bu kurallar **rehber, pir** ve **mürşit** makamları için de geçerlidir.

Verdiği bu ikrarla kişi bundan sonraki hayatında inancın gerektirdiği gibi bir yaşamın sahibi olacağına, yani **eline, beline, diline bağlı kalacağına, eşine, aşına, işine sadık olacağına**, sözüne, gözüne ve özüne sahip olacağına yemin eder. Hiç kimseyi inancından, ırkından, renginden, cinsiyetinden, sosyal statüsünden dolayı hor görüp aşağılamayacağına, insan katletmeyeceğine, kısacası doğruluk ve dürüstlük ilkeleriyle bir yaşam süreceğine söz verir.

Kişi, hiç bir etki ve baskı altında kalmadan, tamamen özgür iradesi ile ikrar verir. İkrar verdiğinde ona söylenen **"gelme gelme, dönme dönme"** düsturudur. Bundan kasıt; bu yolun kuralları şunlardır: Madem bu yola girmek istiyorsun, o halde bu kurallara uy ve bu yolun ilkelerini yaşamında isteyerek ve severek uygula. Bu bilinç ve düşünce ile ikrarını ver. İkrarında durmayacaksan, yolun kurallarını çiğneyeceksen, yoldaki işaretleri hiçe sayacaksan, yolun sırlarını ifşa edeceksen ikrar verme; yani **"gelme"**; yani **"Öl ikrar verme, öl ikrarında dönme!"** İkrar verip de gereklerini yerine getirmeyenler kaçınılmaz olarak **düşkündürler.**

Aleviliğin Hak Ve Hakikat Yolunda ikinci ikrar, evlenecek kişilerin **eşine ikrar vermesidir**. Eş ve eşit olarak, malını malına, canını canına katarak, yaşamı yol kuralları ve yolun koyduğu ahlaki prensipler ışığında eşi ile paylaşır. Düşkünlük hukukunda çok net olarak tek eşlilik vurgulanmıştır. Eşini, mağdur, mahcup eden, üzerine başka biri ile ilişkiye giren kişi (kadın veya erkek) düşkün olur. Bu yüzden eşine verdiği ikrar da yol açısından önemli bir duraktır.

Alevilikte üçüncü ikrar **Musahiplik Erkânı** ile verilir. Musahiplik, Alevi toplumu için en önemli kurumlardan biridir. "**Yola yoldaşla gidilir**," cümlesi, musahiplik içindir; zira "yol" kelimesi Aleviliği temsil eder. Alevilik bir yoldur ve bu yola girmek isteyen Alevilerin bir yol kardeşinin/ musahibinin olması gerekmektedir. Bu kurum, toplumsal dayanışmayı sağlar; inanca dair sorumluluk bilincini arttırır ve rehber eteğinden **pire** ulaşma yolunda atılan önemli bir adımdır.

Musahip olmanın belli şartları vardır. Bunlardan biri öncelikle evli olmaktır. Evli iki çift, birbirlerinin yol kardeşi/musahibi olmak üzere anlaşırlar. Burada önerilen zenginin fakirle, zayıfın güçlüyle musahip olması ve bu sayede sosyal dayanışmayı arttırmaktır. Zira yol kardeşliğinde canların "yarın yanağından gayrı" her şeyi ortaktır. Maddi ve manevi anlamda her şey bu dört canındır. Musahipliğe benlik girmez, "sen" "ben" denmez. Bu noktada önce eşler birbirlerinden razı olurlar. Sonra musahip olmak istedikleri evli çift için rızalık alınır. Dört canın da birbirine rızalığı ve bu yola girmeye itikadı var ise pire ulaşılır. Aleviliğin temelinde rızalık vardır. Musahip olmak isteyen dört canda en ufak bir hissi açık varsa bile itiraz edilmelidir; zira bu kardeşliğin sorumluluğu ağırdır.

Sonraki aşamada, **rızalık** alındıktan sonra bir **pire** (ana veya dede) gidilir. Pir, öncelikle "gelme" der. Canlar geri gider, kapının eşiğini öpüp yine **pirin** karşısında dara dururlar. Bu "gelme" uyarısı üç kere yapıldıktan sonra bu sefer pir "dönme" diye uyarır; çünkü Pir Sultan Abdal'ın uyardığı gibi: "Bizim yolumuz dikenlidir;

ayağını seven gelmesin," denir. Bu durumda birbirini bir süredir tanıyan ve kendisinden emin olan dört canın musahiplik erkânı görülür. Yol kardeşleri, bir sene boyunca (kırk sekiz perşembe-Ramazan'a denk gelen dört perşembe hariç!) ya beraber Cem olmuşlardır ya da beraber Cem olacaklarına dair ikrar vermişlerdir.

Musahipliği değerli kılan bir diğer unsur ise bu kurumda kadın erkek eşitliğinin varlığıdır. Alevilik "aile kurmayı" şart kılmak ile birlikte aile içerisinde rızalığa dayalı bir sistem oturtur. Böylece yol kardeşliğinde çiftlerin bir can olması ile cinsiyetlerin önemsizliği söz konusudur. Bu bağlamda Alevilerde neden tek eşlilik olduğu aşikârdır. Musahiplik kurumu bağlamında yapılan evlilikler kutsanır. Böylece Alevi kadın ve erkekler, yola girmekle beraber tek eşliliği de seçmiş olmaktadır.

Gücenme hey softa biz beli dedik
Oturup kalkmamız ikrara bağlı
Dünyaya gelirken senet eyledik
Sanma ki Kıblemiz duvara bağlı

Bizim ölenimiz geri dirilmez
Kıymet bilmeyene değer verilmez
Kapımız taşlanır fakat girilmez
Çünkü kilidimiz Haydar' a bağlı
Âşık Mahzuni Şerif

Alevi yolunda verilen ikrar; **eline**, **diline**, **beline** sahip olma ikrarıdır.

EDEB: E: Eline, D: Diline, B: Beline sahip olmaktır. Elinden, dilinden ve belinden emin olmaktır.

Eline sahip olan kul hakkına, başkasının emeğine el uzatmaz, eli ile koymadığını almaz. Hiç kimsenin payında gözü olmaz. Hırsına, hiddetine sahip olup can incitmez. Diline sahip olan yalan söylemez. Gıybet etmez, iftira atmaz, dedikodu yapmaz, İkiyüzlülük etmez. Fitne ve fesat olmaz. **"Dilinizi iyi kullanın, o sizi saadete götürdüğü gibi felakete de götürür"** (Hünkâr-ı Pir). Daima doğru olmak, doğruluktan yana olmak gerekir. Doğruluk Hak kapısıdır.

Beline sahip olmakta insanın namusuna sahip olmasıdır. Eşinden gayrisine yan gözle bakmamaktır. Kemerbest bağlamakta bunun bendidir, ikrar kilididir. Edeb ve kemerbest bütün kötü fiil ve düşüncelerden korunmak için insanın büründüğü zırhtır. Nitekim Hünkâr Hace Bektaş Veli: **"Edeb elbisesini sırtınızdan ölünceye kadar çıkarmayınız,"** der.

Nesimi, **"Vücudum on sekiz bin âlemin aynası oldu, Hakk'ın görünen sureti benim ve Hakk bende gizlendi, sır oldu,"** diyor.

Alevilik, âlemlere can dedi canan dedi; dört elementin (çar-ı anasır) birliği dedi; her bir canı kendine eşit bildi, ayırmadı, eksiltmedi...

Karşıtlık bitti, çatışma bitti. Rıza dedi, rızalık dedi. Hiçbir canın rızasını es geçmedi. Yetmiş iki milletin insan-ı kâmilleri bu yolda birleşti. Dünya malını Dünya'da bildi. Kâinatın bütün gizli sırlarını kendine "ilim" ve bu yolculukta içinde ikilik yaratan nefsi yönetmeyi kendine rehber seçti. **"Marifet nefsi silmek değil, bilmektir,"** diyen Hace Bektaşi Veli, nefsin insanda var ettiği çatışmaya yönelik ise Aleviliğin temel prensibi olan "rızalık" anlayışını öne çıkarttı. **"Nefsine ağır geleni, kimseye tatbik etme,"** dedi. Savaş ve barış gibi ikilemlere girmedi. Onun insan aklından geldiğini bildi. İnsanın insana zulmünü, nefsin insana zulüm bildi.

Kırklar meclisinin eşitlik döngüsü; postun, tahtın, tacın, suretin, sıfatın dışarıda bırakıldığı buluşma hali insana verilen en önemli mana örneklerinden biri oldu.

Bugün yine, insanlık nefsin en acımasız kavgalarından birine tanıklık ediyor. İkrar bozuluyor, söz anlamını yitiriyor; mana kayboluyor ve nefsin, egonun, bencilliğin savaşı hâkim kılınıyor; insanlar ikrarından uzaklaşıyor. "Yeryüzünün halifesi" " kul" oluyor.

Alevilik, kâinatın kuruluşundan beri ikrar verdiği prensiplere bağlı olarak "zalimin talim ettiği yola minnet eylememeli", evrensel sorumluluklarının bilinci ile gerçeğin yanında yer almalıdır. Alevilikte en temel ibadet gerçeğin savunulmasıdır.

Alevilik, aklıyla ölçtüğü, vicdan terazisinde tarttığı, Hakk ve Hakikat bildiği yola ikrar verir; ikrarına sadık olur.

Günümüzde Yol ve Erkân açısından en önemli sorun ikrarlı toplulukları yaratma sorunudur. En geniş kitlesellikleri dahi yaratsak, ikrarlı, musahipli bir model topluluk yaratılmadığı sürece ne Pir pirliğini uzun süre devam ettirebilir ne de talip bu teorinin pratiği nerede diye sormaktan geri durabilir.

Bu model zaten yolda vardır ve adı da "Rıza Şehri'dir". Bize düşen olağanüstü insani, vicdani, ahlaki ve dayanışmacı/paylaşımcı olan yol ilkelerini her yerde küçük modellerini, nüvelerini yaratmaktır.

Başta dede/ana/pirlerimiz ve derneklerimiz, vakıflarımız, Cem Evleri'miz bu kadim yol ilkesi olan ikrarlı olmayı, ikrar olmadan Alevilik yolunda olunamayacağını anlatmalıdır.

Talibin dedeyi/piri sorgulamasından önce, dedeler/pirler özümüzü yoklamalıyız. Eğer bizler özümüzü yoklayıp dara çekmez isek, talibin yol gereği önce soru sorma, ardından da eleştiri hakkı kendiliğinden doğar. Bunu hiç kimse bir kavga, eleştiri, kargaşa çıkarma olarak değerlendirmemelidir.

Bugün teori ile pratiğin kopukluğu savrulmaya, yola ve ikrara insanları yakınlaştırmak yerine uzaklaştırmaktadır. **"Her ağacın kurdu özünden olur,"** anlayışı ile ikrardan bahsederken doğal olarak talip kendisini aydınlatan, yolu gösteren, irşat eden pirinin de ikrarına sadık olup olmadığını, görgü ve sorgudan geçip geçmediğini öğrenmek isteyecektir. Eğer bu modelin örneklerini çoğaltabilirsek Alevilik "Hak ve Hakikat Yolu" olarak yeniden ve gerçekler ışığında doğacak, sağlam temeller üzerinde yükselecek, her türlü asimilasyona karşı da dirençli olacaktır.

Bu gün ülkemizde ve Dünya'nın her yerinde asimilasyon peşinde koşan, özünde Türk-İslam şeriatına yakın olan, kimi yerde konjonktürel olarak Şiiliğe referans veren, kimi yerde de Aleviliği ırklara dayandıran anlayışlar güç kazanıyorsa bu nedenledir.

Hâlbuki "Alevilik, ırkların değil, kırkların yolu"dur. Yaşam biçiminde ikrarlı canların birliğini esas alır. Rıza Şehri ilkelerine göre bir toplumsal dayanışma ve paylaşma içindedir. Rıza Şehri canları; ikrarlı, musahipli, eş ve eşit canlardır. Darları, divanları vardır. Yola, eşine, musahibine, rehberine, pirine ve mürşidine verdikleri ikrar, can bedeni terk edene kadar devam eder.

İkrarınıza ser veririz ahde kaviyiz

Biz Şâh-ı Velâyet kuluyuz hem Aleviyiz

Şeyh Galib

Ne mutlu ikrar vererek yolunu erkânını sürdürenlere! Ne mutlu insanlığa yoldaş olanlara! Ne mutlu ikrar vererek erenlerin/ gerçeklerin yolunu yol, hak ve hakikatin hallerini hal edenlere.

İNSAN-I KÂMİL YOLUNDA DÖRT KAPI KIRK MAKAM

Alevi/Kızılbaş öğretisinde bir talibin eğitim gördüğü, el aldığı, icazet aldığı kademelere "kapı" denir. Aşamalara ise "makam" denir. Alevi inancında dört kapı; her kapının da on makamı vardır.

Aleviliğin dört kapı ve kırk makamındaki aşamalarının anlatımında ayrı ayrı dili vardır. **"Kuşdilidir bu ancak Süleyman anlar"**la kastedilen söylem bunu ifade etmektedir. Birinci kapı herkesin bildiği ve takiyye yapılan, yolun anlaşılır dili; her kapının kendi içerisinde de yine dört ayrı dili.

Kapılardan ilerledikçe talibin gelişimine ve algılama durumuna göre yeni bilgiler yükleniyor ve bir önceki kapıdaki bilgiler boşa çıkıyor (katlı eğitim ve öğretim sistemi). Sırrı hakikat kapısına erişince talibin öğrendiği bilgilerin tümü seleksiyona uğruyor, eleniyor ve gereksiz olanlar terk ediliyor. Talip artık kendisi eğri ile doğruyu anlıyor. Sonuç olarak da karşısına bilimin bütün dalları çıkıyor: Antropoloji, Teoloji, Biyoloji, Astroloji, Hekimlik, Cerrahlık, Matematik, Felsefe ve son basamağı tamamlayan talibe o noktada şu söz söyleniyor: **"Bilimle gidilmeyen yolun sonu karanlıktır."** Bu zincirleme bilgi aktarımı pir, mürşit, talip ilişkisi ile gizli kapaklı gelişiyor. Nitekim kaynaklarda Hace Bektaş Dergâhı'nda ve Abdal Musa Dergâhı'nda onlarca meslek dalının eğitiminin verildiği tespitlidir.

Bir aydınlanma ve kâmil insan olma yolu olan "dört kapı kırk makam", öz olarak Tanrı-evren-insan veya "Hakk-âlem-âdem" anlayışının dışa vurumu ve toplumsal diyalektik yansımasıdır. Alevi Kızılbaş erkânında her kapının simgesel bir anlamı vardır. Hava, su, toprak, ateş bu kapıların simgeleridirler ve her kapı simgesel elementle tanımlanır.

Hak-Muhammed-Ali (Hakk-Âlem-Âdem) üçlemesinin özünde ezoterik bir sır olarak sembolize ve "sır edilen" evren, insan ve toplum sorunlarına (kâmil toplum), anlayışına uygun çözümler sunmak, bu amaçla kâmil insanı yaratmak ve insanlığa ışık tutacak, kurtuluşunu sağlayacak bir toplumsal proje sunmaktır.

Aleviliğin kâmil insan-kâmil toplum boyutu ve aralarındaki diyalektik bağ ihmal edildiğinde, üzeri kapatıldığında ortada sadece inanç ve inancı uygulayan bir tabaka kalır ki en tehlikelisi de budur! Çünkü toplumsal donanımı ve denetimi, oto kontrolü, Aleviliği özgün hale getirir. Dayandığı kökleri toplumsal dinamikleridir. Rıza ilkesidir, yârin yanağından gayrısını paylaşmaktır ve **halk mahkemesidir.** Alevilik salt bir iman ve inanç gözüyle bakılamayacak kadar büyüktür!

Alevilik toplumsal sorunları da tanrı-insan-evren ile ilgili düşüncelerini de aklın potasında eritmiş ve süzgeçten geçirdiği düşüncelere "**ikrar**" vermiş, sadece ikrarına iman etmiştir. Aleviliğin imanı; aklının aldığı, mantığının süzgecinden süzdüğü şeylerdir. Alevi felsefesi akli olmayana ikrar vermez, ikrar vermediğine de iman etmez.

Kâmil insan olma ilkelerini Hace Bektaş Veli "**ham ervah**" (çiğ, olgunlaşmamış) insanın dört kapıdan ve kırk makamdan geçerek Hakk'a ulaşabileceğini, en-el Hakk olabileceğini anlatır. Bu ilkeler kişiyi aşama aşama Hakk'a ulaştırır. Bu anlayış felsefenin ve aydınlanmanın yolunu açmıştır. İslami şeriatın tam karşısındadır. Vahiy yerine aklı koymuş; iman yerine düşünme, akıl yürütmeyi yerleştirmiştir ve ikrarı kurumlaştırmıştır.

Kâmil insan kendi varlığını Hakk'ın varlığı içinde eritmeyi bilendir. Bu makama ulaşmış olan canın gözü, kulağı, gönlü beşeri Dünya'nın ötesinde aşkın peşindedir. O her an Hakk ile beraber; Hakk ise ona en yakın olandır. Arif olanın gönül dünyasında, benlik, riyakârlık, ikiyüzlülük; toplum huzurundayken başka yalnız olduğunda başka veya muhalefetteyken mazlum, muktedir iken zalim olma gibi kavramlara yer yoktur.

Kâmillik mertebesine giden "**yol**", incedir, uzundur; aşılması zor engelleri, geçilmesi zor geçitleri vardır. Bu haliyle **yol kıldan** ince, kılıçtan keskindir. Bu zorluklar yola gönül vermişler için Hakk'ı bilip ve anlamakla yok edilir. Kendi rızası ile gelen "gönül eri-yol eri", yolun kurallarından, icaplarından dert yanmaz.

Onun kulağında her daim mürşidinin söylediği "**Gelme gelme, dönme, dönme...** Bu yol ateşten gömlektir giyemezsin; demirden leblebidir yiyemezsin,**" sözleri vardır. Talip Cem erenlerinin huzurunda mürşidinin şahsında yola ikrar vermiştir.

İkrar birdir. Kesretten vahdete (çokluktan, maddi benlikten sıyrılıp birliğe) doğru giden yolun ilk basamağıdır. Bu basamağı sabır ile geçenler Dost'un hanesine de aynı sabır ile varacaklardır.

Bu yolda dilinin söylediğini kalbi ile tasdik etmeyen riyakârlar yolu sadece kendi menfaatleri için kullanmaktadırlar. Bunların ikrarı da imanı da Dünya'daki menfaatler ve çıkarlara dayanan yaşamıdır. Oysaki arifin gayreti şatafatlı bir yaşam değil; ilim ile yoğrulup, ilim hazinesinin anahtarlarına malik olarak marifet yükü ile ilmin şehrine varmaktır.

DÖRT KAPI KIRK MAKAM

BİRİNCİ KAPI ŞERİAT:

Şeriat (hukuk ve ilim) kapısının evrensel simgesi havadır. Alevi Kızılbaş inancına göre talipler, Alevi inancıyla **hukuk kapısında** yüzleşirler. Hukuk kapısında taliplere öğretilen **on makam** öğretisinde bu yola yoldaş olmak isteyen kişi önce içindeki "şerri" atacaktır.

Hırsını yenmeyi öğrenecek, benliğini öldürmeyi başaracak, bencilliğini yok edip, paylaşımcılığı kavrayacak, her şeyi bilemeyeceği gerçeği ile yüzleşecek ve bir rehber elinde, bir usta elinde şekillenecek, bilim ile eksiğini, irfan ile edebini tamamlayacak ki yola (tarike) girebilsin. Şerrini atmadan, içini bilimle-ilimle doldurmadan ve yol ilkelerini öğrenmeden (hukuk) yola girmek olanaklı değildir.

Şeriat Makamları:

1- İkrar vermek,

2- İlim öğrenmek(bir ustaya, pire-rehbere bağlanmak)

3- Ceme katılmak, yol adabını ve edebini öğrenmek.

4- Hiç kimsenin hakkına el uzatmamak, yan gözle bakmamak,

5- Ailesine faydalı olmak,

6- Çevreye, doğaya ve diğer canlılara zarar vermemek.

7- Şefkatli, merhametli, insancıl olmak,

8- Temiz, tertipli, düzenli olmak,

9- Toplumun değerleri ile bağdaşmayan her türlü davranıştan sakınmak.

10-Tevella ve teberra etmek: Yol için uğraş verene, hakikat ehline tevella eyleyip dost ve yoldaş olmak, kendini bilmeyene, bilmediğini bilmeyene, kibir fitne, fesat peşinde olandan teberra eylemek, uzak durmak.

Hünkâr Bektaşi Veli'ye göre şeriat, "**bir anadan doğmaktır**". Şimdi bu sembol diliyle söylenmiş bu sözü yorumlamaya çalışalım:

Her canlı biyolojik (zahiri) doğum yoluyla Dünya'ya gelir ve yaşamına devam eder. İnsan gibi diğer canlılar da doğdukları hayatı, doğanın işleyişi gereği bütün özellikleriyle beraber hazır bulurlar. İnsanlar ise kendileri seçmeksizin bir toplumda doğarlar ve o toplumun kültürel, ulusal, geleneksel özelliklerini devralırlar. Milliyet, ırk, cins, dil, din hatta deri rengi gibi daha birçok farklılıklar işte doğumla gelen bu aşamada bireyin hayatına girer ve onun bir parçası haline gelir. Birey artık kendini bu kapıda toplumdan devraldığı şekilsel farklılıklarla tanımlamaya başlar.

Dünyaya ve kendimize dair ilk düşüncemizin oluşum sürecinde içinde bulunduğumuz toplumsal yaşam, gelenekler, örf ve adetler çok önemli bir rol oynarlar. İnsanlar fiziksel açıdan olgunluğa erebilmesi için, çeşitli evrelerden geçerler. Bebeklik, çocukluk, ergenlik, gençlik, olgunluk vs... Bu evrelerde insan birbirinden farklı özellikler ve olgularla karşılaşır. Kendini bekleyen bu süreçleri yaşar. Bunun sonucunda da kendine göre dünyaya ve yaşama yönelik bir tutum ve düşünce geliştirir.

Şeriat kapısı, toplumsal şartlanmaların en yoğun olduğu ve doğumla birlikte gelen insanın kendi özüne en yabancı kaldığı devirdir. Dünya yaşantısında olduğu kadar tanrı anlayışında da bir yüzeysellik (zahirilik) görülmektedir.

Semavi dinlere göre Tanrı gökte bulunmaktadır. İnsanlara oradan buyruklar yağdırmaktadır. Ölümden sonra sevap çoksa yani gökteki tanrının emirlerine biat ve itaat etmişse, hurilerle dolu cennete; günahları çoksa, cayır cayır yanacağı cehenneme gideceğine inanır. Hâlbuki Alevi yol önderleri **"Cehennem dediğin dal odun yoktur; herkes ateşini buradan götürür,"** diyerek ironik bir şekilde bu veciz sözlerle "cennet-cehennem" kavramını eleştirmişlerdir.

Hace Bektaş Veli bir sözünde **"İlimle gidilmeyen yolun sonu karanlıktır,"** der. Başka bir sözünde mürşidi, yani irşad ediciyi tanımlarken şöyle der. **"Mürşit ilimdir"**. Fakat bu ilim, bilim gibi okuyarak elde edilmez. İçsel ve ruhi yaşantı vasıtasıyla elde edilen bilgidir. Yani insanda iki çeşit göz vardır. Normal gözlerle okuyarak öğrendiklerimiz, bilimdir. Bilimden öğrendiklerimizi can gözümüzle yorumlayarak, beynimizde oluşturabilmek ise ilimdir. Bilim okuduğumuz anda beynimizde canlanandır. İlim ise daha sonradan düşünerek beynimizde görünendir.

Şeriat kapısındaki kişi aradığı soruların cevabını bulmak ve aydınlığa giden yolu aralamak için kendisine bir pir (pirini) bulur. Şeriat kapısındaki kişi ruhi dünyası, henüz karanlıkta olduğu için kendisine uygun bir pir seçmekte zorlanacaktır. Ancak pirlik makamına gelmiş bir usta kendisine gelen her talibi irşat edebilme yeteneğine sahiptir. Bu arayışlar süresinde yeterli çabayı ve azmi gösterirse kişi, eninde sonunda kendisine uygun bir yol gösterici usta-pir bulur.

Bu aşamada, kişi şeriatı yavaş yavaş aşarken kendisini tarikat makamına doğru ilerlemiş olarak bulur. Hakka erişmenin yolunun, ancak köklü bir ruhi tekâmülden geçtiği gerçeğini, idrak etmeye başlar. Kendisi için artık yeni bir doğumun başlamak üzere olduğunu anlar. Daha önceki doğumu 'kan bağı vasıtasıyla doğmak' olarak görür ve bu dünyadaki ikinci doğumun manevi-ruhi bir doğum olacağının bilincine varır. Ve sonu gelmez ruhi yolculuklarda ve içsel yaşantıda kendisine yol gösterecek olan bir usta aramaya başlar.

Birinci kapının basamaklarını geride bırakamayanlar hala kendi nefislerinin tahakkümü altıdadırlar. Bu makamda kişi kendi nefsi ile uğraşmaktadır; çünkü nefs geldiği öze hizmet etmekten uzaktır. Ruh ile beden arasındaki bu mücadele ruhun üstünlüğü ile biterse, kişi kendi nefsani duygularını iradesinin altına alıp onu komuta edebilirse, gönül evini Hakk'a açıp aşk ile buluşur ve bu çarpışmada nefse karşı aşk üstünlüğü ile yeniden doğum gerçekleşir.

DÖRT KAPI KIRK MAKAM
İKİNCİ KAPI TARİK'AT (YOL)

Makamları:

1- Özünü dara çekmek,
2- Mürşidin öğütlerine sıkı sıkıya uymak,

3- Temiz giyinmek, temiz konuşmak,

4- Hakk ve halk uğruna savaşmak (Yola baş koymak)

5- Hizmet etmeyi severek yapmak.

6- Haksızlıktan korkmak ve haksızlık yapmamaya özen göstermek.

7- Ümitsizliğe düşmemek. Her daim olumlu düşünüp, umutlu olmak.

8- bret almak. Her olumsuzluktan Hakk ve halk yararına ibret çıkarmak.

9- Nimet dağıtmak, paylaşımcı olmak ve bencillikten tamamen uzaklaşmak.

10-Özünü fakir görmek

Dört Kapı Kırk Makam inanç ve felsefesinde ruhsal tekâmülün ikinci kapısı olan tarikat kapısı, Hacı Bektaşi Veli'nin deyimiyle "ikrar verip bir yola girme" kapısıdır. Bu kapıda yola girmek için pir talibi olgunluk derecesini ölçmek için bir imtihana tabii tutar. Bu imtihan çeşitli biçimlerde olabilir. Kişi bu imtihanı başarırsa, o zaman tarikata (yola) alınır. Bu imtihan çeşitlerinden birkaç örnek verelim:

9. yüzyılda Bağdat; Bizans, İran ve Hint medeniyetlerinin kaynaştığı bir mozaik görünümündedir. Aynı zamanda, sosyal çalkantıların, isyanların fikir çatışmalarının da beşiğidir. Dönüşüm, her alanda kendini hissettirir. Bu ortamda, Bağdat Okulu adını alan mistik bir hareket öne geçer ve asırlarca etkisini sürdürecek düşünce sisteminin temelleri atılır.

Bu yıllarda Bağdat şehrinin valisi olan Cüneydi Bağdadi, gençlik yıllarında tarikata girmek ve bir yola bağlanmak ister. Ustası/piri Şibli, yola girmek için valiliği bırakıp, Bağdat sokaklarında dilencilik yapmayı göze alıp alamayacağını söyler. Cüneydi Bağdadi bunu kabul eder ve eski yaşantısına dair ne varsa hepsini terk etmeye hazır olduğunu ispat eder. Bağdadi'ye Piri Şibli tarafından önerilen ve bir çeşit sınav niteliğinde olan bu öneriden maksat, Bağdadi'nin valilik yaptığı yıllarda edinmiş olduğu tepeden bakma, kibir ve "büyüklük" hırsını (nefsini) törpülemektir.

Çağdaş Alevi bilgelerinden Maraş Afşin Kötüre Köyü'nden Meluli Baba da benzeri bir sınavla karşı karşıya kalır. Yakın bir köye gidip orada anadan üryan soyunarak, kendi köyüne kadar yürümesi istenir. Bu sınavla Meluli'nin toplumsal baskıları ve horlanmayı ne oranda aştığını; ahlak anlayışının ne olduğunu bilmek isterler. Meluli yola girmek için kendisinden isteneni yapar. Meluli'deki bu cesareti gören Bektaşi dervişleri hemen Meluli'yi yarı yolda karşılar ve kendisine yeni elbiseler verirler.

Tarikat piri tarikata bağlanmak isteyen talibi çoğunlukla sözlü olarak ta uyarır. "**Gelme gelme, gelirsen dönme, gelenin malı dönenin canı; bu yol ateşten gömlek, demirden leblebidir, bu yola girmeye karar vermeden önce bir daha düşün**," derler. Hünkâr Bektaş Veli bu yolun ne denli zor ve çileli olduğunu, her kişinin değil, er kişinin sürebileceğini söyler. Yolun (tarikatın) inceliğini şöyle anlatır: "**Yolumuz barış, dostluk ve kardeşlik yoludur. İçinde kin, kibir, kıskançlık, ikicilik gibi huyu olanlar bu yola gelmesinler**," der.

Tarikat (yol) kapısının özelliklerinden biri de bu kapıda ikrar verip musahip (yol kardeşi) tutulmasıdır. Musahip evli ve yola girmek isteyen çiftler arasında olur. Yine geleneksel olarak pir, mürşidin ve rehberin de yardımcı olduğu bir Cem ile gerçekleşir. Yola girenlere pir yolun duasını verirken, diğer yandan da onlara öğüt verir. Onları kâmil ve olgun insan olma yolunda manevi yönden hazırlar. Cemiyet içerisinde olgun ve örnek insan olma yolunda ilerler.

İkinci önemli özelliği ise , mürşidi kâmile yani ustasına kendi rızalığıyla teslim olması ve ser (baş-kafa) verip **yol** sırlarını kimseye vermemesi, s

Yola giren insanın kendini ve yolu dışarıdan gelecek her türlü tehlikeye karşı koruyabilmesi için, gerektiğinde nasıl saklaması gerektiğini öğrenir!

Alevi "yol" geleneğinde düşünce ve inancını yeri geldiğinde saklamanın etmenin iki önemli gerekçesi vardır: Toplumsal yaşamda kendilerini dış düşmanlardan korumak, onların saldırı ve baskılarını aza indirgemek ve her mertebenin bilgisini her insana söylememek, bu vesileyle, taşıyamayacağı bilgi yükünü o insana yüklememektir.

Musahipler, hayatın her alanında bir birinin yardımına koşar ve çıktıları ortak yolculukta birbirinin aynası olurlar. Bir çeşit ailesel komün (ortak paylaşım) anlamına da gelen musahiplik, dayanışmanın, yardımlaşmanın ve paylaşmanın en güzel örneğidir.

Musahiplikte, "Yârin yanağından gayri, her şey ortaktır". Sevinçleri, mutlulukları, güzellikleri olduğu kadar; acıları, zorlukları da paylaşırlar. Musahipler birbirinin çocuklarını kendi çocuklarından ayrı tutmaz. Alevi geleneğinde bunun sayısız örneği vardır. Şayet musahiplerden biri hakka yürürse, diğer musahip, onun çocuklarının ve ailesinin geçimini üstlenir. Anadolu Alevi geleneğinin dışında musahip tutmadan da tarikat kapısına gelmek (yola girmek) olanaklıdır.

Tarikat kapısını, bir kendini arama, özünü bulma, kısacası bir içe kapanma kapısı olarak ta tanımlayabiliriz. Yolun ustaları (insan-ı kâmiller) bu hali **tırtılın kelebeğe dönüşmesi** için kendi etrafına koza yapma durumuyla da örneklendirirler. İpek böceği çevreden gelecek olan olumsuz etkileri azaltmak için kendi etrafına bir koza örer. Amacı bu koza içerisinde bir dönüşüm sürecinden geçerek rengârenk bir kelebeğe dönüşmektir. İşte, tarikat kapısını, bu değişime benzetebiliriz.

İnsan-ı kâmiller, tarikat kapısını, yani kişinin öze giden ve köklü bir ruhi dönüşümden geçen yolu bu ve benzeri sembollerle ifade etmişlerdir.

Kişi bu mertebede pirinin yardımıyla hayatın ve zahiri (dış) yüzünü bırakarak, bâtıni (iç, derin) yüzüne döner. **"Nereye dönersen Hakk'ın sureti ordadır,"** sözünden hareketle, bilinçaltına yerleşmiş eski inançlardan ve dogmalardan birer birer uzaklaşır. Hünkâr Hace Bektaş Veli'nin;

"Hararet nardadır, sacda değildir,
Keramet baştadır, tacda değildir,
Her ne arar isen kendinde ara,
Kudüs'te, Mekke'de, Hac'da değildir"

Bu nefes tarikat (Yol) kapısındaki bireyin iç dünyasına ışık tutar. Kendini bilme sürecinin başlaması, ardından Hakk'ı bilme aşamasına geçiş yaptırır. Hakk şekil ve biçimden uzak, varlığın özüne yansıyan **"kuvvet ve kudret"** olarak tasavvur edilir.

Ateşi simgeleyen "tarikat kapısı", dışsal ve yüzeysel (zahiri) kavranan Dünya'dan, içsel ve deruni ve "Bâtıni" yaşantıya bir geçiştir. Şeriat kapısında öğrendiği kuralların bilinç ve ruhun gelişimi için bir araç olduğunu, idrak etmeye başlayınca şeriat kurallarının ebedi ve hakiki olmadığını bilir, bu yüzden o kurallara daha başka bir göz ile bakar. Aslında eski kurallar da değişerek, yeni bir biçime, yeni bir forma bürünmüştür. Kuralları ve "sırları" farklıdır.

Hünkâr Bektaşi Veli bir nefesinde, tarikat kapısını ve dergâhtaki yansımasını, yaşama biçimini, şöyle dile getirmektedir:

Edep, erkâna bağlıdır, ayağımız başımız,
Güllerden koku almıştır, toprağımız taşımız.
Soframızda bulunan, lokmalar hep helâldir,
Yiyenlere nur olur, ekmeğimiz aşımız.

Dostumuzla beraber yaralanır kanarız,
Her nefeste aşk ile Yaradan'ı anarız,
Erenler meydanına vahdet ile gir de gör;
Kırk budaklı şamdanda kırkımız bir yanarız.

Sevgi muhabbet kaynar, yanan ocağımızda,
Bülbüller şevke gelir, gül açar bağımızda.
Hırslar, kinler yok olur, aşkla meydanımızda,
Aslanlarla ceylanlar, dosttur kucağımızda.

Hakk'a talip olan kişi, başka murat isteme,
Dostun seninle beraber, başka vuslat isteme.
Bu dünya bir sofradır, arzular gelir geçer,
Eğer bizi buldun ise, başka murat isteme.

Rengimiz güldür bizim, gül gibi açacağız,
Gönüllere aşk ile sevgiler saçacağız,
Hak, hakikat yolunda bir yüzümüz var bizim;
Olduğumuz gibiyiz, öyle de kalacağız

Tarikat (yol) ve dergâhın, toplumsal işlevinin, yaşamı, bilgiyi ve yola ait sırları bölüşen; "ben"in terkedildiği, "biz"in olgunlaştığı, tek tek bireyleri kişisel anlamda tekâmül ettiği; yetiştirdiği, birer olgun insan yaptığı ve onları tekrar topluma aydınlanma, irşad ve hizmet için çeşitli yerlere salındığı, insan-ı kâmil ocakları, olduğunu rahatlıkla görebiliriz. Yetmiş iki millete bir nazarla bakmak... Aleviler dil din ırk cinsiyet renk ayrımı yapmaksızın bütün insanları bir, eşit ve kardeş görürler. ALEVİLİK İnsanı merkezine koyan insandan üstün ve değerli bir varlık görmeyen, ne onun üstünde bir efendi ne ona tabi bir kulu kabul etmeyen bir inanç sistemidir. Alevilik Serçeşmedir!

"Tevrat'ı yazabilirim
İncil'i dizebilirim
Kuran'ı sezebilirim
Mademki ben bir insanım"

Aleviliğin tarihi Anadolu'nun kadim tarihidir. Alevilik her hangi bir dinden inançtan doğmadığı gibi coğrafyamızda ortaya çıkan inanç sistemleri Alevilikten etkilenmiş, ondan feyz ve unsurlar almıştır. Alevilik Anadolu kaynaklı /Anadolu'ya özgü, eşi benzeri olmayan bir inanç, bir din, bir kültür, bir felsefe, bir öğreti ve hatta bunların tümünü de içeren ve aşan bir toplumsal olgudur. Bu unsurların her biri bir ve bütün halinde Aleviliği ifade etmektedir. Anadolu Aleviliğini oluşturan temel kurumlar, ritüeller ve inanç öğeleri bir bütün olarak ele alındığında şu çok açık ve net bir biçimde görülecektir ki Alevilik, Anadolu coğrafyasına aittir ve bu coğrafya dışında Anadolu Aleviliğini bulmak, Anadolu Aleviliğine rastlamak olanaklı değildir.

Alevi dergâhlarını, diğer dergâhlardan ayıran özelliklerden biri de, kadınların da Cemlere ve törenlere, hayatın her alanında, her yere erkeklerle birlikte katılabilmesidir. Can, Alevi bireyleri İfade eder.

"Canlar canını buldum,
Bu canım yağma olsun,
Assı ziyandan geçtim,
Dükkânım yağma olsun.

Ben benliğimden geçtim,
Gözüm hicabın açtım
Dostun vaslına eriştim,
Günahım yağma olsun."

Can, bir bütün olarak kadın erkek ayrımsız Alevi bireyleri ifade eder. Yabancılar karşısında Alevi olmayı da belirtir. Canımızdır, candır denilerek iyi bir insan oluşu da anlatır. Hünkâr bu tespiti şu nefesle yapmaktadır:

Erkek dişi sorulmaz, muhabbetin dilinde,
Hakk'ın yarattığı her şey yerli yerinde
Bizim nazarımızda, kadın erkek farkı yok,
Noksanlıkla eksiklik, senin görüşlerinde.

Cem'de insanlar birbirine cinsiyet (hayvani arzular) manasında bakmazlar. Gözler sadece canı, ruhu, özü görür. Her can birdir ve birbirinin aynıdır. Herkes aynı vardan var olmuştur. Dergâhlarda ruhsal olgunluğun ve manevi tekâmülün etkisini artırmak için semah, nefes, deyiş ve müzikten de faydalanılır. Semahlar neredeyse başlı başına bir ayin ve ibadettir. Seyir için değil, aşk için dönülür.

Haşa ki semahımız oyuncak değil.
İlahi bir aşktır, salıncak değil,
Her kim ki semahı oyuncak sayar,
Onun cenazesi kılıncak değil!

Tarikat ehli olan insan (yola girmiş kişi), şeriat ehlindeki insan gibi (**ham ervah**) Hakk'ı yerde veya gökte aramaz. Onun varlığına bir mekân isnat etmez (atamaz). İbadet onun için, korktuğu bir tanrı karşısında yalvarmalar ya da cenneti elde etmek için yakarmalar değil, vicdanın sesi olarak kendisine yansıyan hakikati, daha iyi hissedebilmek ve yaşamak için, bir özün arındırılma ve olgunlaştırılması, nefsin terbiye edilmesi için, yapılan sessiz bir süreçtir. Tarikat kapısının önemli bir özelliği de, hoşgörü, engin gönüllülük, merhamet, sevgi ve adalet gibi temel değerlerin özümsetildiği (içselleştirildiği) bir mertebe olmasıdır.

Tarikat kapısında olan bir talip, bütün insanlığı bir aile gibi görür. Zahiri farklılıkları aşmıştır. Bunları aynı özün birer yansımaları olarak görmüştür. İnsanı, insanın aynası bilmiş ve bu bilgelik ışığını yakalamış olan tarikat ehlinin, kendini bilmeye başladığı nispette, iç dünyası aydınlanır ve Hakikat aşkına daha da yaklaşır.

Mürşit, tarikat kapısındaki talibinin özündeki Hakikat aşkını tutuşturmuş ise, artık talip yavaş yavaş marifet makamına gelmektedir. Dergâh yaşantısında edindiği tecrübe ve ilimi sergileme, marifetini gösterme aşamasına gelmiştir. Dergâhtan mürşidin rızası, verilen sırlar ve bilgiler ışığında ayrılarak, görevlendirildiği yere, irşat için bir Asa, bir aba, bir hırka ile gider.

DÖRT KAPI KIRK MAKAM

ÜÇÜNCÜ KAPI- MARİFET

Marifet kapısı, ilahi-aşkın dervişin gönlünde tutuştuğu ve Kamil İnsan mertebesine kadar kendisine mürşitlik edeceği ruhi ve manevi bir tekâmül aşamasıdır. Bu aşamadaki insana derviş denir.

Marifet Kapısının Makamları:

1- Edepli olmak,(Edb. Eline-diline-beline sahip olmak)

2- Bencillik, kin ve garezden uzak olmak,

3- Perhizkârlık(nefsine hâkim olmak)

4- Sabır ve kanaat sahibi olmak.

5- Hayâ(utanma duygusu sahibi olmak)

6- Cömertlik (paylaşımcı, yoksulu koruyucu olmak)

7- İlim(ilimde derinliğine bilgi sahibi olmak, ilm-i ledûn)

8- Hoşgörü sahibi olmak,

9- Özünü bilmek(Hakk'ı özünde görmek)

10-Ariflik.

Hünkâr Bektaşi Veli'nin sözleriyle ifade edersek, "**Marifet, Hakk'ı kendi özünde bulmaktır.**" Bu mertebeye gelmiş kişi, neye yönelirse o alanda başarı elde eder.

Eğer zahiri ilimlere verirse kendini öğrenme aşkıyla bir âlim olabilir, Bu kapıda nice ilim insanları yetişmiştir, nice tabipler, mimarlar, birçok meslek pirleri Dergâhlardan yetişmiştir. Kişi kendini derin ve Bâtıni ilimlere, tasavvufa, tefekküre, felsefeye verir, dervişlik yolunda ilerlerse bir **mürşidi kâmil** olup insanları irşat edebilir.

Işkın (aşkın) türlü tezahürleri ve yansıma biçimleri vardır. Bunlara örnek olması için, bir kaçını sıralayalım: Yine Karaca Erbil ya da bilinen adı ile çağdaş insan-ı kâmillerden Meluli Baba'dan örnek verelim.

Meluli, Maraş ilinin, Afşin ilçesinin Kötüre köyünde, marifet kapısında, musahibi ve yarenleri, sadık ve yakın arkadaşlarıyla bir dergâh kurarak, birlikte yaşar. Tıpkı bir komüne benzeyen bu dergâhta özel mülkiyet olmaz, her şeyi beraber üretir ve beraber tüketirler. Büyük bir aile gibidirler.

Alevi inanç ve felsefesinin gereklerini yerine getirerek yaşar, modern zamanda bile bunun olabileceğini Rıza Şehri'nin sadece bir ütopya olmadığını, istenirse gerçekleştirilebileceğini yaşayarak gösterir.

Alevi Kızılbaş geleneğine damgasını basmış büyük üstatlardan biri de, Fazlullah'ın öğrencisi Nesimi'dir. Seyyid İmadeddin **Nesimi** 1339 da Bağdat'ın Nesim kasabasında doğan, 1416 yılında Suriye'nin Halep şehrinde yola olan bağlılığı ve tutkunluğu nedeniyle "İslam şeriat egemenleri" tarafından derisi yüzüldü.

Söylediği sözler şeriat ehlince "küfür" sayılmış ve hunharca katledilmiştir. Nefesleri, ledün ilmine vakıf (Hakikatin hikmetine ait sırları bilen), sırrı hakikate erişmiş, büyük bir üstat olduğunu gösterir. Nice Yol önderi onun nefeslerinden ilham ve feyz almıştır.

"O", inandığının doğruluğunu ve hakikat olduğunu bildiği için yolundan dönmemiş ve bu uğurda ölümü göze almıştır. Aleviler Nesimi'yi ulu bir yol önderi olarak kabul eder ve Cemlerde **"Nesimi darı"** adı verdikleri bir dar şekli ile onu hafızalarda sürekli canlı tutarlar.

Marifet Kapısı bir nevi yolda yeniden doğmak demektir. Birinci doğum olan şeriat, zahiri-biyolojik doğumdur. Burada kişi kendi seçimleri dışında dışsal şartlar ve etkiler ile iradesi dışında bir ortam, kültür, gelenek, göreneklerle karşılaşır. Marifet kapısı ise manevi bir doğumu (yolda doğmayı) simgeler.

Kişi Marifet kapısında kendi kendini "ben"liğinden arındırarak, kendi özünde yarattığı bizle yeniden doğar. Bu doğumda, daha önce dergâh hayatında yaşayarak elde ettiği, **ledun ilmi** yardımcısı ve mürşidi olur. Yol aşkı onu ne tarafa çekerse o tarafa doğru ilerler, marifet tekâmülünü gerçekleştirir.

DÖRT KAPI KIRK MAKAM
DÖRDÜNCÜ KAPI SIRR-I HAKİKAT

Dört Kapı Kırk Makam öğretisinin son kapısı olan **Sırr-ı Hakikat Kapısı**, Hünkâr'ın deyimiyle, "Tanrıyı kendi özünde bulma, Hakk ile Hakk olma, en-el Hakk olma" makamıdır.

Bu kapıda, can gözünü perdeleyen perdeler bir bir açılmış, Hakk'ı da, batını ve zahiri Dünya'yı da görür olmuş, **ilm-i ledüne** vakıf olmuştur.

Bir insana baktığında onun bulunduğu makamın derecesini hemen anlar vaziyete gelmiştir. Hallacı Mansur'un, Nesimi'nin "Enel Hakk" diye seslendiği insan-ı kâmil makamıdır.

Hak-i Kat Kapısının Makamları:

1- Alçak gönüllülüğü en üst düzeyde yaşamak. Turab (toprak olmak)

2- Kimsenin ayıbını görmemek,

3- Yapabileceği hiçbir iyiliği esirgememek, maddi varlığı terk etmek.

4- Canlı-cansız tüm varlıkları sevmek ve ayırmamak,

5- Tüm insanları bir ve eşit görmek ve sevmek.

6- Birliğe yönelmek ve herkesi yöneltmek.

7- Gerçeği marifet ehlinden gizlememek,

8- Mana ilmine vakıf olmak (derin bilgilere sahip olmak)

9- Tanrısal sırrı (sırr-ı hakikati) öğrenmek

10-Tanrısal varlığa (en-el Hakk), Hiçliğe ulaşmak.

Kadim geçmişten bu yana ister cins ister sınıf olsun, insansal dünyanın orta yerine egemenlik denilen bir ilişki tarzının düştüğü günlere dek gidebilen bir geçmişe dayanan, tekmil egemenlik dışı kalmış "**doğal din toplulukları**"nın ortak özelliğidir.

Kendilerine ilişkin tekmil anlatımları ikili bir karakter gösterir. Buna göre birinci anlatım herkesin bilmesi gerekenler olarak belirtebileceğimiz bir ifade yöntemi ya da bilgi aktarım yöntemidir. Buna "zahiri" anlam ya da anlatım diyoruz. Batı literatüründe buna "egzoterik" anlam/anlatım deniyor.

İkincisi; Yola dair hem öz hem de gerçek anlamlarına yer verilen anlam ve anlatıma ise "Bâtıni" anlam ve anlatım denmektedir.

Batılı literatürde Bâtıni kavramının karşılığı ise "ezoterik" olarak belirtilmektedir.

Bu ifade tarzının yaratıcıları, doğal din toplulukları olmakla birlikte, bizim coğrafyamızda dillendirilmiş ve yazılı hale getirilmiş bir tekmil mitoloji ve teolojik anlatımlara da yansımış bir yöntemdir bu. Bu realite bilinmeden girişilen bütün yazım ve anlatımların karşılığı yoktur.

Kim yaparsa yapsın bu çalışmayı, kişisel yeteneği ve kariyeri ne olursa olsun, karşılığı olmayan bir çalışmadır. Ama ne yazık ki bilgi fukaralığının diz boyu olduğu günümüzde ise bu durum, Yol gerçekliğine ulaşabilmek açısından tam bir açmazdır.

Aleviliğin bütün sürekleri tekmil özgünlüklerine ve bu bağlamda farklılıklarına karşın, kendilerine ilişkin tekmil anlatım ve ifadelerin kaynağını belirttiğim yöntem üzere, yoldan, yolun dünya görüşünden aldıkları için **yol birliği** içinde kalırlar. Bu bağlamda, gerek toplumsal yapıları, gerek o yapı içinde cinsler arası ilişki ve bu ilişkinin taşıdığı anlamlar değişmez. Hepsinde aynıdır. Dünya görüşündeki farklılaşma ve değişim olduğunda Birlik de bozulmaya yüz tutar.

Buna göre, biz, **Alevi Kızılbaş süreğini** özne olarak aldığımız için, burada belirttiğimiz ve belirteceğimiz tekmil anlatımların kaynağı, Kızılbaş Aleviliğin dünya görüşüne dayanır. Peki; nasıl bir ifadeye dayanıyor dünya görüşü, konuyu dağıtmamaya özen göstererek ifade edecek olursam: Kökeni en azından on binlerce yıla dayanan Alevilik; Zerdüştlükten de, Hristiyanlıktan da, Mani dininden de İslamiyet'ten de ezeldir. Bu nedenle Alevilik Serçeşmedir. Belki diğer inançlar ve dinler Alevilikten bazı noktaları alıp içselleştirmişlerdir. Ama Alevilik suyun başıdır, suyun gözü / kaynağıdır.

Alevilik, "Varlığın Doğuşu"na dayanan bir dünya görüşüdür. Buna göre dünya da dâhil evrendeki her şey, doğarak gelir. Bütün doğumlar;

"**Her şey yaratıldı bir tek noktadan / Noktada gizlidir esrarı yezdan**" nefesinde de dillendirildiği gibi, 'Nokta'nın kendi kendisini doğurmasıyla varlık alanına gelirler. Her şey doğarak gelir, doğumdan gelmeyenler ispatsızdır. Onlar yokturlar.

Daha önce de birkaç kez belirttiğimiz gibi Kızılbaş Alevilikte de gerek yol kardeşliği ya da yol evlatlığı, gerekse kadın-erkek ilişkisi-eşitliği, kaynağını işte bu dünya görüşünden alır. Bu bağlamda, kız ya da erkek her yol adayı bir kez, eril ile dişil olanın yani ana ile babanın birleşimi yoluyla anasından doğarak gelir bu dünyaya. Bu biyolojik bir doğum olarak yol dilinde, "**bel evladı**" olarak dillendirilir.

Anasından doğmuş olmak, adaylık için yeterlidir ama bu bireyin Alevi olduğunu belirlemez. Bunun için bir de yoldan doğması gerekmektedir. Eş ve eşitlik ikrarından geçtiğinde ve meydanda hazır bulunan canlardan rızalık alındığında, "**ölmeden ölmüş**" ya da bir adım önceki benliğinde ölmüş, yeniden doğmuş olarak kabul görür. Yoldan doğmuş sayılır ve o saatten itibaren **yol evladıdır**.

Bilenlerin artık kendisinde götürmemesi gereken bir bilgiyi, eş ve eşitlik erkânı tamamlanıp erkân birlenip sırlandığında pir, erkek kardeşlerin her birini ayrı ayrı **ocak** başına yani **pir postunun** önüne çağırır. Ancak onun duyacağı bir şekilde kulağına eğilerek şunları söyler:

"Ey talip şimdi söyleyeceklerimi belki yüzlerce kere duydun işittin ama ben bir kere daha burada belirteceğim. Senin baban bedende senin babandır ve bu görünür olandır. Senin gerçek baban kimdir? Bunu sadece annen bilir ve bu hak onundur. Bu nedenle yarın (sorgu - görgü meydanında) sen annenin adıyla anılacağını bil!.."

Daha sonra pir diğer erkek kardeşi çağırır, aynı şeyleri ona da söyler ama kime ne söylemişse, söylenen onda kalır, bir diğerine aktarmaz. Sormaz da.

Kadim Kızılbaş Alevi süreğinde, çocuk anasından doğduğunda nasıl kundaklanıp anasının adıyla çağrılıyor ve gülbankler eşliğinde kulağına fısıldanıyorsa, kişi hakka yürüdüğünde de, yeni bir "doğum" olduğu için yine kundaklanır ve anasının adıyla anılır.

Özgürlüğünü özgürlüğüme kat, özgürlüğümü özgürlüğüne katayım, Özgürlük alanımız daha geniş olsun!.. Bu ifade Alevi **dar hukuku**nda kişi hak ve özgürlüklerine ilişkin bir erkân belirlemesidir. İşlediğimiz konuyla da doğrudan ağlantısı var. Şöyle ki;

Eş ve eşitlik erkânından geçerek "dört baş bir beden" ifadesinde anlamını bulan, yol evladı olarak yola dâhil olmuş ise eril ve dişil kardeşler, Alevi sosyal yaşamına göre de yeni bir haneyi / ocağı da toplum yapısına ilave etmiş sayılırlar. Maddi ve manevi olarak **yol meydanı**na katılarak, o meydana mensup öncekilerle her bakımdan eşitlenerek "**can**" olmuşlardır. O saatten itibaren öncekilerle haklar da görevler de eşittir artık.

Bu meydanda, Alevi dar hukukuna göre; her birey önce kişisel özgürlüklerini birbirine katarak, daha genişlemiş bir özgürlük meydanında, eş olmuşlardır. Eş ve eşitlik erkânından da geçmek suretiyle, kendi özgülüklerini toplum özgürlüğüne katarak daha da geniş bir özgürlük meydanında "eş ve eşit" olmuşlardır.

Her sözcük ya da kavram maddi olarak hangi türden bir yaşam ortamından kaynak alıyorsa, onun ifade etmek üzere dile gelirler. Her şeyin meta ve değişim değeri üzerinden anlam ve değer kazandığı kapitalist toplum ortamına göre, bu kavramlar ilkel kalabilir ama toplumsallık içerir ve kadimden gelir.

Tarihsel ve toplumsal olarak Anadolu ve yukarı Mezoptamya, tarihten, kadimden, daha başından itibaren, en azından çok yakın tarihlere kadar ana soyludur ve ana adı ile anılır. Kadın tanrıdır, kadın bereketin simgesidir; soyun devamcısıdır. Kutsal ana Ma, Bereket Tanrısı Ana Kibele, ana tanrıça Heva bunların örnekleridir.

M.Ö. 1000'lü yıllardan başlayarak ananın önceliği ve önderliği M.S. 200.lü yılara kadar eş ve eşitlik düzeyinde bir denge üzerine yürümüştür. Bütün bir çevre erkek atanın önceliği ve önderliği esasına göre değişmiş dönüşmüş olduğu halde, Yukarı Mezoptamya ve Anadolu, Bereketli Hilal olarak bilinen alan çekirdek olmak üzere eş ve eşitlik zeminindedir. M.S. 200'lü yıllarda -ki asker –tanrı krallıklar döneminin başladığına işarettir. Eş ve Eşitlik ilişkisi giderek aleyhte bozulmaya başlar ve bu düzey geleneksele bağlı kalan **kandaş ortaklık** yapılanmalarında kendi süreğini devam ettirir. 800'lü yıllardan başlayarak 1200'lü yılların ortalarına kadar süren gelişme ve değişimlerde ise kandaş sürek, yol kardeşliğine, kandaş Alevilikte **yol** birliğine evrilir. Bu sürek içerisinde zahiren Alevi toplumu Baba soyludur ama bâtınen Ana soyludur. Eş ve Eşitlik erkânının bütün boyutları bize bunu kanıtlamaktadır.

"Biz Ali'ye Ali dedik Fadime'den ötürü.

Ali erkândır, Fadime yoldur ve yol cümleden uludur."

Bu nedenle erkân; "Hak Muhammed Ali" diye bağlandı.

Ama erenler meydan açtığında erkânı yeniden dillendirdi, bu kez bâtınen:

"Hakk Naci Naciye," dedi.

"Naciye'den sır doğan Gürüh-u Naci derler bize.

Cümlemiz Ana Naciye evlatlarıyız," diyerek bağlayıp sırladı sözü.

Bilmeyen bilmedi, bilen de demedi!..

Elif'tir doksan bin kelamın başı,

Var Hakk'a şükreyle be'yi n'eylersin?

Vücudun şehrini arıtmayınca,

Yüzünü yumaya suyu n'eylersin?

Yalan söyleyip de geçme sıraya,
Evliya nefesi verme araya.
Var bir amel kazan, Hakk'a yaraya,
Hakk'a yaramayan huyu n'eylersin?

Şeytan benlik ile yolundan azdı,
Âşık maşukunu aradı gezdi.
İki cihan fahri bir engür ezdi,
Fakr ile fahr olmaz, bayı n'eylersin?

Varın görün irakipler kandedir,
Hak ehli kardaşlar yolda demdedir.
Bilin ayn'el yakin Ali Cem'dedir,
Cemiyet olmayan köyü n'eylersin?

Pir Sultan'ım okuyuban yazarım,
Turab oldum, ayaklarda tozarım.
Yâr elinden içtim, sermest gezerim,
Yarden içilmeyen meyi n'eylersin?

Kızılbaş yol erkânında kemerbest olup pir eteğinden tutmak, yani bir pire bağlanmak, yol üyesi olmanın en temel şartlarının başında gelir. Bağlanılacak pir, gayet doğaldır ki, ailenin bağlı bulunduğu pirdir. Çünkü kemerbest olma ve pir eteği tutma erkânı (kuralı), yedi ila on beş yaşarasında gerçekleştirilir. Bu yaşlardaki yol çocukları masum-u pak kabul olunur ve bunların yaptıklarından ve yapamadıklarından anne ve babaları sorumludur.

Çocuklar adına kemerbest rızalığı, anne ve baba tarafından karşılanır. Rızalık, Kızılbaş Alevî yolunda son derece önemli bir onama ve kabul etme erkânıdır. İstek tümüyle gönül rızalığına dayanır. Çünkü Kızılbaş Alevî inancında yola girmek, bildiğimiz maddi dünyadan, bir başka deyimle nefsin, "benin-egonun" yasalarının yürürlükte olduğu dünyadan –ki bu hem cins hem de sınıf olarak- erkeğin tayin ettiği mülk yasaları dünyasından; ortaklar dünyasına, diğer dinlerin "öbür dünya" diye tanımladıkları bir düş dünya yerine, yola girme ile başlayan, bir canlar (Rızalık Şehri) dünyasına giriştir.

Yola girmek ile bu "Ortaklar Dünyasının" kapısına varılmış olunur. Bu dünya adalet ve vicdanın egemen olduğu bir dünyadır. Yasaları rızalık üzerine yürür. Orada "sen" ya da "ben" yoktur. Orada "biz" vardır.

Yola girmeden önce kişi bütün varlığıyla böyle bir dünyaya girmeye ve onun yasalarına uymaya kendini hazır hissetmelidir. Ona hazır olmalıdır. İnsanda "yedi ben merkezi" vardır. Bildiğimiz ve yaşadığımız dünya gerçeğinde, bütün bu merkezler insanı nefsin hâkimiyetine göre yönlendirir ve hareket ettirir. Yola girmeye hazır olan can bu parçalanmış "ben merkezlerinin" işlevini bir merkezin emrine verir. Bu rehberlerin yardımıyla gerçekleşir...

Böylece kişi "uyku halinden" uyanıklık haline geçmeye başlar.

Ortaklar dünyasına geçme isteği, kendini hissettirdiği andan itibaren "talip" kapısına varılmış olur ki, işte bütün bunlar, rızalık ile olacak olan durumlardır. Zaten Talip demek, hem talep etmek, hem talebe (öğrenci) olmak manasındadır. Bir başka deyimle hem istekte bulunmak hem de istediğin şeyin öğrencisi olmak anlamındadır. Talep etmenin ve talebe olmanın anahtarı ise rızalıktır. Rızalığın mührü ise teslim olmaktır.

Güzel âşık cevrimizi,

Çekemezsin demedim mi?

Bu bir rıza lokmasıdır,

Yiyemezsin demedim mi?

Yemeyenler kalır naçar,
Gözlerinden kanlar saçar,
Bu bir demdir gelir geçer,
Duyamazsın demedim mi?

Bu dervişlik bir mihnettir,
Hak'tan bize hidayettir,
Yensiz yakasız gömlektir,
Giyemezsin demedim mi?

Çıkalım meydan yerine,
Erelim Ali sırrına,
Can-ı başı Hak yoluna,
Koyamazsın demedim mi?

Âşıklar kara bahtl'olur,
Hakk'ın katında kutl'olur,
Muhabbet baldan tatl'olur,
Yiyemezsin demedim mi?

Pir Sultan Ali Şahımız,
Hakk'a ulaşır rahımız,
On İkiler katarımız,
Uyamazsın demedim mi?

Bir başka noktadan ele alınırsa, rızalık; yolun son derece çetin kabul edilen kurallarının yerine getirilme zorunluluğundan dolayı ve ayrıca her türden resmi devlet uygulamaları karşısında yasaklanmış, aşağılanmış, inananları katliamlara uğramış bir inanç olmasından dolayı, bu yönden doğabilecek her türlü etkiyi göğüslemek, yol ve erkânını, yol ve erkân kardeşliğini her şeyin üzerinde tutma ihtiyacına dayanır.

Böylesine çetin yol şartları, hem dünyasal olarak, hem bu dünyada mülk dünyasının kahredici baskısına ve hem de manevi dünyanın ağır koşullarına karşılık, doğaldır ki, yola girişi, ancak severek ve isteyerek kabul etmekle mümkündür.

Bu nedenle olacak ki yol önderlerimiz; "Bu yol demirden leblebidir. Kılıçtan keskindir. Kıldan incedir. Bu yol ateşten gömlektir. Bu yol rızalık lokmasıdır ki, bu lokmayı yiyebilecek isen gel, ateşten gömleği giyebileceksen gel, demirden leblebiyi yiyebileceksen gel ki bu kılıçla vurulmayasın bu köprüden geçebilesin," diye buyurmuştur.

Talibe pirlik edecek ve eteğinden tutulacak pir ve rehber (rayber de denilmektedir), en evvelinden birbirinin yurdunda oturacak, "terk için rızalık" verecekler. Terk, Kızılbaş yolağında, hem maddi hem manevi kötülükten arınmadır. Bu temelde "ölüp yeniden dirilmedir". Pir ve rehber, birbirinin yurdunda oturacak demek, birbirlerine pir ve rehber olacaklar, hem pir hem talip olacaklar ve sonra "terk-i mal, terk-i can, terk-i dünya ve terk-i bed" fiil edecekler; bunda teslimi rıza gösterecekler, yani ikrar verip iman edeceklerdir.

Böylece makamlarına oturmaya aday olacaklar. Terk ve rızalık kapısı Alevilikte şeriat kapısıdır. Yani Kızılbaş Alevî şeriatı buradan başlar. Şeriat sözünün geçtiği her yerde, İslam şeriatını çağrıştıran yaklaşımlar erkân değildir. Hiçbir şekilde de doğru değildir. Tersine, "İslam'ın doğru olan şeriatı budur" demek de doğru değildir. Her dinin şeriatı kendisinedir ve karıştırılmamalıdır. Terk, Kızılbaş Alevilikte, bütün makamlar için geçerlidir. Ancak yer ve makamına göre dereceleri farklıdır.

Terk'in derecesi marifet kapısına kadar devam eden bir süreci kapsar. "Ölmeden ölme" kapısı, marifet makamıdır ki bu makam, özdeki hayvana ait ne var ise öldürülüp insan olarak yeniden doğuşun yapıldığı makam anlamına gelir.

Bu "teslim-i rızalık" ve "terk" erkânı, cümle talip önünde olur. Pir ve rehberin rızalık kapısı, talip kapısıdır. Pir ve rehber, talibe talip olacaklar ilkin. Andığımız erkânın "talip meydanında" olması bu yüzdendir. Talibe talip olmayan pir ve rehber, rızasızdır. Ne verdiği lokma kabuldür ne aldığı ikrar. Çünkü yönünü talibe dönmemiştir ve talibe borçlu değildir. Anasından doğmuştur ama anasına sırt dönmüştür.

Talip, Hakk kapısıdır. Pirliğin doğum kapısıdır. Anasına sırtını dönen besbellidir ki Hakk'a sırtını dönmüştür. O sadece babasının gücüne, baba soyundan aldığı yetkiye dayanıyor demektir. O zaman, o pir ya da rehber, haksızca kucak açmış, hakkı gasp etmiş demektir. Çünkü tekrarında fayda vardır: Pirlik ve rehberliğin doğum kapısı talip kapısıdır.

Meydanında post serip buyur ettiği pirine ve rehberine talip sormak durumundadır; "El kimden alınmıştır; rızalık hangi meydandan gelmiştir?" sorusunun cevabı doğru alınmadıkça, Cem erkânında olunmamalıdır. "**Kızılbaş meydanı**" yolgeçen hanı değildir. Talip yolun gereğini yerine getirmiyorsa, yolu müthiş incitiyor demektir ki, onun açtığı meydan nahaktır. O meydanda lokma yenmez, gülbank verilmez.

Sefasına cefasına dayandım,
Bu cefaya dayanmayan gelmesin.
Rengine hem boyasına boyandım,
Bu boyaya boyanmayan gelmesin.

Rengine boyandım meyinden içtim,
Nice canlar ile didar görüştüm,
Muhabbet eyleyip candan seviştim,
Muhabbeti küfür sayan gelmesin.

Muhabbet eyleyip yokla pirini,
Yusun senin namus ile arını,
Var bir gerçek ile kıl pazarını,
Kıldığın pazardan ziyan gelmesin.

Kırklar bu meydanda gezer dediler,
Evliyayı yola dizer dediler,
Destini destinden sezer dediler,
Nefsaniyetine uyan gelmesin.

Pir Sultan'ım aydur Dünya fanidir,
Kırkların sohbeti aşk mekânıdır,
Kusura kalmayan kerem kânidir,
Gönülde karası olan gelmesin.

Kimlerin **Yol**'a gelmemesi gerektiğini nefeslerle belirleyen Pir Sultan Abdal bu nefeste de kimlerin yola girebileceğini veciz bir şekilde belirtmektedir.

Şimdi bizim aramıza,
Yola boyun veren gelsin,
İkrar ile Pire varıp,
Hakikati gören gelsin,

Kişi halden anlayınca,
Hakikati dinleyince,
Üstüne yol uğrayınca,
Ayrılmayıp duran gelsin.

Talip olunca bir talip,
İşini Mevla'ya salıp,
İzzet ile selam verip,
Gönüllere giren gelsin.

Koyup dünya davasını,
Hakk'a verip sevdasını,
Doğrulayıp öz nefsini,
Şeytanı öldüren gelsin.

Pir Sultan'ım Çelebiye,
Eyvallah Bektaş Veli'ye,
Hal ehline hal diliyle,
Yolun sırrın soran gelsin.

Alevi-Kızılbaş yoluna girmek isteyen can, mutlak olarak musahip edinecek. Eteğini tutup kemerbest olduğu pir ve rehber önünde meydana gelecek. Görgüden geçecek. Böylece yolun anayasasını, şeriat kapısında yolun hukuki ve inanç gereklerini, tarik kapısında yolun örf, adet, edep ve erkânını, onun inceliklerini, sosyal yaşamın ve Dünya işlerinin ilim ve irfan üzere inceliklerini bilecek öğrenecektir. Yukarda da belirtildiği gibi ancak bu aşamadan sonra, "terk ve rızalık" anlam kazanmış olacaktır. Bu temelde, insanın öz yeteneklerini, bu yeteneklerin açığa çıkarılmasını, yola ve onun sosyal yaşamının hizmetine verilmesini marifet kapısında kendini bilme ile öğrenecek ve bilecektir.

Marifet kapısında, insanda mevcut olan yedi irade merkezi, bir irade merkezinde toplanacak ve "ben"ler, "biz" olacaktır. Kişi, özde insan olmaya hak kazanacaktır. Üç terk, üç rızalık kapısını açacaktır. Böylece düşüncede "ben"ler terk edilecek ve düşün dünyasında, insan olunacaktır. Sonra sözde terk ile sözde insan olunacaktır. Üçüncü olarak da, surette insan öldürülecek, terk edilecek ve özde insan olunacaktır. Surette insan demekle, özümüzde, insan kalıbında yaşayan hayvan kastedilmektedir.

Diğer yandan taliplik kapısındaki yol evladı, on iki farzı yani yolun olmazsa olmazı olan ve mutlak manada yerine getirilmesi gereken kurallarını öğrenecek, bilecektir. Bilmek, yapmak ya da yerine getirmek demektir. Yapılmayan bir şey, rızalık ile kabul edilmemiş ve ikrarından gelinmemiş şey demektir.

Dahası, yol evladı, musahiplik kapısından geçerek, on iki farzla birlik, on iki farza bağlı on yedi erkânı bilecek, gereğini yerine getirecektir. Böylece "Dört Kapı Kırk Makam" öğretisinin, rızalık gösterip teslim olmuş bir yol evladı (kadın ve erkek), bir öğrencisi olarak "ben Kızılbaş Aleviyim" demeye hak kazanacaktır. Meydan görecek, hizmette bulunacaktır.

En evvel olarak, bu iki kuralda teslimi rızalık göstermemiş bir kimse; bu pirdir, bu rehberdir ya da taliptir diye yoldan vazgeçilmez, vazgeçilemez! Bu bağlamda, hiçbirisi hak sahibi olamaz. Bu erkândan geçmemiş bir kimseye "can" da denemez. Yol ve erkânın kayıplara karışıp belirsiz olduğu; yolun belirsiz, meydanın ıssız kaldığı, güncelin ayyaşlığında, önüne gelen önüne gelene; "can" diyor!.. Kuşkusuz bu da tam bir yol cahilliği örneği oluyor!

Can olmaya hak kazanan her yol evladı, yılda bir kez musahibi ile dar olmak durumundadır. Bir yıl içinde yaptıklarının ve yapamadıklarının hesabını vermek, yol kardeşlerinin rızalığını almak durumundadır. Maddi ve manevi yaşamının tamamında hiç bir can rızalık almadan yaşayamaz. Rızalık almıyor rızalıktan kaçıyorsa, onun hem maddi yaşamında hem manevi yaşamında lekeler var demektir. Onunla aynı meydana girilmez, onun dört kapı hakkına sunduğu dört lokmadan hiçbirisi yenmez, kabul edilmez. Pir ve rehberin en üzerine titredikleri konu bu olsa gerektir.

Kızılbaş Alevilikte dar olmak son derece önemlidir. Burada da rızalık ön koşuldur. Dar olmak, her türlü dünyasal kirlilikten yunup arınmaktır. Her saat, her dakika kişi kendi özünde dar olmak durumundadır. Talip, dar olmayı, düşüncede, sözde ve pratikte sürekli tutar. Bu, düşüncede, iyiyi doğruyu düşünmek; sözde, iyiyi doğruyu söylemek; işte doğruyu iyiyi ve sağlamı yerine getirmek anlamındadır. Hakk meydanında ve pir önünde, birinci dar olan talip, Mansur olur. İkinci dar olan, Nesimî olur. Üçüncü dar kapısından geçen, Fazlullah olur. Bu üç isim, abdestlerini, hak ve adalet için kanlarıyla almış yol erenleri, gönül pirleridir. Canlarıyla **yola** kurban olmuşlardır.

Abdestsiz Cem olunmaz. Peki, Cem'de abdest nedir? İşte abdest budur; rızalıktır, Öz darıdır. Öz temizliğidir. Özünü yıkayıp arındırmamış hiçbir can rızalık kapısında olamaz. Rızalıktan geçmemiş hiç kimse, can da olamaz, Cem'de de bulunamaz. Neden ki, erenler öyle buyurmuşlardır: "Hal ile haldaş olunmadan yol ile yoldaş olunmaz!.."

Temennaya geldim erenler size,
Temenna edeyim destur olursa.
Mürvet kapıların bağlaman bize,
İçeri gireyim destur olursa.

Pirim deyü divanına geçeyim,
Destinizden ab-ı hayat içeyim.
İzniniz olursa ağzım açayım,
Bir mana söyleyim destur olursa.

Talib günahkârdır pir meydanında,
Zülfikar oynuyor durmaz kınında.
Rehberin önünde hak meydanında,
Kemerbest olayım destur olursa.

Rehbere bağlıdır talibin başı,
Durmuyor akıyor didemin yaşı.
Arafat dağında koçun savaşı,
Erkâna düşeyim destur olursa.

Pir Sultan Abdal'ım hey güzel Şah'ım,
Günahlıyım arşa çıkıyor ahım.
Pire kurban olsun bu tatlı canım,
Terceman olayım destur olursa.

Rızalık ile ilgili sözü bağlamadan, musahiplik ile ilgili bir noktaya değinmek yerinde olur. Musahiplik mühürlenmeden önce musahip kardeşlerle aynı meydana iki çift can daha girer. Bunlar, musahip olmuş ve musahiplik erkânından geçmiş bacı-kardeşlerin deyim yerindeyse yedekleridir. Musahiplerden birisinin başına bir hal gelip musahiplik darından indirilmiş ise yedekler onun yerini alırlar. Merkezi yapısı dağılmış Kızılbaş meydanında, musahiplik erkânı da dağılmıştır. Her bölgede bulunan ya da o bölgede pirlik eden makam sahibi, bilgisi görgüsü nispetinde uygulama yürütmüş ve erkân zamanla bozulmaya başlamıştır.

Aşina musahip; musahip olan kardeşler için belirlenmiş ve meydana önden alınan yedek musahiplerdir. Görgüye musahip kardeşlerin önünde yürüyerek girerler. Musahip kardeşlerin yaptıklarından ve yapamadıklarından sorumludurlar, ancak ikinci derecede sorumludurlar. Ayrıca musahip kardeşler birbirleri karşısında aşina musahip-musahip aşinadırlar. Biri, diğer kardeşine "musahip" diye hitap ederken beriki ona "aşina" diye hitap eder. Tahtacı Kızılbaşlarda bu çift yapıya bir de "peşine musahip"lik eklenmiştir.

Mürebbi (öğretmen); musahiplik meydanı mürebbisiz olmaz. Musahiplik en temel Kızılbaş şartıdır. Mürebbi ise musahiplik

şartının gereğidir. Mürebbilik makamı aynı zamanda rehber-
lik makamıdır. Öğretmenlik makamıdır. Yolun felsefesi, dinin
erkânı, makamları, sosyal yaşamı, onun hukuku; örf, adet, göre-
nek ve gelenek işleri, kısaca maddi ve manevi dünyanın her türlü
gereği, mürebbisiz yani öğretmensiz olmaz.

Bu bakımdan aynı meydanda, musahip kardeşlere kim mü-
rebbi kılınmış ise o da hazır bulunur. Mürebbi makamı da çift
olarak yerini alır. Musahiplik **darı**nda en büyük pay mürebbinin-
dir. Bu bakımdan musahip kardeşlerin tam bir rızalık gösterme-
leri, tıpkı pirlik makamına gösterildiği gibi, tam bir teslim olma
hali göstermek durumundadır. Hakikatte

İnsan, gökten inen tanrısal bilinci, âdem ise bu tanrısal bilin-
cin kullandığı bedeni anlatır

Bu âdem dedikleri,
El ayakla baş değil,
Âdem manaya derler,
Sûret ile kaş değil.

Gerçi et ve deridir,
Cümlenin serveridir,
Hakk'ın kudret sırrıdır,
Gayre bakmak hoş değil.

Âdem manayı mutlak,
Âdemdedir nutk-u Hak,
Âdemden gafil olma,
Nefsi de serkeş değil. (serkeş:1.başıçeken 2.dik başlı)

Kendi özünü bilen,
Maksûdun bulan kişi,
Hakk'ı bilen doğrudur,
Yalancı kallaş değil.

Bu Kaygusuz Abdal'a,
Âşık demen dünyada,
Nakş-u sûret gözetir,
Maksûdu nakkaş değil.

"Gönülde gizli mana yazılıdır, dile gelmez. Bu mana ancak gönlü yol bulana feth olur. Gönül bahrinde yol bulan, ne inci isterse dalıp çıkarır. Gönlü bırakıp sûrete bakanlar, gaflet ipini boyunlarına takmış olurlar"

İnsan Hakk'ta Hakk İnsanda,
Âdeme saklandı cenab-ı bari,
Arş-u Kürsi arayanlar boşa yoruldu.

Âşık Veli

Bu saraya âdem oldu padişah,
Sûret-i âdemde geldi bunda Şah,

Kaygusuz Abdal

Zahire değil de Batına önem veren "insan-ı kâmil" olma yoluna girmiştir.

Bu yol; **Hakk ve Hakikat Yolu**'dur.

Kâinatın aynasıyım,
Mademki ben bir İnsanım.
Hakkın varlık deryasıyım,
Mademki ben bir İnsanım.

Enel Hak'ım ismim ile
Hakka erdim cismim ile
Benziyorum resmim ile
Mademki ben bir İnsanım.

                              Âşık Daimi

Gördüğün Şeriat, Şeriat değil,
Gittiğin Tarikat, Tarikat değil,
Hakikat sandığın, Hakikat değil,
Hakikat var Hakikatten içeri.

Vech-i Harabi'ye gel eyle dikkat,
Hakkın cemalini eylersin rü'yet,
Sade Hak var demek değil Marifet,
Marifet var Marifetten içeri.

                              Edip Harabi

Bu Yol'a talip ol bağlandın İse,
Peyik sofulara beyan eylesin,
Hakikat aşkıyla dağlandın İse,
Git kendi pirine derman eylesin.

Müsayibini al durasın dara,
Dört başın Ma'mur et olma madara,
Müminler fakirdir, sanma Fukara,
Bu Hakk'ın Cemi'ne cevlan eylesin.

Kemerbest bağlamış başında tacı,
Kulağında küpe Güruh-u Naci,
Gönül bir Kâbe'dir yap da ol hacı,
Davut Sulari'ye nişan eylesin
                                 Davut Sulari

Alevi-Kızılbaş Yol ve Erkânında, Sırlar Öğretisi'nde hak eden-
lere sırası geldikçe, hak ettiklerince, kabınca aktarılan bilgilerin
ana hatlarını Alevi ozanlarının nefeslerinde bir başka deyimle
Alevi sözlü geleneğinde her zaman buluyoruz. **"Biz ortaya bir
kazan koyarız, herkes kabınca alır!"**

SIRR-I HAKİKAT AŞAMALRI
İLM-EL YAKÎN, AYN-EL YAKÎN, HAKK-EL YAKÎN

Şeriat kapısı kurallar ve disiplinler kapısıdır. Zaten şeriat söz-
cüğü de kural ve disiplin demektir. Alevi Yol ve Erkânı içindeki
"şeriat" İslam şeriatı değildir.

Tarikat ehli: Yol-Oğlu. Yol kardeşleri (musahip) eşleri ile bir-
likte bir rehber eşliğinde düzenlenen "İkrar Cemi" adı verilen bir
yemin töreninde yemin edip, ikrar verip, Alevî yoluna girendir.
Tarikat kapısı küçük sırlar kapısıdır, Marifet kapısı büyük sırlar,
hakikat kapısı da ulu sırlar ya da sırr-ı hakikatler kapısıdır. Yol
önderlerimiz bu aşamalara sırası ile:

İlm-el Yakîn: İlimle elde edilen kesin bilgi. Tarikat

Ayn-el Yakîn: Görerek elde edilen kesin bilgi. Marifet

Hakk-el Yakîn: Hak ile bilmek, bir şeyi bütün teferruatı ve özü ile bilmek. İlmin son mertebesi. Bir şeyi elde ederek, tadarak bilmek. İşin içine dâhil olarak, vakıf olmak. Hak-i-Kat adlarını vermişlerdir.

Çağdaş insanı kâmillerimizden Meluli:

Hakikat şehrinin yoluna giren,

Giren değil şehre varanlar mutlu,

Rıza pazarında ikrar verenler,

İkrar veren değil duranlar mutlu.

O gizli esrara erdim diyenler,

Postumu meydana serdim diyenler,

Canımı canana verdim diyenler,

Diyen değil canı verenler mutlu.

Bırakın dünyanın kara kavgasın,

Terk edin hevâ-i nefsin hevesin,

Gönül cennetinden şeytan iğvasın,

Sürdüm diyen değil sürenler mutlu.

Meluli'm riyalı yolculuk hiçtir,

Yalan dava çalmak o da bir suçtur,

Demirden leblebi kırması güçtür,

Kırdım diyen değil kıranlar mutlu.

"Diğer yandan insan, bütün bunların bilgisine eren, "kendini bilme" ereğinde tanrısal aklın gerçekleştiği en yüksek makam olduğuna göre, aklın ve ruhun birlikteliğiyle, "Hakk ile Hakk olma" ereği, beden öldürülmeden de, yani can henüz aynı beden içindeyken de mümkün olur. İşte buna Kızılbaş Alevilikte" **ölmeden ölmek**" denmektedir.

Bunun da dereceleri vardır. Dereceler eğitim ve öğretim kademelerine göre anlam kazanır.

Haşim Kutlu bu durumu şöyle izah eder: "Kızılbaş Aleviliğe göre "kendini bilme" ereği, her insanda saklı olarak vardır. Bu erek 'uyku halindedir'. Uyku halinden, uyanıklık haline geçilmeden kendini bilme ereği yürürlüğe girmez. Uyku halinden çıkmak için de uyarılma şarttır. Mürşit, pir, rehber, zakir görevi bu durakta anlam taşır. Yol kuralları gereği bu makamlara öncelikle bağlanma zorunluluğun anlamı budur. Bu bir üstünlük değil, bir bilenin bir bilmeyene bildiğini paylaşması; karanlıkta olana, elinde ışık tutanın yol göstermesidir. Bu olmadan uyanma olmaz. Bu makamların uyarıcılığında, dört kapı kırk makam erkânınca dereceli olarak eğitimden geçmek ve kendini yetiştirmekle ölmeden ölme kapısına ulaşılır."

Bu "Alevî yasasından" (şeriat) anlaşıldığı gibi, kişinin Hakk-i Kat'e ulaşması eğitim ve kendini bilmesi ile mümkün olur. Yunus'un da vurguladığı gibi;

"Okumakta murat ne, kişi hakkı bilmektir

Sen kendini bilmezsen, ha bir kuru emektir"

Aynı yasayı, Âşık Daimî:

Ben beni bilmezdim hatır kırardım

Meğer ilmim noksan imiş bilmedim

...

"Daimi'yim benliğime kanardım,
Ben beni görmezdim eli kınardım,
Kişiyi kendime düşman sanardım,
Nefsim bana düşman imiş bilmedim."

Bu "özü ile darda olma" durumunu bizler ile paylaşan üstat adeta bize yol göstermektedir.

**"Ben insandan başka ilah arardım,
Meğer ilah insan imiş bilmedim."**

Âşık Daimî. İlah'ı kendisinden başka yerde aramanın nafile olduğunu, İlah'ı yani Hakk'ı kişinin kendisinde bulması gerektiğini anlatıyor. Vahdet-i Mevcûd gerçeğini anladıktan sonra ise şu sonuca varıyor:

**"Tüm vadiler gibi sahralar gibi,
Sıra dağlar gibi yaylalar gibi,
Akan sular gibi deryalar gibi,
Cümle âlem bir can imiş bilmedim."**

Vahdet-i Mevcut!.. Var olanların Birliği anlayışında kişi Hakk katında ve hakikat mertebesinde evrendeki tüm "mevcudat" ile toplum ile doğa ile bir ortaklığa girdiğini anlar ve ona göre, onu kabul ederek yaşar. "Varoluş felsefesinde onu 'idealizmden' 'materyalizme' çeviren 'Vahdet-i Mevcut' gibi tasavvuf aşamaları, Alevî-Bektaşî inancının toplumsal halk dini olmasını sağlamıştır."

Vahdet-i vücuttaki kâmil insan yaratma aşaması, vahdeti mevcutta kâmil toplum ve toplumlar yaratmaya dönüşür. "Canlı-cansız doğayı" tanrısal özün görünüşüne çıkmış biçimi olarak görmek, aslında Tanrı'yı "nesnelerin toplamı" biçiminde algılamanın değişik anlatımından başka bir şey değildir. İnancın kâmil insanda tekleştirilmesi, bu birliğin de "Tanrı-evren-insan (Hakk Âlem-Âdem)" birlikteliğinden oluşması Aleviliğin tüm güzelliğini yansıtır.

Esat Korkmaz Aleviliğin Tanrı anlayışı konusunda: "**Ayakları yere basan bir tanrı inancı tek tanrılı dinlerde yoktur, bütün kıyımlar da bundan dolayıdır.** Alevilik evrende elle tutulan, gözle görünen bütün maddesel örtüyü tanrısal özle birleştirerek tekleştirmiştir. Alevi inancı tanrıyı kâmil insanın gönlüne sokmuştur. Tanrıyı toplumdan kopuk hükmedici konumundan alıp ete kemiğe büründürerek gerçek yaşamın içine sokmuştur," tespitini yapmaktadır.

"Bu anlayış çerçevesinde Alevilik, mülk ve hükümranlık dünyasının/kutsallığının zıddı olarak Ortaklığın ve Hakkın (Rıza Makamı) Toplumu olarak kendini ifade eder. Bütün kutsallıkları öte dünyalılığı reddedendir. Dünya ananın, doğurduklarının tümünü, ihtiyaçlarına göre rızklandırdığını, bu bağlamda da cümlenin bu yola bağlı olarak, ihtiyacına göre yaşamaları gerektiğini ifade eder.

Başına her ne gelmişse, şöyle inandığı buna inanmadığı için değil, tam da böyle yaşadığı için gelmiştir. Semavi dinlerde tanrı ortak kabul etmez, bu bağlamda onun dünyasal temsilcisi halife ve devleti de ortak kabul etmez. Mülk onundur, istediğine lütfeder istediğine etmez. Oysa Alevilik, benim mülküm değil ortaklık diyor, hükümranlık değil rızalık diyor.

Hükümranlık anlamında makam ya da kariyer yoktur. Hizmet ve rızalık vardır. Dolayısıyla Aleviliğin yaşadığı bir yerde, Tek ve tekel olarak hükmetmek mümkün olmaz. Olursa da Aleviliği bastırarak, yok ederek olur. İşte orada, hükmetmek için kan dökmek kaçınılmazdır hükmetmek isteyene."

(Haşim Kutlu)

"SIĞMAZAM" NEFESİ

Bende sığar iki cihan, ben bu cihana sığmazam,
'Cevher-i lâmekân' benem, 'kevni mekâna' sığmazam.

'Arş ile ferş' 'kâf ile nun' bende bulundu cümle çün,
Kes sözünü ve sessiz ol, şerh ve beyâna sığmazam.

Kevni mekândır âyetim, zâti durur bidayetim,
Sen bu nişanla bil beni, bil ki nişana sığmazam.

Kimse güman ve zan ile olmadı Hakk ile biliş,
Hakkı bilen bilir ki ben zan ve gümana sığmazam.

Surete bak ve mânâyı suret içinde tanı ki,
Cism ile can benem velî, cism ile câna sığmazam.

Hem sedefem hem inciyem, Haşrü Sırat esenciyem,
Bunca kumaş ve raht ile ben bu dükkâna sığmazam.

Gizli hazine benem ben iş, aynı ayan benem ben iş,
Cevher-i yer benem ben iş, deryaya ve yere sığmazam.

Gerçi Muhit ve Azimem, adım âdemdir âdemem,
Dar ile 'künfekan' benem, ben bu mekâna sığmazam.

Can ile hem cihan benem, dehr ile hem zaman benem,
Gör bu latîfeyi ki, ben dehre ve zamana sığmazam.

Yıldızlar ve felek benem, vahy ile hem melek benem,
Çek dilini ve sessiz ol, ben bu lisana sığmazam.

Zerre benem, güneş benem, car ile pênç ve şeş benem.
Sureti gör beyan ile çünkü beyana sığmazam.

Zat ileyim sıfat ile, kadr ileyim Berât ile
Gül-şekerim nebât ile, piste-dehâna sığmazam.

Nâra yanan şecer benem, çarha çıkar hacer benem,
Gör bu ateşin zebânisin, ben bu zebâne sığmazam.

Bal ile hem şeker benem, şems ile hem kamer benem,
Rûh-i revân bağışlarım, rûh-i revana sığmazam.

Gerçi bu gün Nesîmiyim, Hâşimîyim, Kureyşiyim,
Bundan uludur âyetim, âyet ve şâna sığmazam.

Hakk ile Hakk olmuş, o mertebenin olgunluğuna ulaşmış bir insan, zahiri âlemde, kimi zaman Bâtıniliği yaşar.

Onun muhabbeti, dinleyenlere, esenlik ve mutluluk verir. Manevi anlamda ilerlemesine yardımcı olur. Bu nedenle, **Alevilikte arif insanların muhabbetine katılmak da bir ibadet** sayılır. **(Ariflerin muhabbeti, cahillerin ibadetinden evlâdır (kıymetlidir)!**(Hünkâr Bektaş Veli)

En-el Hakk mertebesine eriştiği için ünü katlinden sonra daha da artarak günümüze kadar gelen yol önderlerimizden Hallac-ı Mansur olmak üzere, Nesimi, Baba İlyas Horasani, Hünkâr Bektaş Veli, Abdal Musa, Pir Sultan Abdal, Kalender Çelebi ve daha niceleri bu kapıdan geçmiş büyük mürşitlerdir.

Onlar, "Dini sevgi, Kâbe'si insan-ı kâmil" olanların yüreklerinde mekân kurarak yaşamaya devam etmektedirler. Sözleriyle, deyişleriyle, nefesleriyle, devriyeleriyle halen insanlığa ışık tutmaktadırlar.

Alevi inanç ve kültüründe adından sıkça bahsedilen **"Güruhu Naci"** denilen zümre, Hakikat Kapısı'na varmış, Hakk'la Hak olmuş, özündeki cevhere, kaynağa dönmüş, sır perdesini ortadan kaldırmış, kâmil insan mertebesindeki insanlara verilen bir isimdir.

Bunun, kimilerinin zannettiği gibi zahiri soy, sopla, kan bağıyla alakası yoktur. Güruhu Naci demek, "can gözü açılmış, hakikati perdesiz gören insan" demektir. Alevi ozanı Sıtkı Baba bir nefesinde, Güruhu Naci'yi ve onun manevi dünyasının açılımlarını şöyle tabir eder:

Güruhu Naci'ye özümü kattım,

İnsan sıfatında çok geldim gittim,

Bülbül oldum Firdevs bağında öttüm,

Bir zaman gül için zara düş oldum.

Sıdkı'yam çok şükür didara erdim,
Aşkın pazarında Hak yola girdim,
Gerçek âşıklara çok meta verdim,
Şimdi Hünkâr Bektaş Pir'e düş oldum.

Bu kapıya gelip, Hakk'la Hak olmuş kişi, Hakikatin "dil" yoluyla anlatımının bazı hallerde mümkün olmadığını, egemenlerin zihniyetinden dolayı zulme uğrayacağını, toplumun da zulümden "beri olması" gerektiğini, korunması, kollanması gerektiğini bilir ve gerçeği "**mecaz ve sembollerle**" anlatmaya çalışır.

Aynı mertebeye gelmiş bir insan bu mecazlardan, içindeki hakikati ve ehl-i kâmilin, âşığın, ozanın ne söylemek istediğini hemen anlar. Bu kapı bu nedenle sırların en üst mertebede algılandığı, taşındığı ve sadece "hak edene" verildiği yerlerdir.

Sıtkı Baba'nın yukarıdaki nefesi de, baştanbaşa mecaz ve kinayelerle doludur. Ruhsal tekâmülü anlatır. Bu kapıya ulaşmış insan, varlığın sürekli bir tekâmül içerisinde olduğunu anlar.

"**Can gözüyle baktın ise kâinatın aynına,**
Andan özge nesne var mı, hasbetten lillahı gör"

ALEVİ YOL VE ERKÂNI'NDA MÜSAHİPLİK

Musahiplik terim olarak Alevi inancında evli çiftlerin birbirlerine bağlı bulundukları topluluğa ikrar vermeleridir. Birbirlerine kefil olmaları ve yol kardeşi olmalarıdır. İkrar veren evli çiftler musahip olduktan sonra bu ikrar ömür boyu devam eder ve ölünceye kadar sürer. Bektaşiliğin "Babagan " kolunda musahiplik yoktur. Fakat Anadolu Aleviliğinde ve Tahtacı Alevilerinde çok güçlüdür.

Musahiplik Alevilikte toplumsal dayanışma biçimidir. Canını, malını yol kardeşine emanet etmektir, onunla paylaşmaktır. "Yârin yanağından gayri" her şeyi bölüşmektir.

Hakka yürüme, musahiplerden birinin "yoldan çıkması, düşkünlük" gibi nedenlerle musahiplik andının koşulları ortadan kalksa dahi bir daha musahip tutulmaz. Musahibine kem gözle bakan, hıyanet eden "düşkün" olur.

Belli bir yaşa, fiziksel ve ruhsal "kemâlete" ulaşan her evli çift musahip tutmak zorundadır. En az 18-20 olarak kabul gören musahiplik yaşı daha ileri yaşlarda da yapılabilir. Ama musahip olacak canlar gerçekten talip olmalıdır, bir mürşide bağlı ve ikrar vermiş olmalıdır. Güvenilir olmalıdır, doğruluktan ayrılmayan asla yalan söylemeyen biri olmalıdır. Yaşadığı toplumu ve insanları sevmeli, yardımsever ve alçak gönüllü olmalıdır. Dört kapıyı ve kırk makamı yaşamaya, öğrenmeye istekli ve hevesli olmalıdır.

İlk önce her iki musahip adayının ikrar vermiş olması gereklidir. Bu ikrarlarını eşlerinin de onaylaması gereklidir. Musahip olmalarına her iki çiftin ailelerinin de desteği olmalıdır.

Musahip yol kardeşini kendi seçer. Ama bazı noktalara dikkat etmelidir. Çok uzakta, haber alamayacağı yerlerde, dar gününde ulaşamayacağı, yetişemeyeceği bir yerden biri ile musahip olmamalıdır. Ya da yakın oturabilme koşullarına sahip olmalıdırlar. Bu ölüme kadar devam edecek bir yol kardeşliği olacağından sahip çıkabilmek için çocukların da kardeş gibi yetişebilmesi ve yolun devamı için azami dikkat göstermek gerekir.

Yol önderleri " Hakk'ı insanda, insanı Hak'ta gören, ehl-i hak ile insan-ı kâmil nazarında muhabbet eden hakikat kardeşi olur," demektedirler.

Çeşitli yönlerden incelediğimiz musahipliğin, (yol kardeşi) olmanın amacı, işte bu "hakikat kardeşliği" derecesine ulaşmaktır. Yani Hakk'ı insanda, insanı Hakk'da görerek, tümüyle benlikten sıyrılıp, Hakk ile Hakk olmuş topluluğun ve önderinin (pir-mürşit) huzurunda sevgiyle birleşip, kenetlenmektir.

O zaman bireysel çıkarlar ortadan kalkar, birbirleri için yaşarlar. Çalışmaları da sevinçleri de üzüntüleri de birlikte olur; böylece sevgi gerçek anlamını bulur. Kırk makamda "Kırklar" ile kardeş olunur; biri kırk, kırkı bir olur.

MÜSAHİPLİK İKRARI ve ERKÂNI

Çağımızda kentleşmenin yarattığı çözülme ve dağılma alevi erkânlarını, Cem'i, görgüyü ve sonuçta musahipliği de etkilemiştir. Musahiplik bazı yörelerimizde hemen hemen ortadan kalkmıştır. Bazı yörelerde sadece şeklen vardır ve içerikten yoksundur. Amacına hizmet etmez, sadece ismen vardır.

Birbirleri ile musahip olmak isteyen canlar önce eşlerinin, sonra kendi anne babalarının iznini aldıktan sonra rehbere ve mürşide başvururlar. Rehber ya da mürşit onlara yolu ve yukarıda anlattığımız kuralları hatırlatır, iyice düşünmeleri, kararlarını kesinleştirmelerini söyler. Musahip adaylarına uygun bir süre verir.

Musahip çiftler bu süre zarfında iyice düşünüp kararlarını kesinleştirdikten sonra rehbere kararlarını iletir ve musahip ikrarı vermek istediklerini söylerler.

Mürşit musahiplik erkânının kurulması için Cem yapılmasına karar verir ve gerekli hazırlıklara başlanır. Her Cemde olduğu gibi Musahiplik Cemi'nde de aynı "**erkân**" yerine getirilir.

Mürşit, musahipliğin, yol kardeşliğinin nereden geldiğini; toplumsal anlamda, kardeşlik anlamında ve yol açısından ne anlama geldiğini anlatır. Bilgilendirmeden sonra on iki hizmet sahiplerini göreve davet eder.

Rehber ayağa kalkar ve mürşide niyaz olur, avuçlarının içini açarak kendi avuç içini öperek niyaz olur. Bu kendine olan saygısını ifade eder. Sonra mürşide ve dönerek canlara niyaz olur ve yine kendi elini öpüp alnına koyar. Ardından halkadaki yerini alır. Halkadaki musahip canlar ve diğer hizmet sahipleri elleri çapraz dar duruşunda ve ayaklar mühürlü dururlar.

Mürşit bütün bu anlatımdan sonra musahip olacak canlara sorar ve ardından rehber şu "biat gülbangini okur":

Destur-u Pir, Bismişah!.. Eli erde, yüzü yerde, özü darda, dar-ı Mansur'da, Hak ve Hakikat Yolu'nda, erenler meydanı, pir divanında, canı kurban, teni tercüman, ezilen mazlumların dostlarına dost, düşmanlarına düşman olmak kavliyle, hak erenlerin nasihatini kabul etmek üzere yalın ayak, yüzü yerde, sürünerek gelmiş, Cem erenlerinin izni ve onayı ile Nesimi gibi yüzülüp, Mansur gibi asılıp, Fazlı gibi borçtan halas olmak dilerler. Dil bizden nefes pirden, Hakk eyvallah.

Ardından mürşit hazır Cem erenlerine, "Bu canlar ikrar verip yola girmek ve yol kardeşi olmak dilerler ne dersiniz?" diye sorar. Canlar, "Hakk eyvallah" derler.

Mürşit ardından şu gülbangi söyler.

Bismişah! Hak ve Hakikat Yolu'nda ikrarınız kabul ve makbul ola, ahdiniz daim ola, korkunuzdan emin, muradınıza nail olasınız. Muhabbetiniz gür ola. Boz atlı Hızır yolunuzu yolsuza, pirsize, uğursuza, nursuza, arsıza düşürmeye. Hak erenler sizi didarından, katarından ayırmaya. Dil bizden nefes hünkâr-ı pirden ola. Gerçek erenler demine devranına hü!

Ardından rehber musahip olacak çiftlerin boyunlarına yol bağlarını, tığ bentlerini (bir tülbent ya da uzunca bir mendil) bağlar ve mürşide dönerek, "Himmet pirim. Hak ve Hakikat Yolu'na girmek üzere bir çift kurban getirdim der." Mendilin ucunu mürşide uzatır.

Mürşit bunun üzerine, musahipliğin zor, meşakkatli bir görev olduğunu, küsmenin, kırgınlığın, dargınlığın olmayacağını, malını canını musahibinden ayırmamak gerektiğini anlatır. Dört kapıyı kırk makamı anlatır. Bütün bunları bilerek ve isteyerek yola girmekte kararlı mısınız, diye sorar. Musahip çiftler "Hakk eyvallah" diye cevap verirler.

Ey talip, sizlere bu söylediklerime Cem erenleri, yer, gök şahit olsun mu? Hak ve Hakikat Yolundan ayrılmayacağınıza, ölünceye dek Yol'dan ve ikrarınızdan dönmeyeceğinize söz veriyor musunuz?

Talipler " Hakk Eyvallah Pirim" derler.

Mürşit daha sonra musahip olacak çiftlere niyazınızı gösterin der ve rehberle birlikte çiftler kendi avuç içine eğilip secdeye varırlar. Bu esnada Mürşit şu gülbangi söyler.

Bismişah! İkrarınız kabul ve makbul ola, ahdiniz daim ola, muradınız hâsıl ola, hak erenler yolunuzu yolsuza, pirsize, uğursuza, nursuza, arsıza, hırsıza ve namussuza düşürmeye. Hak erenler sizi gafil gadadan, görünmez beladan koruya. Gözünüzden yaş, duvarınızdan taş düşürmeye. Hak ve Hakikat Yolu'nun didarından, katarından ayırmaya, hayırlı evlat ve hayırlı bereket vere. İkrarınız imanınıza yoldaş ola. Gerçek erenler demine devranına hü.

Bu gülbangin ardından Mürşit Musahip olacak Canların sırtına üç kez elinin içi ile vurur. (Tarik çalmak)

Mürşidin verdiği bu gülbanktan sonra musahip olacak canlar, eşleri ile birlikte önce kendi avuç içlerini öperek niyaz verirler. Ardından Mürşide niyaz verirler ve daha sonra rehbere ve ardından orada bulunan diğer dedelere sonra da anne-babaları başta olmak üzere, toplumun ileri gelenleri ile niyazlaşırlar ve tüm canlarla niyazlaştıktan sonra yola katılmış olarak yerlerini alırlar.

Cem hizmetleri bundan sonra normal erkânı ile devam eder.

Sonuç olarak musahiplik; ikinci kez dünyaya gelme anlayışı içerisinde, artık yol oğlu olmuş musahipler, toplumlarıyla çözülmez bir inançsal akrabalığın içine girmişler, bir pir'e-dedeye bağlanmışlardır. Böylelikle, taliplerin oluşturduğu bu "yol akrabalığı" düzeninde (Talip- Musahip, Rehber, Pir, Mürşit) oluşan komünal yaşamı benimsemiş küçük toplumsal birim, Mürşide-dedeye bağlı ve onun talipleri olan diğer pirlerin-dedelerin çevresiyle genişleyen daireler halinde daha büyük topluma ulaşır. (Rıza Şehri) Sonunda Hünkâr Bektaş Veli'yi temsil eden büyük mürşidin (mürşid-i kâmil) tepede bulunduğu bir toplumsal akrabalık düzeni yaratılır. Tüm kültürel, inançsal ve toplumsal değerleriyle musahiplik, hep birlikte ortaklaşa üretip, ortaklaşa tüketen; eşitlikçi ve sevgi birliğinde temellendirilmiş paylaşımcı bir düzenin kurumudur.

ZAHİD HAM ERVAH (ÇİĞ İNSAN)	ABİD (SADAKAT) İKRARLI, MÜSAHİPLİ, SADIK	ARİF (EHLİYET) BATIN İLİMLERE VAKIF,	MUHİP (ÂŞIK, IŞIK) (LİYAKAT) İNSAN-I KÂMİL

----------------------------CAN----------------------------

TEMEL BİLGİLERİ ALMAK, (İLİM)	İKRAR VERMEK	İLİM EHLİ OLMAK	MUHİP (AŞIK, IŞIK)
EDEB ÖĞRENMEK	MÜSAHİP TUTMAK YOL'A GİRMEK	BATIN İLİMLERE VAKIF,	HİÇLİK
ELİNE, DİLİNE, BELİNE SAHİP OLMAK	ABİD (SADAKAT) İKRARLI	ARİF (EHLİYET)	(LİYAKAT) İNSAN-IKÂMİL
ŞERİAT (HAVA)	TARİK'ET (SU),	MARİFET (ATEŞ)	HAKİKAT (TOPRAK)

YOL ZİNCİRİ: YOL > MÜRŞİD-İ KÂMİL > MÜRŞİD > PİR > REHBER > MÜSAHİP /TALİP

RIZA ŞEHRİ ÜTOPYASI

Bir zamanlar bir sofu dünyayı gezmeye çıktı. Bir gün yolu bir şehre düştü. Bu şehir şimdiye dek gördüğü şehirlere benzemiyordu. Sabah saatinde herkes işine gücüne gidiyor, sessizlik içinde yaşam sürüyordu. Şehrin alışılmamış bir düzeni vardı. Sofu şehrin bu düzenini görünce şaşakaldı. Öyle ki birisine yaklaşıp bir şey sormaya cesaret edemedi. Karnı acıkmıştı. Şehri gezerken bir fırın gördü. Ekmek almak için içeri girdi. Fırıncıya para uzatarak ekmek istedi. Ama fırıncı hayretle paraya baktı: "Bu ne bu? Biz bunu kaldırmak için yıllarca uğraştık, büyük savaşlar verdik. Anlaşılan sen Rıza Şehri'nden değilsin, dünyalı olmalısın," dedi.

Sofu, "Evet bu şehirden değilim" diye cevap verdi.

Fırıncı: "Halinden belli oluyor. Dur, öyleyse seni görevlilere teslim edeyim. Onlar seninle ilgilenirler. Bizim şehrimizde para pul geçmez," dedi. Fırıncı bu sofuyu görevlilere teslim etti. Görevliler önce kendi aralarında bu sofuyu ne yapacaklarını tartıştılar. İçlerinden biri:

"Meclise götürelim, ehl-i kâmiller karar versin," dedi.

Öbürleri de bu görüşe katıldılar. Bunun üzerine tümü meclisin/divanın yolunu tuttu. Yol boyu sofu düşünüyordu. İçinden, "Paranın geçmediği bir şehir, görevliler, insanı kâmiller divanı ..." diyordu.

Bir süre yürüdükten sonra divana vardılar. Ama sofu bu kez de şaşakaldı. Çünkü divan denen bu meclis hiç de düşündüğü gibi büyük ve göz kamaştırıcı değildi. Düşündüğünün tam karşıtıydı. Bir sessiz köşede küçük bir yapı idi. Yerlere basit kilimler serilmişti. Kâmiller divanı bağdaş kurmuş kentin sorunlarını görüşüyorlardı. Görevliler kâmilleri selamladıktan sonra:

"Bu Dünya'lı şehrimize girmiş. Acıkmış, ekmek almak için bir fırına girmiş. Fırıncıya para vermeye kalkmış. Bunun üzerine fırıncı farkına varıp bize teslim etti. Biz de Divan'a getirdik, ne yapmamız gerekiyor?" diye sordular.

İnsan-ı kâmiller, "Bu kardeşimizi neden buraya kadar yordunuz? Kurallarımızı, erkânımızı biliyorsunuz. Mihman konağında bir odaya yerleştirin, aşevine götürün, diğer konularda da gerekeni yapın," diye söylediler.

Bunun üzerine görevliler sofu ile birlikte geri döndüler. Önce bir aşevine götürdüler. Karnını doyurdular. Sonra kentin konukları için yapılmış konağa götürdüler. Bir odaya yerleştirdiler:

"Burada para pul geçmez. Burası Rıza Şehri'dir. Rızalıkla her istediğini alır, her istediğini yaparsın," diye uyardılar.

Sofu konağa yerleşti, gezip dolaştı. Rahatı yerindeydi. İstediğini alıp her istediği yerde yiyip içiyordu. Hiç kimse "ne arıyorsun" diye sormuyordu. Bir kaç gün sonra eşyalarını topladı. Şehirden ayrılıp yola koyulmak istedi. Ama görevlileri karşısında buldu. Görevliler:

"Gidemezsin!" dediler. "Bu şehir Rıza Şehri'dir, adı üstünde. Sen buraya rızan ile geldin. Bizde sana yiyecek verdik, yatacak yer sağladık. Bu şehirde kaldığın sürece bizden razı kaldın mı?"

Sofu, "kuşkusuz razı kaldım, sağ olun!" diye karşılık verdi.

Görevliler: "Şimdi bizim de senden razı kalmamız gerek. Bu yiyip, içip yattığın günler için çalışmalısın!"

Sofu, "Mademki kurallarınız böyle çalışayım" diye kabul etti.

Görevliler sofuya yapabileceği bir iş verdiler. Konakladığı odadan alıp daha büyük bir eve yerleştirdiler. Artık o da Rıza Şehri'nden bir adam olmuştu. Yavaş yavaş dost, arkadaş edinme çabasına girişti. Ama her kiminle konuşmaya başlasa ilk soruları "Sen Dünya'lı mısın?" oluyordu. Bu şehrin insanları kavga, çekememezlik, kendini beğenmişlik gibi tüm kötülüklerden arınmışlardı. Böylece günler aylar geçti. Sofu şehri iyiden iyiye sever oldu. Dünya'yı gezme düşüncesinden vazgeçti. Bu şehirde kalmaya karar verdi. Ama hâlâ yalnızdı. Bir gün yakın bulduğu bir arkadaşına açıldı:

"Sizin bu şehirde nasıl evlenilir, ne yapılır?" diye sordu. Arkadaşı:

"Şehrin ortasındaki bahçe var ya, işte orada her **cuma günü** tanışmak, dost edinmek isteyenler toplanır. Gençler gelirler. Herkes orada beğendiği anlaştığı biri ile evlenme yolunu arar. Orda tanışırlar. Anlaşırlarsa evlenirler," dedi.

Sofu cuma günü söylenilen bahçeye gitti. Kocaman bahçe tıklım tıklım doluydu. Türlü giysiler içinde genç kızlar kelebek gibi dolaşıyorlardı. Genç kızlar, genç erkekler sohbet ediyorlardı. Birbirini beğenip anlaşanlar uzaklaşıyorlardı. Anlaşmayanlar ayrılıp başkasına yaklaşıyorlardı. Sofu olup bitenleri bir süre hayranlıkla izledi. Sonra kanının kaynadığı bir kıza yaklaştı. Ama o kızın ilk sorusu:

"Sen Dünya'lı mısın?" oldu.

Sofu aylardan beri hep bu sözü duymaktan iyiden iyiye bıkmıştı.

"Evet, Dünya'lıyım ne olacak?" diye karşılık verdi.

Kız, "Davranışlarından hemen belli oluyor. Ama alınma, zararı yok. O ki beni kendine eş seçmek istiyorsun, bu konuda bende sana yardımcı olurum, davranışlarını düzeltirsin," dedi.

Kız ile sofu anlaşmaya niyet ettiler. İşten artan boş zamanlarında buluşup konuşuyorlardı. Sofu bir keresinde kız ile buluşmaya giderken yolun kıyısında kocaman bir nar bahçesi gördü. Bahçenin ne duvarı, ne bekçisi ne koruyucusu vardı. Hemen bahçeye daldı. Bahçeden bir kaç nar kopardı. Telaş ve heyecandan ağacın birkaç dalını da kırdı. Ama ne kimse geldi ne de sordu. Sofu narları toplayıp kız ile buluşacakları yere gitti. Henüz kız gelmemişti. Narları bir tabağa koydu. Masanın üzerine yerleştirdi. Kızın gelmesini bekledi. Nitekim bir süre sonra kız geldi. Ne var ki narları görmesine karşın hiç ilgilenmedi. Oysa sofu kızın narları görüp ilgilenmesini, sevinmesini bekliyordu. Kız her zamanki gibi yerine oturdu. O zaman sofu dayanamadı. Kıza narları gösterdi.

Genç kız, "Bunları nerden aldın?" diye sordu.

Sofu narları nerden kopardığını söyledi.

Bunun üzerine kız: "Beni düşündüğün için sağ ol. Ama o bahçenin yerini, varlığını ben de biliyorum. Canım isteseydi, gidip ben de alabilirdim. Şimdi benim canım istemiyor. Bu narlar burada boşuna çürüyecek. Başkalarının hakkını boşuna çürütmüş olacağız. Gelirken öğrendim. Narları koparırken bahçeye zarar vermeye bilirdin. Burada kimse senden bir şey kaçırmıyor ki... Bunca süredir Rıza Şehri'nde yaşıyorsun. Bu şehirde rızalıkla her şeyin serbest olduğunu bilmeliydin. Şimdi anlıyorum, sen bu şehre layık değilsin."

Bunları söyledikten sonra genç kız sofuyu bırakıp gitti. Görevlilere durumu iletti, görevliler sofunun yaptıklarını divana bildirdiler. Divan sofunun durumunu tartıştı. Sonunda sofunun Rıza Şehri'ne uyamayacağına karar verdi. Bunun üzerine görevliler Dünya'lı sofuyu şehirden attılar.

Rıza Şehri öyküsü Alevi-Kızılbaş Yol ve Erkânı'nın temel yaşam ütopyasıdır. Bu hikâyeden de anlaşılacağı üzere Rıza Şehri'nde, "Yârin yanağından gayri her şey ortaktır; ama rızasız hiçbir iş yapılmaz.

ALEVİ-KIZILBAŞ TANRI/HAKK ANLAYIŞI

Aleviliğin tanrı (Hakk) anlayışı **varlığın birliği** ve bunun en mükemmel parçası olan insanın kutsallığı üzerine kuruludur. Alevi-Kızılbaşlar (vahdeti mevcut) varlığın birliği: Her şeyin Hakk'ın kendi varlığından, ışığından, nurundan bir parça olduğuna inanırlar.

Varlığın 'yoktan var olmadığı gibi, vardan yok edilemeyeceğine', Tanrı, kâinat(evren) ve insanın, (tüm âlemin) bir bütün (HAKK) olduğuna ve bu varlığın en mükemmel parçası olan insanın Hakk'ın nurunu taşıdığına inanılır. Bu nedenle tüm varlıkla birlikte, insanı kâmiller ve Cemlerimizde darına durduğumuz Halac-ı Mansur'un, Nesimi'nin, En-El Hak 'Hakk benden, ben Hakk'tanım, Hak-i-kat'ım düşüncesi, Aleviliğin Hakk-Tanrı anlayışının özünü oluşturur.

Bu anlayışa örnek; Çağdaş insan-ı kâmillerimizden Âşık İsmail Daimi, **"Kâinatın aynasıyım / Mademki ben bir insanım / Hakk'ın varlık deryasıyım / Mademki ben bir insanım. / İnsan Hakk'ta Hakk insanda / Ne ararsan bak insanda... En-el Hakk`ım ismim ile / Hakk'a erdim cismim ile / Benziyorum resmim ile / Mademki ben bir insanım."** diyerek dile getirmektedir. İslam buna Tanrı'ya şirk koşmak demekte ve cezasını da "idam!" olarak vermektedir.

"İnsan çok büyüktür, tarif hiç gelir; tarif etsem Hakk'tan bana suç gelir."

Alevi-Kızılbaş öğretisinde insan yaşamı, Hakk ile bütünleşmeyi amaçlayan uzun ince "devriyeli" ve kadim bir Yol'dur. Alevilik-Kızılbaşlıkta Hakk ile bütünleşmeye giden YOL, 4 kapı 40 makamdan geçer. Edebine sahip olup, hak yemeden haksızlık önünde eğilmeden, Zalime karşı, mazlumun yanında, 72 milleti bir görerek, bilim, sevgi ve saygı yolundan ilerleyerek, insanın kendini bilmesi, eksiğini bilmesi, kendi özündeki Hakk'ı arayıp bulması, kâmil insan olmaya çalışması, Hakk için, halka hizmet-insanlığa hizmet etmesi ile olur. Alevi-Kızılbaşlar bu nedenlerle inançlarını, "**Hak ve Hakikat Yolu**" diye tanımlarlar.

"Dert sende, derman senin elinde; ama bilmiyorsun. İlletinin sende olduğunu görmüyorsun. Sen kendini küçük bir cisim sanırsın. Hâlbuki Büyük Evren (Kâinat) sende saklıdır. Sen öyle bir kitapsın ki, gizli olan şeyler "o" kitabın harfleri ile meydana çıkar, okunur. Kâinat kitabında yazılı olan şeylerin hepsi sendedir. Çünkü okunacak en büyük kitap insandır!"

İnsan; ham ervahlıktan, insan-ı kâmile evrilecek ve bu yolda dört kapı ve kırk makamdan geçecektir. "Ham ervahlıktan, insan-ı kâmil'e, yol odur ki ışık ile gidile." Aklı-mantığı-bilimi "Işığı" takip edecek, gerçeği arayacak ve bulacak, başka bir yol yoktur, Yol ise zaten budur!

ALEVİLİK VE AHLAK

Alevilik yüksek ahlak demektir. Kadim ve özgün Kızılbaş-Alevi öğretisi "özel bir ahlak" üzerine temellenmiştir. Alevi teolojisi de yine kaynağını Alevi ahlakından almaktadır, ona dayanmaktadır.

Kızılbaş-Aleviliğin ahlaki özü "kâmil insan olmak" kuramı ile başlar. Alevi teolojisi de bu kuram üzerinde yükselir.

Daha önce Alevilikte Tanrı (Hakk) anlayışı yazımızda da belirtildiği üzere Alevi ahlakı göksel bir vahye dayanmaz. Bu ahlaki prensip ve ilkeler Allah veya tanrıdan inmez. Alevi inanç tasarımındaki Tanrı (Hakk) tasarımı özellikleri itibarı ile **panteist, gnostik ve teosofiktir.** Yukarıdan aşağıya evreni yaratan bir tanrı değil **ezeli var olan, ebedi var olacak olan varlıkların birliği ve bütününü Hakk olarak görür.** Vahye dayanmadığı için göksel bir tasarım veya inanç değildir. Akla ve vicdana ve onun ürünü olan "**Özel ve yüksek bir ahlaka**" dayanır.

Kızılbaş Alevilik tüm evrende tanrısallık görür. Hakk'ın değişik derecelerde tecellisi olarak hiyerarşik bir üstünlüğü kimseye bahşetmez. Tam tersine tüm varlıklar birbiriyle özdeştir. Her varlığın (nesnenin) bir canı (ruhu) vardır. Tüm evren canlı cansız her şey kutsallık taşır.

Ezeli ve ebedi var olan tüm âlemler (kâinat-evren) bu âlemin en kutsal canlısı insan ile özdeşleşmiş ve insan da cisimleşmiştir. Âşık İsmail Daimi, " Kâinatın aynasıyım, mademki ben bir insanım," derken de bu kozmolojiyi ve ontolojiyi veciz bir şekilde anlatmaktadır. Dört kapı kırk makam öğretisini temeli de insana dayanır.

Alevi ahlakı kişinin kendisini bilmesi üzerine kuruludur. " **Sen, seni bilirsen nur-u Huda'sın / Sen seni bilmezsen Hakk'tan cüdasın,**" nefesi kendini bilmeyi en başta öğütler. Kendini bilmeyen Hakk'ı da hakikati de bilemez. Kâmil insan olamaz. Yola giremez, musahip olamaz. Rıza Şehri'nde yaşayamaz. Kamil toplumun bir ferdi olamaz.

Hace Bektaş Veli Dergâhı'nın girişinde eskiden var olan kitabede " **Bu kapı ışıkların Kâbe'sidir, eksik gelen tamam olur,**" yazmaktaydı.

Yukarıda açıklamaya çalıştığım öğretinin her kapısının "sırrını" içinde taşıyan muhteşem bir söz olarak anımsamakta fayda var.

Alevi ahlak sisteminde bu Dünya'daki hal ve hareketlerimizi gören, kaydeden, sık sık Dünya'ya müdahale eden, cennet, huri, gılman gibi ödül vaat eden, cehennem narı gibi cezalar uygulayan bir tanrı kavramı yoktur. Peki, ne vardır?

İşte yukarıda bahsettiğim ahlak ilkeleri vardır. Bu kendini bilmek ile başlayan, noksanını, eksiğini bilerek, öğrenerek ve yaşayarak kazanılan hasletlerdir. İkrar ile başlayan bir süreçtir. Kendini bilmeyen zaten ikrar veremez, kendini bilmeyenin ikrarı da alınamaz.

Kendini bilmede ilk ilke " eline, diline ve beline sahip olma" ahlak ilkesidir.

Bu sözler vahiyli-vahiysiz tüm inanç ve dinlerde aslında ortak bahsedilen bir deyimdir. Ancak Alevilik bunları Tanrı emri olarak değil; Yol'a girmenin ilk ve önemli kuralıdır. Erenler Cemi'ne karşı bu ilkeler nezdinde sorumluluktur, hesap vermedir. Sorgudan ve görgüden geçmeyi önceden kabul etmektir.

VAHDETNAME

Daha Allah ile cihan yok iken,
Biz ani var edip ilan eyledik.
Hakk'a hiçbir layık mekân yok iken,
Hanemize aldık mihman eyledik.

Kendisinin ismi henüz yok idi,
İsmi söyle dursun cismi yok idi,
Hiçbir kıyafeti resmi yok idi,
Sekil verip tıpkı insan eyledik.

Allah ile burda birleştik,
Nokta-i âmâya girdik birleştik,
Sirr-i küntü kenzi orda söyleştik,
İsmi şerifini Rahman eyledik.

Aşikâr olunca zat ü sıfatı,
Kün dedik var ettik bu semavatı,
Birlikte yarattık hep kâinatı,
Nam ü nisanını cihan eyledik.

Yerleri gökleri yaptık yedi kat,
Altı günde tamam oldu kâinat,
Yarattık içinde bunca mahlûkat,
Erzakını verdik ihsan eyledik.

Asılsız fasılsız yaptık cenneti,
Huri gılmanlara verdik ziyneti,
Türlü vaidlerle her bir milleti,
Sevindirip şad ü handan eyledik.

Bir cehennem kazdık gayetle derin,
Laf ateşi ile eyledik tezyin,
Kildan gayet ince kılıçtan keskin,
Üstüne bir köprü mizan eyledik.

Gerçi Kün emriyle var oldu cihan,
Ars-i Kürsü gezdik durduk bir zaman,
Bos kalmasın diye bu kevnü mekân,
Âdemin halkını ferman eyledik.

İrfan olan bilir sirri müphemi,
İzhar etmek için ism-i azami,
Çamurdan yoğurduk yaptık âdemi,
Ruhumuzdan bir ruh revan eyledik.

Âdem ile Havva birlik idiler,
Ne güzel bir mekân bulduk dediler,
Cennetin içinde buğday yediler,
Sürdük bir tarafa puyan eyledik.

Âdem ile Havva dan geldi çok insan,
Nebiler Veliler oldu nümayan,
Yüz bin kere doldu boşaldı cihan,
Nuh Naciyullah'a tufan eyledik.

Salih'e bir deve eyledik Ihsan,
Kayanın içinden çıktı nagehan,
Pek çokları buna etmedi iman,
Anları hak ile yeksan eyledik.

Bir zaman Eshabikefhi uyuttuk,
Hazreti Musa'yı Tur'da okuttuk,
Siti çulha yaptık bezler dokuttuk,
İdris'e biçtirip kaftan eyledik.

Süleyman'ı Dehr'e sultan eyledik,
Eyyub'a acıdık derman eyledik,
Yakup'u ağlattık nalan eyledik,
Musa'yı Şuayb'a çoban eyledik.

Yusuf'u kuyuya attırmış idik,
Mısır'da kul diye sattırmış idik,
Zeliha'yi ona çattırmış idik,
Zellesinden bendi zindan eyledik.

Davut peygambere çattırdık udu,
Kazadan kurtardık Lut ile Hud'u,
Bak ne hale koyduk nar-i Nemrut'u,
İbrahim'e bağ u bostan eyledik.

İsmail'e bedel cennetten kurban,
Gönderdik şad oldu Halilürrahman,
Balığın karnini bir hayli zaman,
Yunus peygambere mekân eyledik.

Bir mescide soktuk Meryem Anayı,
Pedersiz doğurttuk orda İsa'yı,
Bir Ağaç içinde Zekeriyya'yi,
Biçtirip kanına rizan eyledik.

Beyti mukaddeste Kudüs şehrinde,
Nehri Seria'da Erden nehrinde,
Tathir etmek için günün birinde,
Yahya'y'i 'Isa'y'i 'üryan eyledik.

Böyle cilvelerle vakit geçirdik,
Bu enbiya ile çok is bitirdik,
Başka bir Nebiyyizisan getirdik,
Anın her nutkunu Kur'an eyledik.

Küffarı Kureysi ettik bahane,
Mehmet Mustafa geldi cihane,
Halkı davet etmek için imane,
Murtaza'yi ona ihvan eyledik.

Ana kıyas olmaz asla bir nebi,
Nebiler sahidir Hakk'ın habibi,
Biz ani Nebiyyi-ihsan eyledik.

Hak Muhammed Ali ile birleşti,
Hep beraber Kâbe Kavseyn'e gittik,
O makamda pek çok muhabbet ettik,
Leylerel esrayi seyran eyledik.

Bu sözleri sanma he insan anlar,
Kus dilidir bunu Süleyman anlar,
Bu sırrı müphemi arifan anlar,
Çünkü cahillerden pinhan eyledik.

Hak ile hak idik biz ezeliden,
Ta Ruz-i Elestte Kalubeliden,
Mekân-i Hüda'da bezm-i celiden,
Cemalini gördük iman eyledik.

Vahdet âlemini bilmeyen insan,
İnsan suretinde kaldı bir hayvan,
Bizden ayrı değil Hazreti Süphan,
Kur'an-ı Natıkla ayan eyledik.

Sözlerimiz bizim pek muhakkaktır,
Doğan ölen yapan bozan hep Haktır,
Her nereye baksan Hakkı mutlaktır,
Ahval-i vahdeti beyan eyledik.

Vahdet sarayına giren için,
Hakkı eynel yakin görenler için,
Bu sırrı **Harabi** bilenler için,
Birlik meydanında cevlan eyledik.
(VAHDET: Birlik. Her şeyin Hakk'tan bir parça olması.)

Aleviliği bu sözlerde yakalamak, bu sözlerin ışığında yorumlamak ve insan-ı kâmil yolculuğunda bu sözleri temel ilham kaynağımız olarak görmek zorundayız.

Yukarıda Yol ulularının veciz ifadelerle yapılan anlatımını dikkatle, satır, satır incelediğimizde bize gerekli ışığı vermektedir. Bu yolculukta Aleviliği doğru anlamak ve anlatmak, için "zor" olan yolu yani aklı, mantığı, felsefeyi ve düşünceyi esas almalıyız; alacağız.

Çünkü kolay olan yol, soru sormayan, irdelemeyen, sorgulamayan, sadece "iman" eden, inanmayı emreden, akıl ve sezgileri kullanmayan biat kültürüdür. Çünkü biat edenin sezgiye, akla, mantığa ve onun sorarak, sorgulayarak elde ettiği felsefeye ihtiyacı yoktur. Biat eder, biat ettiğine iman eder ve egemen olana uyar. Uysaldır, tartışmaz, emredileni yapar, neden yaptığını düşünmez, bu yüzden "kul"dur. Beyni asla özgürleşmez.

Asıl zor olan ise Alevi felsefesini kavramaktır. Maalesef Aleviliğin en az konuşulan ve en az bilinen yönü onun felsefi boyutudur. Aleviyi ayaklar üzerine dikecek, yön felsefesidir. Çağdaş insan yaratmanın özgür beyinlerle olacağı, kâmil insan olmak için önce düşünen, sorgulayan, soran bir sürecin yaşanması gerektiği, bu süreç sonunda insanın İlm-el Yakin (Hakk'a İlim ile yaklaşma) prensibinin yakalandığını Alevi Yol Önderleri yüzyıllarca anlatmışlar ve uygulamışlardır.

Bizler de bu Yol'dan, ilim yolundan, bilim yolundan gidecek, Dava İnsanlık davasıdır, **"Okunacak en büyük kitap insandır"** diyeceğiz. Yolun engebeli, dolambaçlı ve dikenli olduğunu biliyoruz. Egemen olana biat edenlerin arkalarına aldıkları bilinen ve bilinmeyen güçlerle saldırıları elbette olacaktır. Ama gelecek; düşünen, sorgulayan, okuyan, öğrenen ve düşüncelerini bir adap ve edep içinde insanlıkla paylaşanların olacaktır.

SEMAH

HÂŞÂ Kİ SEMAHIMIZ OYUNCAK DEĞİL!

İLAHİ BİR AŞKTIR, SALINCAK DEĞİL!

HER KİMKİ SEMAHI BİR OYUNCAK SANIR

ONUN CENAZESİ KILINCAK DEĞİL!

Hace Bektaşi Veli

Semah, Hakk ile bütünleşmenin onun varlığında erimenin adıdır. Oyun değildir. Hakk a gönül verenlerin miracıdır. Turnaların kanadında, gökyüzünün her yerinde, bulutların üstünde aşkla dönmek, gezegenler gibi hem kendi etrafında, hem de güneşin etrafında dönmek, aynı dünya gibi, ay gibi, yıldızlar gibi, bir düzen bir nizam içinde dönmek. Gün döner geceye, gece döner gündüze, kış döner yaza, yaz döner kışa, kâinatın işleyişi taşınmış Cem'e, körler görmez bu hakikati, arifler bilir marifeti.

Kâinattı okuyanlar görür can gözüyle, atomdan en büyüğüne, vücutta dolaşan kan, ırmakta akan su, yükselen deniz, çekilen deniz, Fırtınalar, şimşekler, yıldırımlar, bulutlar aşkla semah yapmaktadır. Dönmek doğadaki mükemmel düzenin gereği, yerinde duran yok, varlıkların semahı durursa düzen bozulur, nizam alt üst olur.

Semah aşkla ilham ve keşifle, coşkuyla, Hakk'ın gerçeğine varmak için, kişinin kendi varlığından geçip Hakk'ın varlığına karıştığı, ilahi bir aşk halidir. Semah edep erkân içinde, gösterişten uzak ilahi aşkla vecde halinde yapılması gerekir. Aşk olmadan semah olmaz. Semah âşığın miracıdır. Muhabbet aşkından içip semah edenler dünyadan geçer. İlahi aşkla dolanlar tenden, candan geçerler. Hakkın varlığında var olurlar. Yüreklerini açar bütün insanlığı yüreklerindeki sevgiyle selamlarlar.

Semahta, dünyasal istekler, istemler son bulur. Hakkın güzellikleriyle dolan yürek kendinden geçer. Kendini evrenin nizamına, düzenine bırakarak bütün varlıkla bir olarak vahdeti vücut olmaktır.

Semah; Alevilerin, ibadeti olan Cem ayinlerinin ayrılmaz bir bölümü olarak 12 hizmetten biridir.

Semah Cem'in Miraçlama bölümünde bağlama ile zakirlerin semahlar okumasıyla kadın erkek ayrımı yapılmaksızın can cana birlikte yapılan dinsel törenlerden biridir.

Semahı Cem'den ayırmak şöyle dursun bu düşünülemez. Cem ayininde aşkla dolan yürekler, kendinden geçerek aşkla, şevkle, huşu içerisinde beşeriyet dünyasından ayrılarak ruhsal âlemde yolculuk ederler. Bu yolculuk seyranlarla dolu, hakkın güzelliklerine vakıf olma yolculuğudur.

Aleviler Cem'le birlikte semahın da Kırklar Cemi'nden geldiğine inanır, kaynağın burası olduğunu kabul eder.

Alevilerin, Cem'i ve semahı bizler için tarifi olmayacak kadar kutsal ve önemlidir. Dönülen semahların ibadetimiz olan Cem ayinlerinden ayrı düşünmek ve incelemenin imkânı yoktur.

Alevi Yol ve inancını yayan veliler, âşıklar, sadıklar semahı kutsal sayıp on iki hizmet içinde vazgeçilmez bir unsur olarak kabul etmişlerdir.

Semah ilahi bir aşkla dolup Hakk ile hak olmanın, kişinin kendi varlığından geçip tanrısal varlığa geçtiği andır. Yüzyıllarca Alevi toplumunun gizli saklı "sır ibadeti" olan, Cem içerisinde inancın ve on iki hizmetin bir bölümü olan semah folklorik gibi öge gibi sergilenmeye çalışılmaktadır.

Alevi toplumunda merkezi bir yapılanmanın olmayışından, çeşitli yerlerde yapılan semahın alevi toplumunu tanıtıyor diye belli bir süreçte hiç tepki gösterilmeden seyirci kalınmıştır. Bu süreçte yapılan semahlar herkesçe beğeni kazanmasına ve benimsemesine etken olmakla birlikte, semahın yeri ve mekânı konusu göz ardı edilmiştir.

Semah Alevi toplumunun ibadeti olan Cem'in ayrılmaz bir hizmetidir. Semah eğlence ve gösteri aracı olamaz. Semah içkili, eğlenceli mekân ve yerlerde ise asla dönülmez. Semah oyun değil ibadettir. Aşkla hakka ulaşmanın adıdır.

Alevilerin büyük şehirlere göçüyle birlikte Cem cemaat görmemiş olan yeni nesiller kendi değerlerini öğrenememiş ve sahip çıkmakta zorlanmıştır. Birçok Alevi genci kendi inancının bir parçası olan semahı Cemin dışında yapılan ekinliklerde ve değişik mekânlarda görme ve öğrenme eğilimine girmiştir.

ALEVİLER VE RAMAZAN

Sorma be birader mezhebimizi,
Biz mezhep bilmeyiz yolumuz vardır.
Çağırma meclis-i riyaya bizi,
Biz şerbet içmeyiz dolumuz vardır.

Biz müftü bilmeyiz, fetva bilmeyiz,
Kıyl-ü kal bilmeyiz, ifta bilmeyiz,
Hakikat bahsinde hata bilmeyiz,
Şah-ı Merdan gibi ulumuz vardır.

Bizlerden bekleme zühd-ü ibadet,
Tutmuşuz evvelden rah-i selâmet,
Tevellâ olmaktır bize alamet,
Sanma ki sağımız solumuz vardır.

Ey zahit surete tapma, Hakkı bul,
Şah-ı velayete olmuşuz hep kul,
Hakikat şehrinden geçer bize yol,
Başka şey bilmeyiz Ali'miz vardır.

NESİMİ esrarı faş etme sakın,
Ne bilsen ham ervah likasın hakkın,
Hakkı bilmeyene hak olmaz yakın,
Bizim Hakk katında erimiz vardır.

(Kul Nesimi)

Alevi-Bektaşi kültür ve inanç sisteminde Ramazan Bayramı diye bir kabul yoktur. Anadolu Alevileri olarak bizler tarihi çok iyi bilmek zorundayız.

Yapılan katliamlar unutturulmaya, zulümler hafızalardan silinmeye çalışılmaktadır. Bu yüzleşmeyi aydın ve onurlu "İslam" araştırmacıların da yaptığını artık görmekteyiz. Ama bir yandan da içimizden çıkan "keklikler" nedense gerçekler orta yerde dururken koşar adım bu bayramı kutlamaya kalkışmakta ve Cem Evlerimizi neredeyse minaresiz birer camiye çevirmektedirler.

"Ramazan Cem'i" özellikle son on beş-yirmi yılda başta bazı vakıf ve dernekler ile "devşirilen sözde ve biyolojik dedeler" tarafından, uygulamaya konulan ve asimilasyonu hızlandıracak bir tezgâhtır. Maalesef omurgasız yöneticiler bu konuda tavır almak, ilkeli davranmak yerine hep, " vaziyeti idare etme" yoluna gitmişlerdir.

Tabelasında AKD, Pir Sultan veya Hacı Bektaş Anadolu Kültür Vakfı yazan birçok kurumun "Cem Evi"nde bu uygulamalar yapılmaktadır. Bu Yol ve erkâna uymayan tavrın ilkeli ve omurgalı yöneticilerle aşılacağının bilincinde olmalıyız. Bu vesile ile içe dönük bir eleştiri ve öz eleştiri mekanizmasının da işletilmesi gereklidir. Kürsülerde en demokrat ve en sol söyleme sahip olan bir kısım yöneticilerin bu uygulamalar söz konusu olduğunda "sus-pus" olmasını, görmezden /duymazdan gelmesini hazmedenler varsa da ben bir "Yol evladı" olarak yüksek sesle itiraz ediyor ve kabul etmiyorum!

Okuyan, araştıran sorumluluk duyan ve vicdani muhasebesini yapan Alevi dedeleri de bu duruma kayıtsız kalamazlar, kalmamalıdırlar. Yüzyıllar boyunca Ramazan orucunu tutmadıklarından dolayı yargılanmış ve cezalandırılmış ve her türlü zulme uğramış bir tarih önümüzde durmaktadır. Bu nedenle yaşanan acılar o kadar "kanıksanmış" ve dirençle karşılanmıştır ki, yüzlerce, binlerce Bektaşi fıkrasına konu olmuştur.

Yıllardır uyarmamıza rağmen bazı Alevi-Bektaşi canların hala şeker resimleri ile süslü Ramazan Bayramı tebrik mesajlarını görmekteyiz. Bu gerçekler orta yerde dururken kendine Alevi-Bektaşi diyen insanların, diğer Alevi-Bektaşi canlara "Ramazan Bayramı" tebrik mesajları göndermeleri iki temel yanlışa bağlıdır. Birincisi ve esas tehlikeli olanı sinsice Alevilerde bir davranış kültürü oluşturur. Bunun üzerine asimilasyona biraz daha hizmet etmektir.

Bunun daha çok egemen olan anlayışın, kültürün ve inancın hegemonyasını kabule götürdüğünü ve kendi geçmişimize 'ihanet' olduğunu unutmamak gerekir.

İkincisi ise "aidiyet duygusu" ile "kabul edilmek duygusu" ile ve "riyakârlıkla" dolu olan "yalvarış ve yakarıştır" ki, bu durumda olanlara üzülmek ve acımak gerekir. Bu yenilginin kabulü, ezilmişliğin sonuçlarının kabulü ve teslim olmak anlamına gelir.

Bu teslim olmanın devamında "bakın biz de sizin gibiyiz, bizi de aranıza alın, dışlamayın, kabul edin" anlayışıdır. Özgüven eksikliğinden, tembellikten, inançsızlıktan ve riyakarlıktan kaynaklanan bu tip davranışları bir kısım kişiler de rant için yapmaktadırlar. Bunların bir kısmı oruç tutmayıp, nedense bayrama koşar adım gitmekteler, çok az olsa da bir kısmı ise hem oruç tutup, hem bayram yaparak "Müslümanlardan" ne kadar az farkları olduğunu ispat etmeye çalışmaktadırlar.

Bu tip insanların "İki rekât bayram namazından ne çıkar?" yollu davranışlarına bazı kurum yöneticilerinin bilinçsiz, ilkesiz ve omurgasız tavırları halk dalkavukluğu çizgileri ve kitleselliği kaybetme endişeleri neden olmaktadır.

Tarihi bir sırayla gidersek Yunus bir nefesinde;

"Oruç, namaz, zekât, hac
Cürm ü cinayetdür
Fakir bundan azaddur,
Has u havas içinde..."

"Savm (oruç), Salât, Hac, Zekât;
Hicaptır âşıklara!
Âşık, bundan münezzeh,
Naz u niyaz içinde... "

Yunus Emre

Nesimi:
Yaptığımız Kâbedir,
Yıktığımız Kilise,
Şu bizim seyranımız,
Bir seyrana benzemez.

Süleymanlar içinde,
Ali bir Süleyman'dır,
Süleymanlar bildiler,
Süleyman'a benzemez.

Abdestimiz katlanmak,
Namazımız sabretmek,
Biz bir oruç tutarız,
Ramazan'a benzemez.

Kitabımızda bir kıl,
Dağlar kadar görünür,
Biz bir âyet okuruz,
Bir Kur'ana benzemez.

Ey Nesimi sen seni,
Mâna bilir söylersin,
Biz bir deniz geçeriz,
Bir Ummana benzemez.

Ramazan ile ilgili çağdaş insan-ı kâmillerimizden Ozan **İbreti** bakın ne diyor:

İlme değer verdim, uykudan kalktım,
Sarık seccadeyi elden bıraktım,
Vaazın her günkü vaazından bıktım,
Ramazanı sele verdim de geldim!

Kızılbaş-Alevi-Bektaşi'lerin 'yüzyılların direncini ihanet edercesine' başkalarına sunmalarına bu fakirin ve Yol ehli olanların gönlü razı değildir. Naçizane okuduklarımdan anladığıma ve bana göre "Ramazan orucu tutmak ve Ramazan Bayramı yapmak", hele hele bu bayrama Cem Evleri'nde, Ramazan "Bayram namazı veya Cemi" yaparak girmek tam anlamı ile bir "**Yol Düşkünlüğüdür**".

Yolun yolcusu ve sahibi olması en başta gereken "Dedelerin/ Mürşidlerin/Pirlerin/anaların" Ramazan orucunun esasını ve bayramının nedenini detaylı ve bilgiye, belgeye dayalı açıklama mecburiyetleri vardır. Sorundan kaçmak sorunu ortadan kaldırmıyor aksine artırıyor, bu böyle bilinmelidir.

Hünkâr'dan nasip almış canlar bunun bilincindedirler. Alamayanlara da Serçeşme'nin suyundan içmelidirler. Unutmak ve Unutturmaya çalışmak Yol'a ve erkâna ihanettir.

KERBELA ÜZERİNE

KERBELA ÖNCESİ TARİHİ BİR DURUM TESPİTİ

Kerbelâ ve Hüseyin'in direniş mücadelesini tarihsel süzgeçten geçirerek incelemek ve anlamak olanaklıdır. Bunun için de öncelikle Kerbelâ Katliamı öncesini kısaca hatırlamakta fayda vardır.

4 halife döneminin egemenlik ilişkileri açısından olaya baktığımızda, Emevilerin ekonomik ve siyasi olarak güçlü olmaları, özellikle de Osman'ın halifeliği döneminde güçlerini kat kat artırmaları ve adeta otonom bir yapı oluşturmaları ile bütün Emevi ailesi devletin tüm kilit noktalarına yerleştirilmiş, Arap olmayan halklar dışlanmış ve ikinci sınıf muameleye tabi tutulmuştur.

Bundan dolayı sürekli iç çatışmalar ve kargaşalar olmuş, her gerginlik ve çatışma sonrası ezilen tabakalar, (Medineli yerli ensar, muhacirler, bedeviler ve diğer Arap olmayan halklar) Hz. Aliye iktidarı alması için defalarca gelmişlerdir. Osman'ın Ebubekir'in oğlu Muhammed önderliğinde bir gurup tarafından öldürülmesi sonucu o dönemin tüm ileri gelenleri Hz. Aliye artık oy birliği ile herkesin kendisini halife olarak görmek istediğini ısrarla söylemiş ve Hz. Ali de bunu kabul etmiştir.

5 yıla yakın devam eden halifeliği boyunca Hz. Ali'nin Osman döneminde yazma haline getirilen Kuran'ın yerine Mesudoğlu Abdullah, Zeyd, Selman-ı Farisi ve Ebuzer Gaffari önderliğinde

bir heyete Kur'an yazdırdığı ve hükümleri bu Kur'an'a göre verdiği tarihsel kayıtlarda mevcuttur. Emevi ailesinin Osman'dan sonra ileri gelen lideri Ebu Sufyan oğlu Muaviye'dir. Hz. Ali halife olur olmaz Muaviye Hz. Ali'nin halifeliğini kabul etmemiş ve akrabası olan Osman'ın ölümünden sorumlu tutmaya kalkışmıştır. Osman'ın ölümünden sonra gerek Ayşe, gerekse Talha ve Zübeyr Ali'ye karşı ayaklanmışlar ama yenilince Muaviye ile birleşmişlerdir.

Tarihçiler Emevi saltanatını ve yönetimini Bizans'a benzetirler. Nitekim Bizans kralının Suriye yakınlarında Ebu-Sufyan ve Muaviye tarafından karşılanması olayından aktarılan anekdotlar hem Ebu Sufyan'ın hem de Muaviye'nin asla Muhammed'e inanmadıklarını, sadece takkiyye yaptıklarını ispatlamaktadır. Ebu Sufyan'ın ünlü sözü şöyledir: "Bizans kralı Muhammed'i kimler sevdi, kimler karşı çıktı," diye sorar; Ebu Sufyan şöyle der: "Muhammed'i gençler, kadınlar, yoksullar ve Arap olmayan halklar (Mevaliler) sevdi, ondan yana oldu. Ama zenginler, asiller ve şerefli olanlar sevmedi, O'ndan yana olmadı, Biz de o günün şartlarında amacımızı gizledik, İslam olmuş gibi yaptık," der.

Hz. Ali'nin Sıffin Savaşı'nda hile ile elinden halifeliğin alınması ise tamamen güçler dengesi ile ilgilidir. Ali'nin yanındaki on binler gücün karşısında eğilmiş, satılmış ve darmadağın olmuşlardı. Bu durumda yapılan hileye Ali çaresiz bir şey yapamadı ve evine çekildi. Ama Muaviye boş durmuyordu ve mutlaka Ali'nin ortadan kaldırılması gerektiğine karar verdi ve bunu gerçekleştirdi. Çünkü Ali'nin ortadan kaldırılması Arap yarımadasında hâkimiyeti ele almakla eşdeğerdi, diğer halkların (Sabailer) dışlanan ve ezilenlerin son umudu da böylece ortadan kalkacaktı.

Hz. Ali'nin Ramazan ayının yirmi birinci günü yaralanması ve üç gün sonra ölümünün haberi Muaviye'ye Ramazan'ın son günü ulaştı. Bu durumda oldukça rahatlayan Muaviye, "Çok şükür, çok şükür Ali'den kurtulduk," diyerek üç gün bayram ilan etmiş, sokaklarda "çengiler" oynatarak, ziyafet sofraları kurmuştur.

Daha sonra "şeker bayramı" adı altında kutlanan bayram işte budur. Ali harici İbn-i Mülcem tarafından katledildiğinde (661) oğlu Hasan, otuz yedi yaşında bulunuyordu.

Ali'nin katli sonrası birçok kabile ve Ali taraftarı Hasan'ın etrafında toplanıp onu halife seçmek istemişler, Hasan buna bir kaç kez itiraz etse de sonuçta bunu kabul etmiş ve bu seferde Muaviye'nin hedef tahtasına Hasan yerleştirilmiştir.

Yaklaşık 40 bin kişilik ordunun başında, babasının öcünü almak için Haricileri takip eden Hasan, Muaviye'nin başında bulunduğu Suriye ordusuyla karşılaştı. Kendisine haber gönderip müzakere isteyen Muaviye, öbür yandan Kufeliler arasına soktuğu gizli adamlarıyla yaydığı yalan haberler ve dağıttığı rüşvet Hasan'ın ordusunu parçaladı. Çeşitli kabilelerden oluşan birlikler uyuşmazlığa düştü ve Hasan'ı yüzüstü bıraktılar. Bir kısmı ona başkaldırdı, bir kısmı Muaviye ordusuna katıldı. Hatta Hasan'ın çadırını yağmalamaya giriştiler. Dolayısıyla Hasan yanında kalan bir avuç yandaşı ve yakınlarının kanı dökülmesin diye Muaviye ile bir anlaşma yaparak, halifelikten vazgeçip Medine'ye çekildi.

Hasan'ın Muaviye ile yaptığı anlaşma Hz. Hüseyin'i ve Kerbelâ'yı anlamamız için bizlere gerekli ve yeterli ipuçlarını vermektedir. Bu anlaşma beş maddeden oluşmaktadır.

Anlaşma şartları

1- Muaviye'nin Şam'da yaptırdığı Emevi camisinde Hz. Ali'ye lanet ve küfür edilmemesi,

2- Hz. Hüseyin'in Muaviye'ye biat edilmesinden muaf tutulması. (Bu şartın özellikle Hüseyin tarafından istendiği ve anlaşmaya konulduğu bazı tarihçilerce tespit edilmiştir.)

3- Şam valisi Muaviye yerine halife tayin etmeyecek ve ölümü sonrası Hasan halife olacaktır.

4- Ali taraflısı olanlar incitilmeyecek ve zorla camilere sokulmayacaktır. Camilerin girişinde bulunan Ehlibeyte küfür yazıları, levhaları kaldırılacaktır.

5- Hz. Hasan ve ailesi için sevenleri (Basralılar) tarafından her yıl 200.000 gümüş kuruş verilecektir.

Bu şartların dördü Muaviye tarafından kabul edildi. Sadece birinci şart olan Ali'ye küfür ve lanet edilmemesi şartı ise, "Hasan'ın bulunduğu ve geldiği camiler hariç" şeklinde değiştirildi. Hasan'ın gücü bunu bile kabul ettirmeye yetmediği için çaresiz kabul ederek Medine'ye çekildi. Hasan sorumluluğunu yüklendiği ailesini açlığa tutsak kılmamak için, babasına cami minberlerinden küfredilmesini bile sineye çekmiştir.

İlk yıllarda Muaviye anlaşmaya uyduysa da daha sonra anlaşmanın diğer maddelerine de uymayarak Hasan ve Hüseyin'in etrafını kuşattı. Medine'ye gizlice adamlar göndererek adeta göz hapsine aldı. Maddi kaynaklarını kurutarak tüm aileye zorlu ve fakirlikle dolu yıllar yaşattı. Bununla da yetinmeyen Muaviye Hasan'ın karısı Cade'yi kandırarak sarayına alacağı vaadinde bulundu ve Hasan'ı karısı Cade'ye zehirletti.

Hasanın katlinden sonra Medine Ali evlatları için çekilmez hale geldi. Hüseyin bu durumda yeni bir çıkış yolu aradı. Medine valisi Velid b. Akab, İmam Hüseyin'i Yezid'e biat etmeğe zorlayınca, uzun süredir kendisine halifeliği alması ve Emevi iktidarına son vermesi için gelen kabilelere tam olarak güvenmediğinden Mekke'ye çekilerek durumu incelemeye karar verdi.

Kufeliler Hüseyin'den yanlarına gelmesini ve başlarına geçerek Emevi egemenliğine karşı ayaklanmasını istediler.

Hüseyin'e mektup yazanlar her kabileden nüfuz ve itibar sahibi kimselerdi. Ayrıca sayıca ve nüfuzca önde gelen Yemenliler de bulunmaktaydı. Kısacası kentin yerli zenginleriyle, Küfe'ye yerleşip varlık sahibi olmuş yabancı kabilelerin başlarıydı.

Hüseyin Müslim Akil'i Küfe'ye Göndererek, Küfe'den gelen çağrıları değerlendirmek istedi.

Yezid'in valileri, hangi şehirde oturursa otursun ona boyun eğmeğe zorlayacaklardı. Onun için Kufe'ye gitmeye ve orada şansını denemeye karar verdi. Başka çıkar yolu da yoktu. On dokuz yıldan beri Medine'de yaşadığı ekonomik gözaltı Ali ailesini giderek yozlaşmaya itmişti. Zaten Medine zevk, eğlence ve mizah merkezi halini almış; buradaki Hâşimîler siyasetten ve savaşlardan uzak, Peygamberin kabilesinden olma ayrıcalığının zevkini çıkarıyorlardı. İmam Hüseyin bu yozlaşmayı ve kendi ailesinin prestijinin azaldığını görüyor üzülüyordu. Kufe'de istediklerini bulamazsa, büyük olasılıkla Yezdicerd'in kızı olan karısı Şehriban'ın ülkesi İran'a geçip, oraya yerleşmeyi düşünüyordu.

Müslüm Akil'in Çok dikkatli ve gizli propaganda toplantılarıyla, bir ay içinde yirmi bine yakın Kufeli Şii Hüseyin'den yana olacaklarını bildirdiler. Bunu öğrenen Yezid Kufe valisini değiştirerek zalimliği ile ünlü Basra valisi Ubeydullah b. Ziyad'i onun yerine geçirdi. Vali işe başlar başlamaz evinde yabancı saklayanları ihbar edene ödül vaat etti. Haber vermeyenin de çarmıha gerileceğini duyurunca ihbarlar ardı ardına yağmaya başladı. Sonunda Müslüm Akil yakalandı ve idam edildi. Binlerce kişi de kılıçtan geçirildi. Kufeliler bir kez daha ihanet etmişlerdi ve bu ihanetten ve katliamdan henüz Hüseyin'in haberi yoktu ve bir daha geri dönmemek üzere Mekke'den ayrılmıştı. Hüseyin Salebiye'de Müslim'in acıklı öyküsünü öğrendi.

Ömer b. Sad, Hazar Denizi kıyılarında ayaklanmış **Deylemlileri** (!) bastırmak için Kufelilerden oluşturduğu dört bin kişilik ordusuyla, aldığı emir üzerine Hüseyin ve adamlarını kuşattı.

Görüldüğü gibi Hüseyin'i çağırıp başlarına geçmesini isteyen, biat yemini imzalayan Kufe'nin saygın kişileri, şimdi Ömer b. Sad'ın kumandasında düşman olarak karşısında bulunuyorlardı.

Ömer b. Sad, Hüseyin'e buraya niçin geldiğini sordurduğu zaman, o da kendisinin yanında bulunan Kufelilerin davet mektuplarını çıkarıp göstermişti.

Ama şimdi artık burada kalmasına bir gerekçe bulunmadığını, Şehribanu'nun ülkesine, İran topraklarına, hatta sınır boylarına çekilip gitmesi için izin verilmesini istedi.

Hüseyin Yezid'e biat etmeyeceğini kesin bir dille söylemişti. Daha sonra kampında bulunan yakınlarına, Yezid'in istediğinin kendisi olduğunu, isteyen herkesin gidebileceğini içtenlikle açıklamasına rağmen, kimse onu terk etmedi. Tek başına da kalsa ölünceye kadar savaşacaktı.

Bu çoğu Küfeli Şii askerleri bir an önce bu bir avuç insanı ezip, Desteba'da **Deylemliler** (!) üzerine **"cihad"** (!) için yola çıkma acelesi içindeydiler. Tamim kabilesinden Hür b. Yezid ordusunun öncü müfrezesi genç kumandanı Hür tek başına Hüseyin'in tarafına geçti ve savaşarak öldü.

Kimsenin kafasını kesmeğe cesaret edemediğini gören Şimr, hemen kılıcını çekip Hüseyin'in kafasını gövdesinden ayırdı. Askerler gerek Hüseyin'in başsız bedenini ve gerekse çadırdaki karısı, kızı ve yakınlarının karısı çocuklarını soyup yağmaladılar, çırılçıplak bıraktılar. Hüseyin'in kesik başını alan Şimr, hasta olduğundan savaşa katılamayan Hüseyin oğlu Ali (Zeynel Abidin) ve kadınlarla çocukları çıplak, develere bindirip kafile halinde Şam'da haber bekleyen Yezid'e götürdü.

DÜNYA'DA HÜSEYİN İÇİN SÖYLENENLER:
Charles Dickens (Meşhur İngiliz Yazar)

"Eğer Hz. Hüseyin, dünyevi çıkar amaç için savaşmak isteseydi, öyleyse neden kız kardeşlerini, eşlerini ve çocuklarını savaşa götürdü. Anlaşılan o ki, bu yüce insan sırf davası uğrunda savaşmıştır."

Edward Brown (Meşhur İngiliz Oryantalist), "Kerbelâ anlatıldığında üzülüp gamlanmayan bir kalp var mı acaba? Hatta Müslüman olmayanlar bile o pak insanların savaşını inkâr edemezler."

Frederic Jomes, "Hz. Hüseyin'in ve diğer kahramanların bize mesajı şudur: 'Dünyada asla değişmeyen sevgi ve muhabbet gibi kanunlar vardır. Eğer bir insan Bu yolda savaşırsa, sevgi ve muhabbet var oldukça, Hüseyin her zaman var olacaktır.'"

L. M. Boyed, "Asırlar boyunca insanlar her zaman cesareti, kahramanlığı, fedakarlığı ve yüce ruhlu insanları sevmişlerdir. İşte bu insanlar katında özgürlük ve adalet asla esirliğe ve zulme boyun eğmez. İşte Hüseyin ve onun yüceliği bu noktadadır. Ben aradan 1300 geçmesine rağmen onun taraftarlarının yanında yer aldığım için mutluyum."

Washington İrwing (Meşhur Amerikalı Tarihçi), "İmam Hüseyin, Yezide teslim olarak hayatını kurtarabilirdi. Ama önderlik ruhu, onun yezide boyun eğmesine asla izin vermezdi. O, İslam'ı Ümeyyeoğullarının pençesinden kurtarmak, her türlü sıkıntıya katlanmaya hazırdı zaten. Kızgın güneşin altında, Arap topraklarında, kuru çölde yatan Hüseyin'in ruhu, ölümsüz kalacaktır. 'Ey pehlivan, ey cesaret örneği, ey eşsiz kahraman, ey benim Hüseyin'im!'"

Tomas Masarik, "Bizim Hristiyan din adamları da Hz. İsa'nın çektiği musibetleri anlatarak, halkı hüzünlendirmekteler. Ancak şunu itiraf edelim: Hüseyin'in taraftarlarında olan aşk ve heyecan, Hz. İsa'nın taraftarlarında asla yok. Zannedersem sebebi şu olmalı: Hz. İsa'nın musibeti, Hüseyin'in musibetinin karşısında, saman parçası ile dağın karşılaştırılması gibidir."

Moris Doukhiri, "Hüseyin'in yas törenlerinde diyorlar ki; O halkın şerefini ve namusunu kurtarmak için mücadele etti. Öyleyse gelin bizde onu örnek alalım ve zilletle ölmektense, emperyalistlere karşı kahramanca mücadele edelim."

Martin Seutshch (Alman Ortadoğu uzmanı), "Hüseyin en değerli yakınlarını feda etmekle ve mazlumluğunu ve haklılığını ispat ederek, Dünya'ya fedakârlık dersi vererek adını yücelikle tarih sayfalarına yazdı. Bu eşsiz kahraman Dünya'ya şu dersi verdi: Zulüm ve haksızlık kalıcı değildir. Zulmün temeli, ne kadar gösterişli olsa da, Hakk'ın karşısında yenilmeye mahkûmdur."

George Cerdak (Hristiyan Yazar Ve Din Adamı), " Yezid, Hüseyin'i öldürmeleri için halkı teşvik ettiğinde ona dediler ki; karşılığında ne gibi meblağ vereceksin? Ama Hüseyin'in ashabı diyor ki: 'Biz seninleyiz.' Eğer yetmiş kez öldürülsek de, gene senden asla ayrılmayacağız ve senin yanında savaşıp öleceğiz."

Sonuç olarak tarihsel veriler ile yapılacak dikkatli bir araştırma ve analiz: Kerbela olaylarını, Hüseyin'in başlangıçtan beri hilafet ve iktidar savaşını kaybedeceğini önceki tecrübelerinden dolayı bildiğinden, o dönem Arap ve Arap olmayan halkların da anlayışlarında bir bilinç ve direnç yaratmayı planladığı ve bunu da canını feda ederek gerçekleştirdiğini açığa çıkarır.

Hüseyin'in davranış ve eylemlerinin hepsi gösteriyor ki o, askeri güç ve kudret aracılığıyla kazanılan bir zaferin daima geçici olduğu gerçeğinin farkındaydı. Çünkü daha güçlü bir iktidar zaman içinde onu çökertebilir. **Fakat acı çekme ve kurban vermeyle, kurban olmayla kazanılmış yenilgi ebedidir ve insan bilinci üzerinde silinmez izler bırakır!**

ANADOLU ALEVİLİĞİNİN KERBELA KARŞISINDAKİ TUTUMU

Bu konuya öncelikle Alevilikte orucun anlam ve önemiyle başlamak gereklidir. Alevilikte oruç kadimdir. Asıl olan nefsi ıslah edip, ego ile benlik ile savaşmaktır. Bu nedenle oruç kadimden (ezelden) beri vardır. Kırk sekiz Perşembe, Hızır, Nevruz ve Muharrem yas orucu gibi çeşitli oruçlar tutulur. Ayrıca kişisel niyete bağlı, kişiye özel ve belli bir gün ile sınırlanmamış oruç tutulabilir. Oruç tutmanın insani, ahlaki, vicdani ve toplumsal hiçbir sakıncası yoktur.

Aşura ile Muharrem'in ilintisi kadimden gelir. Aşura ile Muharrem bir bütündür. Tüm semavi din ve inançlardan eski olan muharrem, tabletlerde on gün olarak yer almıştır. Barış ayıdır, savaş yapılmaz, canlı öldürülmez. Bu nedenle olası bir canlının hayatına sebep olmamak için yumurta yenmez. Hiçbir yeşil "can taşıdığı için" çiğnenmez, koparılmaz. Çok sonraki dönemlerde hicret ile birlikte Araplar hicri takvimin 1. Ayı yılbaşı olarak kabul etmişlerdir. Aşura da " aşr" on kelimesinden gelir ve Muharrem ayının onuncu günü demektir.

Kerbelâ olayının Muharremle ve Aşura ile ilişkisini sağlıklı ve doğru bir metotla irdeleyebiliriz. Kerbelâ katliamı Yezid'in emri ile binlerce kişilik ordusuyla Muaviye ve Yezid'in kendisine biat etmeyen Hüseyin ve yetmiş iki yoldaşına karşı yapılmıştır. Katliamın oluş tarihi on Muharrem'dir. Yani Muharrem ayının onuncu günüdür. (aşr: on) Yani Aşura günüdür. Çünkü kadimden bu yana gerek Ortadoğu halkları gerekse Araplar ve Yahudiler ve bir kısım Hıristiyanlar Muharrem de on gün oruç tutar ve onuncu günün sonunda oruçlarını Aşura ile açarlar, Aşura'yı dağıtırlardı. Bugün bu topluluklar da evrilmiş, oruçları başkalaşmış ve Muharrem'de tuttukları on günlük oruç başka adlar almıştır.

Aşura'nın on iki çeşit meyveden yapılması ise tamamen kadim ve kutsal on iki simgesi ile alakalıdır. On İki İmamlar ile bir bağı esasen yoktur ama zamanla özellikle de 14-15. yüzyıldan sonra bu on iki rakamına On İki İmamlar adına anlamı yüklenmiştir. Nitekim İsmaililer yedinci imama kadar sayar ve "On İki İmam" sistemini reddederler. Hatta Nizari İsmaili akım yedi imamcı olarak da bilinir.

Kerbelâ katliamı gerçekleştiğinde 1-Ali, 2-Hasan, 3-Hüseyin ve 4-Zeynel Abidin vardı. Henüz 5. imam Dünya'ya gelmemişti.

Muharrem orucu ise insanlık tarihi kadar kadimdir, Aşura da aynı şekilde kadimdir. Semavi dinlerden çok çok öncedir.

Semavi dinler ve egemenleri bu kadim geleneği kaldırmak yerine Kurban gibi, sünnet gibi, hac gibi Aşura'yı da Muharrem'i de kendilerine uyarlamışlar ve kendilerince yorumlamışlardır.

Muharrem ayı binlerce yıldan bu yana kutsal kabul edilen, savaş yapılmayan, cana kıymanın yasak ve suç olduğu (haram) bir aydır.

Yüz yıllık Emevi diktatörlüğüne duyulan öfke aynı zamanda devrin yoksullarının, ötekileştirilmiş olan toplulukların sınıfsal bir tavır, duruş ve muhalefetidir. Nitekim bu tavır alış Abbasiler döneminde de çeşitli "adlar altında" devam etmiştir.

Tüm muhalif unsurlar, topluluklar Hüseyin'de simgeleştirdikleri zalime karşı gelme, mazlumun yanında olma tavrını Kerbelâ olayı ile içselleştirmişlerdir. Zamanla tüm batıni topluluklar köleci ve feodal dönemde başkaldırılarına, isyanlarına ve öfkelerine "Hüseyin adına" diye temsili bir form yüklemişlerdir.

Öyle ki Kuzey Afrika'dan, Afganistan, Pakistan ve Himalayalar'a, Orta Asya'ya kadar Hüseyin ve Kerbelâ, üzüntü, acı ve yas ile anılan günlerdir ve tüm yasaklamalara rağmen Aşura ise umudun yeşermesi olarak devam etmiştir.

Bu konunun İslam açısından açıklaması yoktur. Muharrem orucu İslam'dan önce on gün olarak tutulurken, İslam ile birlikte "tutarsan sevap var, tutmazsan günah yok" şeklinde dönüşüme uğratılmış, daha sonraki dönemde "Yahudilerle karışmasın diye" bir gerekçe gösterilerek Muharrem'in 9-10- ve 11. günü oruç tutulması "tavsiye edilmiş" Muaviye zamanında ise tamamen kaldırılmış, Yezid döneminde de yasaklanmıştır. Nitekim bu gün bile bazı "İslami" yazarlar "Bu gün bile Hüseyin ile Yezid karşı karşıya gelseler ben Yezid'in tarafında olurum," demektedirler.

Aleviler Kerbela konusuna ön yargısız bakabilmeli, son sözlerini Hüseyin İnan gibi "Biz korkumuzu Kerbela'da bıraktık" diyebilmelidirler.

Kerbela hassas bir konudur. Bu konuda yazan, çizen ve konuşanlara, 1400 yılında Timur'un Şam'ı işgalinde Muaviye ve Yezid'in kemiklerini mezardan çıkartıp, yaktırarak küllerini Kızıldeniz'e attırdığını hatırlatmak isterim ki Timur Alevi değildir,. Ama bu konuda kendini taraf görmüş, hissetmiştir. Timur konusunu Murat Bardakçı'nın makalesinden bir alıntı yaparak netleştirelim.

"Timur'un, Yezid'in mezarına yaptığı korkunç şey, asırlarca konuşuluyor.

1400 Ekim'inde Şam'ı alan Timur, ilk Emevi halifesi Muaviye'nin oğlu olan ve Hz. Muhammed'in torunu Hüseyin ile yakınlarının Kerbelâ'da şehit edilmesine sebebiyet veren Yezid'in Şam'daki Emevi Camii'nin yakınında bulunan Babü's-sagır mezarlığındaki kabrini açtırmış ve Yezid'in kemiklerini yaktırmıştı. Bu sırada yıkım ve yok etme işinden Muaviye'nin mezarı da nasibini almış ve ortadan kaldırılmıştı. O dönem tarihçilerinin yazdıklarına göre, 1400 yılının sonbaharında önce Halep ile Humus'a ardından da Şam'a giren Timur, Şam'da üzerlerine derme çatma kulübelerin yapılmış olduğu bazı kişilerin mezarları olduğunu öğrendi.

Ama bu mütevazı mezarların hemen ilerisinde, Emevi Camii'nin yakınında bulunan kubbeli ve son derece gösterişli bir mezarında Muaviye'nin oğlu Yezid'e ait olduğunu öğrenince hiddetlendi ve "Sahabe mezarlarına kulübeler kondurmuş, peygamber efendimizin torununu katletmiş bu adama saray gibi mezar yapmışsınız," diyerek Yezid'in türbesinin derhal yıkılmasını, toprağının elli arşın kazılarak Kızıldeniz'e dökülmesini buyurdu ve askerinden binlercesini getirerek Yezid'in mezarının üzerine işetti!

Timur'un bu hareketi, sonraki asırlarda başka mezarların ortadan kaldırılmaları konusunda tam bir örnek teşkil edecek ve bu arada Muaviye ve Yezid'in kaybolan mezarlarının yerlerinin bulunduğu yolunda ortaya yeni iddialar ortaya atılacaktı. Şam'ın en eski mezarlığı olan ve tarihi İslam'ın ilk senelerine kadar uzanan Babüs-sagır'da şimdi her yirmi, yirmi beş senede bir Muaviye ile Yezid'e ait oldukları ileri sürülen mezarların bulunduğu söyleniyor. Bu mezarlar Şiiler tarafından tahrip ediliyor ve bunları birkaç sene sonra başka mezar iddiaları takip ediyor. Babüssagır'da 1990 larda ortaya çıkartıldığı ve Muaviye'ye ait olduğu iddia edilen son mezarın başında ise, tahripten korunması için şimdi askerler nöbet tutuyorlar...

En başta Edirneli Oruç Bey olmak üzere, eski devir tarihçileri, Timur'un 1400 yılının Ekim'inde Şam'ı almasından hemen sonra Yezid'in mezarına yaptıklarını uzun uzun anlatırlar... Evliya Çelebi ise, meşhur "Seyahatname"sinin dokuzuncu cildinde korku filmini andıran ama rengârenk sahneler nakleder ve Timur'un sadece mezarı tahrip etmekle kalmadığını, Yezid'e saygı gösteren binlerce kişiyi de yaktırdığını anlatır. Aşağıda, Evliya Çelebi'nin bu konuda yazdıklarının bir bölümünü günümüz Türkçesi'ne naklederek veriyorum : "...Timur, Şam'ı aldıktan sonra Emevi Camii'ne gelip Yezid'in yolundan gidenlere 'Burayı taht merkezi yapmaya karar verdim ama yapayalnızım. Beni evlendirin. El sürülmemiş öyle güzel bir kız bulun ki cihanda benzeri olmasın,' dedi.

Yezid'in yolundan gidenlerin şeyhi, 'Padişahım şayet cariyen olmasına tenezzül buyurursan benim kızımı al!' diye öne çıktı. Timur bunu kabul edip kırk gün kırk gece düğün yaptı. Öyle bir şenlik odu ki, koskoca Şam'da tek bir çadır dahi kuracak yer kalmadı. Timur, kırk birinci gün, Yezid'in yolundan gidenlerin bütün şeyhlerini huzuruna kabul edip genç karısı ile Emevi Camii'nin yakınında gerdeğe girmek istediğini söyledi. Yezid'in şeyhleri hemen, 'Olmaaaz! Bu kadar kalabalık içerisinde Züleyha gibi güzel olan o kızın avret yerini keşfetmeye kalkarsanız şeyhimizin namusu incinir,' dediler. Bu sözü işiten Timur, 'Bre mel'unlar!' diye haykırdı. 'Hazret-i Peygamber'in mübarek soyundan gelen İmam Hüseyin'i Kerbela'da şehit edip mübarek başını şehir şehir dolaştıran, evladını susuzluktan helak eden, soyundan gelenleri orada burada teşhir eden siz değil misiniz? Bunları yapmaya utanmadınız da şimdi şu mel'un herifin nikâhlayıp aldığım kızı ile kapalı bir yerde gerdeğe girmemden mi utanıyorsunuz? Bre sizin ırzınız nedir? Söyleyin bana, ne şekilde katledeyim?'

Askerine emretti, her taraftan odun getirtip Yezid'in yolunda gidenleri Nemrud ateşi içinde bıraktı. Sonra gidip Yezid'in kabrini açtırdı. Cesedin hala bozulmadığını gören bazı askerlerinin, 'Sultanım, bu Yezid ne de olsa sahabedendir; affeyle!' demelerine daha da hiddetlendi, bir ateş daha yaktırdı. Yezid'in cesediyle beraber 13 kişiyi orada ateşe attı ve Yezid'in küllerini havaya savurttu. Bu iş bitince de bütün askerlerini çağırtıp mezarın üzerine işetti." (Murat Bardakçı)

MUHARREM, AŞURA VE KERBELÂ

Muharrem ile Aşura ilintisi/bağlantısı kadimden gelir. Aşura ile Muharrem bir bütündür. Tüm semavi din ve inançlardan eski/kadim olan muharrem; Barış ayıdır, savaş yapılmaz, canlı öldürülmez. Bu nedenle olası bir canlının hayatına sebep olmamak için örneğin yumurta yenmez.

Hiçbir yeşil "can taşıdığı için" çiğnenmez, koparılmaz. Bugün bilimsel araştırmalarla ispatlanan bir gerçek de bitkilerin de duygularının olduğudur. Bu buluş Alevi felsefesinin yüceliğini gösteren bir delildir.

Binlerce yıllık bu gelenek bir yandan devam ederken, çok sonraki dönemlerde hicret ile birlikte Araplar hicri takvimin birinci ayını yılbaşı olarak kabul etmişlerdir. Aşura da "aşr" yani "on" kelimesinden gelir ve Muharrem ayının onuncu günü demektir.

Kerbela olayı, Muharrem ve Aşura ilişkisini, kendilerini Zalim Yezid'e karşı tavır alma gereğini hisseden tarihteki Kızılbaş, Alevi Bektaşiler kurmuşlardır.

Bilindiği gibi Kerbelâ katliamı Yezid'in emri ile binlerce kişilik ordusuyla Muaviye ve Yezid'in kendisine biat etmeyen Hüseyin ve yetmiş iki aile efradı ve yoldaşına karşı yapılmıştır.

Katliam Muharrem'in onuncu günü yapılmıştır. Yani Aşura günüdür.

Çünkü kadimden bu yana gerek Ortadoğu halkları gerekse Araplar ve Yahudiler ve bir kısım Hıristiyanlar Muharrem de on gün oruç tutar ve onuncu günün sonunda oruçlarını Aşura ile açarlar, Aşurayı dağıtırlardı. Bugün bu topluluklar da evrilmiş, oruçları başkalaşmış ve Muharrem'de tuttukları on günlük oruç başka adlar almıştır.

Aşura'nın on iki çeşit meyveden yapılması ise tamamen kadim ve kutsal on iki simgesi ile alakalıdır. 15. yüzyıldan sonra bu on iki rakamına Şiilik etkisiyle 12 imamlar adına anlam yüklenmiştir. Semavi dinler ve egemenleri bu kadim geleneği kaldıramadıkları için, Kurban gibi, sünnet gibi, kendilerine uyarlamışlar ve kendilerince yorumlamışlardır. Hâlbuki Muharrem orucu ve Aşura kadimdir. Semavi dinlerden çok çok öncedir.

Muharrem ayı binlerce yıldan bu yana kutsal kabul edilen, savaş yapılmayan, cana kıymanın yasak ve suç olduğu bir aydır.

Kerbela Katliamı sonrasında yüz yıllık Emevi diktatörlüğüne duyulan öfke aynı zamanda devrin yoksullarının, ötekileştirilmiş olan toplulukların sınıfsal bir tavır, duruş ve muhalefetidir.

Nitekim bu tavır alış Abbasiler döneminde de çeşitli "adlar altında" devam etmiştir.

Tüm muhalif unsurlar, topluluklar Hüseyin'de simgeleştirdikleri zalime karşı gelme, mazlumun yanında olma tavrını Kerbelâ olayı ile içselleştirmişlerdir. Zamanla tüm batıni topluluklar köleci ve feodal dönemde başkaldırılarına, isyanlarına ve öfkelerine

"Hüseyin adına, Hüseyin aşkına" diye çok güçlü simgesel bir mesaj yüklemişlerdir.

Öyle ki Kuzey Afrika'dan, Afganistan, Pakistan ve Himalayalar'a, Orta Asya'ya kadar Kerbela ve Hüseyin; üzüntü, acı ve yas ile anılan günlerdir ve tüm yasaklamalara rağmen Aşura ise umudun yeşermesi olarak devam etmiştir.

Bu konunun birçok İslami araştırmacılar açısından bu gün bile açıklaması yapılamamaktadır. Nitekim bazı İslami yazarlar içindeki niyeti açığa vurmuş ve "Bugün bile karşı karşıya gelseler ben Yezid'in tarafında olurum," demektedirler. Bu ifade vahimdir, korkunç bir çağrışım yapmaktadır!

Kendini zalime karşı ve mazlumdan yana taraf gören herkes, özgürce orucunu da tutmalı, Aşura'sını da dağıtmalıdır. Devletten ve diyanetten beslenen bir takım kurumlar bir zamanlar hiç ilgilenmedikleri, kaile almadıkları Aşure'yi toplumun dipten gelen sahiplenmesi karşısında süslü, püslü kazanlarla meydanlarda ve camilerde dağıtmaları olsa olsa "pişmiş Aşure'ye su katmaktan", manipülasyondan başka bir şey değildir.

Ortaya konulan zarf (biçim) ile "mazruf" yani öz ve içerik yok edilmek istenmektedir. Nitekim "Muharreminiz, kutlu olsun, hicri yılınız kutlu olsun, Aşureniz kutlu olsun" mesajları da şeriatçı tayfanın şimdilerde itiraf ettikleri gibi uydurulmuş "Kutlu doğum haftaları" gibi toplumsal karşılığı olmayan uydurmalardır ve asla halkta karşılık bulamayacaktır.

Anadolu insanı çocuklarına "Muaviye ve Yezid" adı koymamakla, zaten "meşrep" olarak, kadimden gelen iç sesini dinlemiş ve gereken cevabı vermiştir. Muharrem, Aşura ve Kerbelâ bütünleşmiştir. Birini ayırıp diğerini görmezden gelen, değersizleştirmeye çalışan her zihniyet hüsrana uğrayacaktır.

Acının içselleştirilmesinden maksat, "Hüseyni bir duruş sergilemektir". Yoksa sabaha kadar insanları ağlatmak, hatta ağlamaya adeta zorlamak değil!

İnsanları düşündürmek, aydınlatmak, zalime karşı mazlumlara yoldaş olabilmek muharrem muhabbetinin ana konusu olmalıdır. Kerbelâ'yı, Muaviye ve Yezid'i okumayan ve anlamayanlar nasıl bir zulmün olduğu idrakinde de olamazlar maalesef!

Grisi yeşili vb. hangisi olursa olsun, asimilasyona çanak tutan, özün kaybolmasına, Cem'lerin ve semahların "Hakk için değil, seyr için" yapılmasına vesile olan, populist söylemlerle, içi boş ideolojik söylemlerle taliplere Işık olunacak yerde problem olan "Dede/pir/mürşitlerin üzerinde büyük bir vebal vardır. "Gerçeğe hü" dedikten sonra gerçekten sapılmaz, sapılmamalıdır.

Muktedirlerin, devletin, diyanetin ve sırf bir gelir, bir rant uğruna "yöneticilerin dedesi" olunmamalıdır. Bu yüzden hep söylediğim gibi Alevilik-Bektaşilik-Kızılbaşlık Hak ve Hakikat Yolu'dur. Olunacaksa Hakk ve hakikatin rehberi, piri ve mürşidi olunmalıdır. "Gerçek erenlerin demine devranına hü" ancak böyle bir duruşla anlam kazanabilir!

Farkında mısınız?

Bu günlerde Alevi-Bektaşiler sessiz sedasız bir oruç tutuyorlar!

Davul yok, bağıran yok, istismar yok!

Yetişemeyeceğim telaşı yok!

İftarı yok, sahuru yok!

Sen 'benim yanımda' su içtin, yemek yedin, görgüsüzlüğü yok!

Lokantaları, çay ocaklarını, kapattırma baskıcılığı, kavgası, zulmü yok!

Eli, dili, beli mühürlü ve oruçlu canlar sessiz sedasız bir pehriz yaptılar, mazlumu andılar, zalimi lanetlediler!

Hakk tüm canların tertemiz niyetlerini mazlumlar şahının gönül defterine kaydetsin!

Dil bizden nefes Hünkâr-ı Pir'den ola.

Aşura günü kazanlar kurulacak...

1- Talip kazanı kurulacak,

2- Pir kazanı kurulacak,

3- İkrar kazanı kurulacak,

4- Edep kazanı kurulacak,

5- Gönül kazanı kurulacak,

6- Aşk kazanı kurulacak,

7- İlim kazanı kurulacak

8- İrfan kazanı kurulacak,

9- Işık kazanı kurulacak,

10- Sevgi kazanı kurulacak,

11- En-el Hakk kazanı kurulacak,

12- Yol kazanı kurulacak...

Dostluk için her gün Aşura ,

Mazlum için her yer Kerbela,

Zalime karşı herkes Hüseyin

Gerçeğe hü!

ALEVİLER VE "KURBAN BAYRAMI"

Hayvanları değil, içinizdeki kini, kibri, bencilliği kesin!

Kurban, kelime olarak Arapça "Kurb" sözcüğünden türemiştir. Anlamı "yakın olmak", "yaklaşmak" demektir. Dini bir terim olarak kurbanlık, Hakk'a yaklaşmak niyetiyle belli günlerde kesilen hayvana verilen addır.

Tevrat'ta ve Kur'an tefsirlerinde anlatıldığına göre, İbrahim Peygamber'in Hakk'a, "Eğer bir oğlum olursa onu senin yoluna kurban ederim," diye yakarışının ardından dünyaya gelen oğlu İsmail'i, verdiği söz de durarak, Hakk yoluna kurban etmek ister. Bunun üzerine Cebrail tarafından bir koç indirilir ve İsmail kurban olmaktan kurtulur. O günden bu yana, kurban geleneği bütün inançlarda yerini almıştır.

Eski uygarlıklarda çok tanrılı dönemde, "doğaüstü" güçlere "hoş görünmek", onlardan kötülüklere engel olmalarını istemek, şükranlarını sunmak için yapılan dinsel törenlerdi. Tarihsel süreçte inanç mensupları yalnız insan ve hayvan kesmek yoluyla değil, çeşitli ürünler sunmak yoluyla bu dinsel törenleri gerçekleştirmişlerdir.

En eski inançlardan, günümüz çağdaş toplumların inancına kadar kurban olgusunun kaynağı üstüne çeşitli varsayımlar ileri sürülmüştür. Kurban hemen bütün inançlarda kanlı ve kansız olmak üzere iki biçimdir. Kanlı kurbanlar insan ve hayvanlar, kansız kurbanlar yiyecek ve içeceklerdir. Kurban inancı adak inancıyla da bağımlıdır. İnanç gereği Tanrıya her zaman, ya da o an için haz vermek üzere kurban sunulur.

İnsanların kurban edilmesi ilk çağların yakın dönemlerine kadar sürmüştür. Bu öykülerin mitolojik açıdan gerekçelerini bilim insanları açıklamaktadır. Bir takım doğa afetlerine karşı "tanrıların gazabından" kurtulmak için genç insanların kurban edildiği tarihi tapınaklara halen Anadolu'da rastlanmaktadır. Maalesef bu tip "insan kurban edilmesi" anlayışı şeriatçı-yobaz çevrelerin bir kısmında zaman zaman görülmektedir.

"Sünni Müslüman" ilahiyatçı yazar İhsan Eliaçık, Kurban Bayramı ile ilgili olarak, kurbanın yanlış anlaşıldığını ve hayvanların boşa kesildiğini belirtmektedir. Eliaçık, bunun İslam öncesi bir kültürün devamı olduğunu, Sümerler'de ihtiyaç fazlası tapınağa getirilen malların üzerinin "Tanrı malı" diye damgalanarak ihtiyaç sahiplerine bırakıldığını anlatmaktadır.

İbrahim Peygamber zamanında, İsmail'in yerine "inen koç"un kurban edilmesiyle, insan kurban etme geleneği "iyi yürekli Tanrı" tarafından kaldırılmış olduğu kabul edilir.

Müslümanlıkta kurban kesmek Hicretin ikinci yılında uygulanmaya başlanmıştır. Kurban kesmek farz değildir. Kurban namazı da farz değildir. Hanefi mezhebine göre kurban kesmek vaciptir. Sünni mezheplere göre bayram namazına giden sevap kazanır, yapmayan inkâr eden dinden çıkmaz. İslam inancında olanlar her sene hacca giderken kestikleri kurbana Udhiyye ve yapılan törene "bayram" derler.

Son zamanlarda İslam teologları ve bir takım bilim insanları Kur'an'da kurban kesmenin farz olmadığını söylüyorlar ve tartışmalar gittikçe yoğunlaşıyor. (Yaşar Nuri Öztürk, Zekeriya Beyaz, Hüseyin Hatemi, İhsan Eliaçık vb.) ama buna rağmen Türkiye'de bilinçsizce hayvanlara işkence ve eziyet yaparak ortalığı kan gölüne çevirmek ibadet değildir," diyerek ciddi bir karşı çıkışı ortaya koymuşlardır.

ALEVİLİKTE KURBAN ALGISI

Alevilik, kurbanı **"Yol'a kurban olmak ve yol uğrunda gerekirse boynunu vurdurmak"** olarak algılar. Alevilikte asıl kurban nefsini tığlamaktır. Çünkü Aleviler Yol'a girişte ikrar verirken, musahip ve görgü-sorgu erkânında, "Canım kurban tenim tercüman," derler. İkrar verip ikrarında durmak, ilim ve irfanla olgunlaşıp erenler yolunda el ele el hakka insanı kâmil mertebesine erip o meydana gelmek esastır.

Bismişah diyerek gel bu meydana,
Can baş feda edip götür kurbana,
Boyun eğip yüz sür Şahı Merdana,
Erenler bu meydan er meydanıdır.

Canım erenlere kurban,
Serim meydanda meydanda.
İkrarım ezelden verdim,
Canım meydanda meydanda.

Gerçek olan olur gani,
Gani olan olur veli,
Nesimi'yim yüzün beni,
Derim meydanda meydanda.

Alevi Yol ve erkânının temeli ikrar vermektir ve ahdine sadık olmaktır. Yani "Öl ikrar verme, öl ikrarından dönme" anlayışı ile ikrarına sadık, sözünden dönmeyen, ahde vefalı ve Yol uğruna canını seve seve verecek kâmil insanı yaratmak Aleviliğin temel anlayışıdır.

Alevilikte hak yemeden, hak yedirmeden insanca mutlu yaşamak "Dünya'da cennet" için mücadele etmek, insanlık yoluna hizmet etmek en büyük kurbandır. Hüseyin, Eba Müslim, Hallac-ı Mansur, Seyyid Nesimi, Pir Sultan, Şah Bedreddin, Seyit Rıza ve tüm Alevi Yol önderleri bu Yol'da, kaç baş koç veya deve kurban kestikleri ile değil, gerektiğinde insanca yaşama uğruna, bu Yol'a kendi başını 'kurban' verdikleri için anılır.

Amaç; canlara işi, aşı yaşamı, kan akıtmadan her şeyi paylaşmayı, birbirine 'kurban olmayı' sevmeyi öğretmektir. Alevilerin birbirine tüm canlara ve Hakk'a vereceği en büyük kurban sevgidir, Alevilikte "kurban" lokmadır.

Yetmiş deve ile Kâbe'den gelsem,
Amentü okusam abdestim alsam,
Ulu camilerde beş vaktim kılsam,
Mürşide varmadan yoktur çaresi.

Arafatta kurban kessem yedirsem,
Hac kurbanın kabul oldu dedirsem,
Pir aşkına su doldursam, su versem,
Mürşide varmadan yoktur çaresi
                                        "Kul Himmet"

Bu gün Alevi-Bektaşiler artık kanlı görüntülerden uzakta özellikle şehirlerde olanakları bulunmayan kişilerin çocuklarına eğitim katkısı ve bursu vererek Köy okullarına ve yoksul öğrencilere kılık, kıyafet, ders ve okul araç-gereçleri alarak kurbanlarını "kansız" ve en yararlı bir şekilde yapabilirler.

Bu konuda Kurban Bayramı vesilesi ile dedelerimizin de "egemen inanç anlayışının etkileşiminden uzak" gerçekleri halka anlatmasında fayda vardır. Halkımızın aydınlatılması konusunda dedelere büyük görevler düşmektedir. Bu konuda gerekli bilgi kendi tarihimizde, nefeslerimizde, deyişlerimizde, Yol önderlerimizin sözlerinde ve davranışlarında mevcuttur.

"Kurban bayramında hayvanları değil, içinizdeki kini, kibri, bencilliği kesin."

MUM SÖNDÜ İFTİRASI

"Cem" Alevilerin bir araya geldikleri, birlikte aydınlandıkları, bilinçlendikleri, çeşitli "müşkül ve darlarının ve mahkemelerinin konuşulduğu, kararların "oybirliği " ile rızalık ilkesine göre verildiği; halkın ve Hakk'ın rızasının katıksız ve koşulsuz gözetildiği; tam bir barış ve sevgi ortamı sağlandıktan sonra cemal cemale niyaz olunan, ibadet yapılan, kadın erkek herkesin eş ve eşit olarak yan yana oturduğu bir toplantının, birlikteliğin adıdır.

Cem'in toplumsal, eğitsel yönü yanında kişinin tekâmülünde kâmil insan olma yolunda " edep-erkân ile irfan meclisinde yetiştiği ve olgunlaştığı bir önemi de vardır. Bu itibarla " Cem " törenleri hem toplumsal barışı sağlayarak haklının ve haksızın ayrıldığı " Halk Mahkemesi" işlevi kazanır. Toplumsal birlik ve dayanışma bilinci Cem ile en üst düzeyde yaşanır. "Yarın yanağından gayri her şeyi birlikte paylaşma anlayışını yaşayan ve yaşatan Alevilik, Rıza Şehri ilkesi ile " musahipliği" öğütleyerek ve örgütleyerek insanlık tarihinde sadece komünal toplumlarda görülen paylaşımcılığı çağdaş bir şekilde yüzyıllardır yaşatmış, bu kaynaktan beslenen dirençleri her katliam sonrası bir kat daha artmıştır.

Bu bilinç ve dirençle bu günlere gelen Aleviliği hiç bir katliam yok edememiş, Dadaloğlu'nun ünlü haykırışı ile "**Ferman padişahın, dağlar bizimdir**" diyerek dağlara çekilen Aleviler, taliprehber-pir-mürşit ilişkilerini, Cem, dar ve müsahipliği ısrarla devam ettirmişlerdir. Dayanışma, yardımlaşma, paylaşma ve ahlaki normlarını "**eline, diline, beline, aşına, işine, eşine, gözüne, sözüne, özüne sahip ol**" ilkesiyle her dönemde koruyabilmişlerdir.

Kendi içinde katlı bir eğitim ve öğretim metodu ile herkese taşıyabileceği kadar ezoterik bir"sır" verilmiş, bu yöntemle yok edilemez, bitirilemez bir inancı ve kültürü yaşamış ve bu günlere taşımışlardır.

Kısacası Cem; Alevi toplumsallığının hiyerarşik varlığını ve birliğini sağlayan Hak kavramı ile herkese eşit davranılan, dayanışmanın, varlığın, birliğin ve dirliğin ve de eşitliğin en üst düzeyde yaşandığı yüksek ahlak olarak edep erkân ile kişinin kendini bilmesi, tanıması ve kâmil insan olma yolunda eğitim, öğretim gördüğü ve olgunlaştığı bir okuldur.

Kendi, benliklerinden, egolarından kurtuldukları, kişisel "ben"in yerine toplumsal ben kavramının yerleştiği bir değerler toplamının eğitiminin verildiği toplantıdır.

Peki, neden mum söndü iftirası?

Biraz önce Cem ile ilgili verilen kısa özet bilgilerde Alevi toplumunun varlığını, birliğini ve dirliğini, bir, iri ve diri olmasını Cemler ile sağladığını, Cemlerin ölmeden evvel ölmek ve Yol'da yeniden doğmak olduğunu, ikrar vermenin ise bu birliğin temel taşı olduğunu; öl ikrar verme, öl ikrardan dönme diyen Yol önderlerimizin bizi her türlü zulme rağmen bugünlere taşıdığını tespit etmiştik.

İşte binlerce yıl öteden, Emeviler ve Abbasilerden bu yana, hem Selçuklu, hem Osmanlı Devlet yöneticileri Alevilere kaba kuvvetle zulüm ve katliam ile boyun eğdiremeyince, biat ettiremeyince "iftira atma" yolunu ve yöntemi keşfettiler.

Şeriatta çıkarı olan egemenler ve şeriatçı-yobaz çevreler, Cem'i devletin ve halkın nazarında küçük düşürüp itibarsızlaştırmaya ve " devlet ve toplum için sakıncalı" göstermeye, sonuç olarak da yasaklanmasını sağlamaya dönük bir iftira kampanyası yürüttüler. Bu iftira kampanyasında Emevilerden bu yana Devlet ve şeri güçler ortak hareket etmişlerdir. Şeri fetvalara devlet, padişah fermanları eşlik etmiştir.

Tarihçi yazar Baki Öz, 13.yy'da Aleviliğe atılan iftiralar ile ilgili iki temel kaynak olduğunu belirtmektedir. Biri 1280-90'lı yıllarda Selçuklu Türkiye'sinde Aksaray'da yazılmıştır. Kitabın adı "Fustat ul-adale fi Kavâ'id is-saltana"dır. Yazan Muhammed bin Muhammed bin Mahmud el-Hâtib'dir.

Eski Mazdek, Babek, Hurremi ve Bâtıni toplulukları ve akımlarıyla yola çıkar. Zamanında "Cavlakiler" olarak adlandırdığı Alevi heterodoks kesimleri bu tür topluluk ve akımların devamı olarak suçlar. "Zındık", "İbahi", "Rafızi" olarak değerlendirir. Namaz, oruç, hac gibi İslam'ın kurallarını yerine getirmediklerini belirtir. Yalnız kadın ortaklığı, cinsel konukseverlik, yakınlarıyla evlilik ve cinsel ilişki gibi yaşantılarla suçlamaz. Bu topluluklarda, bu tür durumlar olduğuna değinmez. Umarım Alevi-heterodoks toplulukların böylesi bir yaşantıları olsaydı, yazar bu yanlarını belirtmekten kaçınmazdı. Dahası açıklamaktan zevk alırdı. Dönemin gözlemcisi olan bu yazar, bu tür bilgiler vermez!

Alevilere iftira atma konusunda şu anda elimizdeki en eski kaynaklardan ikincisi Osmanlıların kuruluş yıllarına rastlar. 1340'lı yıllarda Niğde'de yazılmıştır. Yazarı, şeriat ve ulema kesiminden Niğde'li Kadı Ahmet'tir. Kitabın adı"El-Veledü'ş Şefik"tir. Kaynak Niğde-Aksaray dolaylarındaki Taptuklu, Gökbörioğulları,

Turgutoğulları, İlminoğulları, Şeyh İbrahim Hacı yanlıları, Luluva göçebe Türkmenleri'nden ve madenciliği, odunculuğu, kömürcülüğü meslek edinen topluluklardan söz eder. Ona göre "cihan" bu gibilerle doludur." Osmanlı şeriatçısı bu boyların "İbahiye" mezhebinden olduklarını, "konuklarına kadınlarını sunduklarını" ve "çam ağacına taptıklarını" yazar.

Kadı Ahmet'e göre; "İblisin kızının öğretmesiyle, kadınların kadınlarla çiftleşmesi, ev sahibinin kızını, karısını ve kız kardeşini konuğuna-komşusuna ve temiz kişilere bağışlaması töresi bu toplumdan kalmıştır. Bunlardan önce hiç kimse böyle bir şey bilmezdi. Anadolu'da her şeyi mubah bilenlerden ve Türk şeyhlerinden bir toplum vardır. Onlara 'Taptuklular' derler. Onlar da bu töreye uyarlar. Konuklar hakkında bunu adamlık bilirler. Efendimiz (Nureddin el Mekki) onlarla bulunmuş birçok şaşılacak şey görmüştür. Kullarına da bunları anlatmıştır." "Salih Peygamber zamanındaki kötülükler bu Taptuklular arasında yürürlüktedir."

Osmanlı'nın ünlü vakanüvisti (sarayın resmi tarih yazıcısı) Hoca Sadeddin Efendi Aleviler hakkında şunu yazıyor:"... ol ayıplı mezhep ve geniş meşrep sahiplerinin (...) Anadolu illerinde yaşayan kavrama gücünden yoksun Türkler (Etrak-i bi idrak) (...) sapkınlık örneğine uymuşlar (...) sapkınlıkta pişkin halifeleriyle her yıl sayısız adamlar gönderip, ol yasaklara övünç duyan mubahının yıkılasıca dergâhı gölgesini hâşâ hacet kapısı ve dilek Kâbe'si bilirler ve ergin kızların, belki kız kardeşlerini tepelenise adamlarına peşkeş çeküp..." Hoca Sadeddin Efendi açıkça Kızılbaş toplumunun kız ve karılarını Şah İsmail'e sunduklarını yazarak Alevi düşmanlığı kusmaktan çekinmiyor.

Osmanlı vaka yazarı Aşıkpaşaoğlu da bu tür karalamalar kampanyasında aynı sloganları kullanarak, aynı suçlamalarla yerini alıyor. Aşıkpaşaoğlu Tarihi'nin çevirilerinde çıkarılmış, ama orijinalinde şu değerlendirmeler yer almaktadır. II. Bayezid'in Erdebil Ocağı yanlılarını Rumeli'ye sürüşünü haklı bulur ve onların "kâfirliklerine" bağlar. Şeyh Cüneyd'in sufi değil, "şeriatı bozmak istediğini" vurgular. Çevresine Alevi ve Türkmenleri alarak Osmanlı'ya karşı bir devrim hareketine girişen Şeyh Bedreddin'in arkasındaki topluma "bir sürü alçak kişi" diyerek söver.

Safevi hükümdarı Şah İsmail'in toplumunun/yandaşlarının "namaz kılmayıp, oruç tutmadıklarını", "Rafıziliğe (Kızılbaşlığa) ilişkin sözleri çok konuştuklarını" ve açıkça "Kızılbaşlığı yayar olduklarını" suçlayarak anlatır. Osmanlı'ya karşı devlet olarak ortaya çıkan Şah İsmail'in ve adamlarının "Ehli Sünnet'e çok hakaret ettiklerini", "Müslümanların rızkını, malını ellerinden alıp, birbirlerinin karılarını alarak (tasarruf edip) helâldir dediklerini," yazar. Bu toplulukların tek suçları Osmanlı'ya karşın devlet olmaları, Alevi yolunu seçmeleridir.

Osmanlı hükümdarı Yavuz Sultan Selim ulema ve bürokrasinin bu küfre varan hırçınlıklarını ve devlete yakışmayacak ciddiyetsizlikleri fermanlar ile ve kan dökerek somutlaştırır. Çaldıran Savaşı'na çıkmadan önce müftü Hamza'dan alınan, Şeriatın temsilcisi müftünün Aleviler hakkındaki fetvası:

"Ey Müslümanlar, bilin ve haberdar olun ki, reisleri Erdebil oğlu İsmail olan Kızılbaş topluluğu, peygamberimizin şeriatını, sünnetini, İslâm dinini, din ilmini, iyiyi ve doğruyu beyan eden Kuran'ı küçük gördüler. Yüce Tanrının yasakladığı günahlara helâl gözü ile baktılar.

Kutsal Kuran'ı, öteki din kitaplarını tahkir ettiler. Onları ateşe atarak yaktılar. Hatta kendi melun reislerini Tanrı yerine koyup secde ettiler. Hz. Ebubekir'e, Hz. Ömer'e söğüp onların halifeliklerini inkâr ettiler. Peygamberimizin karısı Ayşe anamıza iftira ettiler ve sövdüler. Peygamberimizin şeriatını ve İslâm dinini ortadan kaldırmayı düşündüler. Onların burada bahsedilen ve bunlara benzeyen öteki kötü sözleri ve hareketleri benim ve öteki İslam dininin âlimleri tarafından açıkça bilinmektedir.

Bu nedenlerden ötürü şeriat hükmünün ve kitaplarımızın verdiği haklarla, bu topluluğun kâfirler ve dinsizler topluluğu olduğuna dair fetva verdik. Onlara sempati gösteren, batıl dinlerini kabul eden ve yardımcı olanlar da kâfir ve dinsizdirler. Bu gibi kimselerin topluluğunu dağıtmak bütün Müslümanların vazifesidir. Bu arada Müslümanlardan ölen kutsal şehitlerin yeri cenneti âlâdır. O kâfirlerden ölenler ise, hakir olup cehennemin dibinde yer tutacaklardır.

Bu topluluğun durumu, kâfirlerin halinden daha kötüdür. Bu topluluğun kestiği veya gerek şahinle, gerek ok ile gerekse köpek ile avladığı hayvanlar murdardır. Onların gerek kendi aralarında, gerekse başka topluluklarla yaptıkları evlenmeleri geçerli değildir. Bunlara miras bırakılmaz. Sadece İslâm'ın sultanının, onlara ait kasaba varsa, o kasabanın bütün insanlarını öldürüp, mallarını, miraslarını, evlatlarını alma hakkı vardır. Ancak bu mallar, İslâm gazileri arasında taksim edilmelidir. Bu toplanmadan sonra onların tövbe ve nedametlerine inanmamak ve hepsini öldürmelidir. Hatta bu şehirlerde onlardan olduğu bilinen ve onlarla birlik olduğu tespit edilen kimse öldürülmelidir. Bu türlü topluluk hem kâfir ve hem imansız, hem de kötülük yapan kimselerdir. Bu iki nedenden onların öldürülmesi gerekir (vaciptir). Dine yardım edenlere Allah yardım eder. Müslümana kötülük yapanlara Allah da kötülük eder. (Bi Saru Görez ismiyle bilinen Müftü Hamza)."

Yazdığı kitabını I. Selim'e sunan Defterdar Mehmet Efendi, -tarih için bir yüzkarası olan- Alevilerin defterlerinin yapılması (defterlerinin dürülmesi) yani, listelerinin çıkarılmasını ve 40-80 bin arası kişinin öldürülmesini şöyle anlatır:

"Her şeyi bilen sultan, o kavmin uşaklarını kısım kısım ve isim isim yazmak üzere ülkenin her yanına bilgin kâtipler gönderdiği, yedi yaşından yetmiş yaşına kadar olanların defterleri divana getirilmek üzere emredildi. Getirilen defterlere nazaran, yaşlı, genç kırk bin kişi yazılmıştı. Ondan sonra her memleketin hâkimlerine memurlar defterler getirdiler. Bunların gittikleri yerlerde kılıç kullanılarak öldürülen maktullerin sayısı kırk bini geçti."

Alevilerin "defterinin dürülmesi" için isim listeleri hazırlandığını tarihçi Hammer de belirtir. Prof. İrene Melikoff, Topkapı Arşivi'nde (Evrak No: 2044) 1512-1513 kışına ait Osmanlılarca araştırılmış Alevilerin bir listesinden söz eder ki, bu düşüncelerimizi kanıtlar.

Yavuz bu önlemlerle de yetinmez. İbn-i Kemal'e "Rafızilerin suçlanması, yok edilmesi (Fi Tetfıri'r Revâfız)" konulu bir "risale" yazdırır. İbn-i Kemal bu risalesiyle "Kızılbaşın malının helâl, nikâhının geçersiz" ve "Kızılbaş öldürmenin caiz" olduğuna fetva vererek I. Selim'in isteklerine destek olur.

İslam'dan önceki dönemlerde anası, kızı, kız kardeşi ile ilişkiye girdikleri iddia edilen ve kırmızı giysiler giyindikleri için "Muhammere" (Kızıllar) adı verilen Hurremiler için bu niteleme kullanılmıştır. Bu yakıştırma daha sonraları Safeviler'den Şah Haydar'ın ve ardıllarının kullandığı on iki dilimli kızıl renkli "Haydan tac"a, Safevi ordularının taktıkları kırmızı başlıklara ve Anadolu Alevilerinin Safevi dergâhına bağlılıklarına dayanarak Sünni kesimlerce Aleviler için kullanılan sözcüğüyle "Muhammere" hakkındaki düşünce ve çağrışımlar Alevilere yöneltilmiştir.

Siyasallaşmış şeriatçılığın göremediği, sezemediği, anlayamadığı gerçekler vardır. O kesim tarih boyu Alevi gerçeğine erememiş, anlayamamıştır. Olaylara dışardan bakmış, iç yüzüne girememiş, o nedenle de kendisine ancak iftira etmek düşmüştür. Yaptığı da budur. İslamlık kadını erkeğin malı olarak görür. Alevilikte kadın erkeğin malı değildir. Erkek, kadının sahibi değildir ve sahibi olmadığı bir şeyi de başkasına sunamaz. Katı İslami çevreler bu inceliği bir türlü anlayamamış, bu nedenle iftira batağına saplanmış kalmışlardır.

Yavuz, bahaneyi de yaratmıştır. Bu insanları "kadınlarını ortak kullanmakla", "Kuran'ı ve camileri yakıp yıkmakla" suçlar. Doğallıkla bunlar Alevi'yi suçlamanın ve yok etmenin yollarıdır.

Oysa Cumhuriyetin ilk dönemlerinde Pülümür, Tunceli, Elazığ ve Konya'da kaymakamlık ve valilikler yapan, yöre halkıyla yakından ilgilenen ve bir Dersim Raporu da hazırlayan Cemal (Bardakçı)Paşa, "Topluluk halinde fuhuşun kesinlikle yapılmadığını", "kimsenin de böyle bir iddiada bulunmadığı ve bulunamayacağını" gözlemleri ve saptamalarına dayanarak söyler.

1930'ların Erzincan'ını çok iyi bilen Erzincan eski valisi Ali Kemali (Aksüt) Bey; "Seyyidin mum söndürmesi, kadın ve erkeklerin birbirine karışması gibi ahlak dışı eylemler gerçeğe uygun değildir. Kaymakamlığımdan beri Kürtlerle ve Kızılbaşlarla meskûn çok yerlerde incelemeler yaptım. Bu isnadı doğrulayan bir belirti elde edemedim, edene de rastlamadım," demektedir.

Ciddi araştırmacılar, yansız bilim adamları, Alevi toplumunu tanıyan, yıllarca onlarla haşır-neşir olmuş bürokratlar bu tür iddiaları ciddiye almaz, dahası bunlarla savaşırlar. Alevi toplumunun ahlaklılığını, dürüstlüğünü ve içtenliklerini her vesileyle ortaya korlar. Prof. Köprülü bu savları "Kızılbaş kesimler aleyhinde Sünnilerce sürekli ileri sürülen suçlamalar" olarak değerlendirir

Aleviliği karalama ve yok etme, şer'i İslam'ı kabule zorunlu kılma çalışmaları devlet-ulema-bürokrasi işbirliğiyle daha sonraları da sürdürülür. Aksi durumda "mum söndürüyorlar" suçlamasıyla karşı karşıyadırlar. Alevilerin mülkiyetleri de bürokrasi, devlet yanlısı kesimler, ulema arasında dağıtılır. Yavuz doğu ve güneydoğudaki Alevilerin topraklarını Hanefi ve Şafii mezhebindeki aşiretlere dağıtır. Baskı altına alınan Aleviler sürekli töhmet altında tutularak susturulmaya çalışılır. Bu, geçmişten günümüze her zaman devletin uyguladığı bir taktiğidir.

SULTAN-I NEVRUZ (NEWROZ)

Nevruz ya da Newroz Orta Asya'dan Ortadoğu'ya kadar birçok halkın kutladığı çok önemli bir "gün"dür! Halklar için "yeninin", "güzelin", "bereketin" ve dayanışmanın simgesidir.

İnsanlık kendi tarihinde her zaman doğa ile ilişkilerini özel ve önemli kılmış, bu ilişkiye törensel bir şekilde yaklaşmış ve onu kutsamıştır.

İyiye, güzele ve yeniye dair ne varsa onu en sevdikleri ile özdeşleştirmiştir.

Kış aylarının durağan ve kasvetli havasından kurtulma, üretime geçebilecek, toprağı işleyebilecek, hareketsizlikten harekete dolayısı ile berekete ulaşılacak bir gündür Sultan-ı Nevruz ya da Newroz...

Dünya'nın neredeyse dörtte birinin yaşadığı coğrafyadaki halklarının ortak günü olan **21 Mart**; Nevruz her halk ve topluluk için farklı gerekçelerle kutlanmaktadır. Ama birçoğunda yeni yıl ve yılbaşıdır.

Nevruz **Aleviler** açısından da çok önemli bir gün olarak kabul edilmektedir. Bu günde evrenin ve Dünya'nın oluştuğu, inançta ilk insan olarak kabul edilen Âdem'in yaratıldığı bir gün olarak kabul edilir.

21 Mart Nevruz; Hz. Ali'nin doğum günü olarak kabul edilir. Hz. Ali'nin diğer adı **"Ebu Turab'dır"**. Turab toprak demektir. Bu deyim de Hz. Ali'ye toprağın oğlu unvanını kazandırmıştır. Bu Batıni düşünce anlamında Hz. Ali'nin doğumu bir bakıma toprağın doğumu, ya da bir başka açıdan düşünürsek; toprağın doğumu Hz. Ali'nin doğumudur. Bu günün aynı zamanda Hz. Ali'nin, Hz. Fatima ile evlendiği gün olarak kabul edilmesi; Alevilerin hafızasına Nevruz'u sevinçli, mutlu ve umutlu ve de bereketli bir gün olarak yerleştirmiştir.

Anadolu Alevi-Bektaşileri her Nevruz da Bir Cem yaparak bu günü kutlarlar. Buna kısaca **"Nevruz Cemi"** denir. Nevruz günü akşamı tüm canlar her Cem'e gelişte yaptıkları gibi banyo yapıp, en temiz ve güzel elbiselerini giyerek toplanırlar. Gelenler güçlerine göre lokmalarını getirirler. Pir (Dede) lokmalara **"gülbank"** verdikten sonra nasihat ve muhabbet ile topluluğu Sultan-ı Nevruz hakkında bilgilendirir, ardından **Nad-ı Ali** duasını okur.

Zakirler mersiyeler ve tevhid okurlar, semahlar dönülür. Lokmalar-şerbetler ve çiçeklerle Nevruz Cemi tamamlanır.

Nad-ı Ali duasından bir örnek:

NAD-I ALİ DUASI

Ey dillere destân Ali,

Ey mihr-i câvidân Ali,

Ey me'niy-i insân Ali,

Ali Ali, Mevlâ Ali.

Adın Aliyy-i A'lâ'dır,

Makamın pek muallâdır,

Hayatın şirke bir "Lâ"dır,

Ali Ali, Mevlâ Ali.

Ey dîn u Kur'ân'ım Ali,

Ey şeref u şânım Ali,

Server u sultânım Ali,

Ali Ali, Mevlâ Ali.

İnsân-ı kâmilsin Ali,

İmine âmilsin Ali,

Zirveye nâilsin Ali,

Ali Ali, Mevlâ Ali.

Sen olmasaydın ya Ali,

Olmazdı âlem müncelî,

Hakk'ın dili, Hakk'ın eli,

Canlar sana fedâ Ali.

Ey can u cânânım Ali,

Ey ruh u revânım Ali,

İman u irfânım Ali,

Canlar sana fedâ Ali,

İnsanlığın mirâcısın,

Sen kâinâtın tâcısın,

Hidâyetin minhâcısın,

Canlar sana fedâ Ali,.

Alevi-Bektaşiler Pirimiz Hace Bektaş-i Veli'nin dediği gibi 72 millete bir gözle bakarlar ve insana değer verirler. Bu gün artık Alevi-Bektaşi Cemlerinde halkların kardeşliğine vurgu yapılmalı ve Nevruz'u bayram olarak kabul eden her halkın gerekçelerine saygı ile bakmak gerektiği anlatılmalı ve toplum bu konuda bilinçlendirilmeli, aydınlatılmalıdır.

Her türden milliyetçi bakış açısını reddedip, bunun yerine insanlık değerlerini ve hoş görüyü ikâme eden bir anlayışı yerleştirmek her zamandan daha önemlidir.

Halkların kardeşliği ve dayanışması ülkemizde yaşanan kimliksizleştirme, kişiliksizleştirme politikalarına karşı en geçerli ve doğru bir davranış olacaktır. Tek kimliği, tek ırkı, tek kültürü, tek inancı dayatan ve kaynağını Faşizmden alan anlayışlara karşı özgürlüklerin savunulması ve korunması halkların ve insan haklarının çıkarınadır.

"Şahriyar, ben Demirci Kawa'yım ve adalet diye haykırıyorum." Firdevsi

M.Ö. 612 yılının 21 Mart'ında Demirci Kawa; dağların eteğinde kurulu Ninowa şehrinde, Asur kralı Zalim Dehak'a karşı balyoz sallarken söylediği ünlü sözü olan **"Şahriyar, ben Demirci**

Kawa'yım ve adalet diye haykırıyorum" diye haykırışının üzerinden 2600 den fazla yıl geçti.

Nevruz Bayramı Kürt halkının Demirci Kawa'nın Zalim kral Dehhakk'a karşı başlattığı savaşı kazanmasının bayramıdır. Ama bu "**bayram**" olması gereken günde; nedense egemen güçleri bir telaş alır.

Bir yandan Kürt halkının Newroz kutlamaları ülkede gerginlik aracı olarak sunulurken bir yandan ise "**bu güne kadar neden akıllarına gelmedi bilinmez!**" Nevruz'u sadece Ergenekon'dan çıkış günü ve Türklerin bayramı olarak sunmaya gayret eden bazı "**milliyetçi**" anlayışlar her yıl 21 Mart'ta kutlama yapmaya başladılar! Hatta hızını alamayan bazı politikacılar Nevruz'u resmi bayram ilan edeceklerini söyleyip, bu bayramı "**paylaşılamayan gün**" haline getirdiler!

Anlaşılan birileri "**Pazardan pay kapmanın**" daha doğru olacağını ve böylelikle kafa karışıklığı ve hedef şaşırtmanın daha kolay olabileceğini düşündüler...

Ülkemiz bugün her zamankinden daha fazla demokrasi, özgürlük ve hoşgörüye muhtaçtır, mecburdur.

Nevroz-Nevruz halkların kardeşliği barış ve özgürlüklere varacağımız bir bayram olsun. Bu günü bayram kabul eden herkesin bayramı kutlu olsun.

ALEVİLİKTE KİRVELİK

KİRVELİK

İbrahim Halilden yadigâr qalıb,
Esirlerin söhbetidir kirvelik.
Zarif qoğumluğun, letif dostluğun,
Leyaqati, merfetidi kirvelik!

Kirve kirvesinden uzağda durmaz ,
Ğeyirden, şerinden kenarda qalmaz.
Damının üstünden torpağ da salmaz,
Gohumluğun ziğnetidi kirvelik!

İdris kirvelikde azan görmesin,
Yığvalı tersine yazan görmesin.
Daim-qedim olsun, hezan görmesin,
Elimizin âdetidir Kirvelik!

(İdris Verdiyev/Azerbaycan)

Bu konuda yapılmış ilk ve tek kitap çalışmasının sahibi olan Ayşe Kudat'a göre Türkiye'nin batısındakiler doğudan gelenlerden duyup öğrenmişler kirveliği. O sebeple kirve, batıda çocuk sünnet edilirken kucağına alıp gözlerini tutan, bu ritüelde rol oynayan kişi olarak bazen bilinir bazen bilinmez. Ama biçilen bütün anlam bu kadardır. Ama Sivas'ın doğusunda o andan itibaren gerek o kişi, gerek o kişinin ailesiyle bir akrabalık ilişkisi kuruluyor. Ve bu öyle basit değil, güçlü bir akrabalık ilişkisi. İki aile birbiriyle çok yakın bir ilişki içine giriyorlar.

Farklı gruplar arasında "sanal akrabalık" ilişkileri kuran kirvelik geleneği, Ezidilerde var olan "kirvelik kurumu" yine Nusayrilerde mevcut olan "din amcalığı" uygulaması buna örnek verilebilir. Birincisi kirvelik kurulan aileyle evlilik ilişkisi yasaklanır. Yani kirvelik ilişkisi kurduğun aileden biriyle evlenmek bundan sonra tümüyle yasaktır. Bunun sınırı da yok. Yedi nesil sonra dahi evlenilemez. İlelebet ve ailenin tüm üyeleri için geçerlidir bu yasak. Yasaklamak aslında bir taraftan ilişkiyi düzene sokmak anlamına geliyor. Evliliği yasaklarken **kardeşleşmeyi** beraberinde getiriyor. Örneğin kız kaçırmaların önüne geçmiş oluyor. Bu bakımdan rahatlıkla diyebiliriz ki; Kirvelik bu coğrafyada halklar arasında barışa, kardeşliğe, sevgiye ve dayanışmaya hizmet eden en önemli toplumsal ve sanal akrabalık ilişkisidir.

Ama tüm bu sanal akrabalık ilişkileri aşkı, hele hele umutsuz aşkları engelleyemiyor. Murathan Mungan'ın Mahmut ile Yezida'sı böyle bir şeydir. Şivan Perwer'in okuduğu Kirivo, ya da Gülistan'ın okuduğu Sinanê Kiriv parçası hep bu hikâyeleri anlatır. Yani kirve olduğun ailenin kızıyla ya da oğluyla evlenmem mümkün değil. Âşık olabiliyorsun fakat o işte umutsuz, sonu olmayan bir aşka yol açar.

Alevilerde kirvelik musahiplikten sonra gelen çok kuvvetli bir ilke olarak var. Alevi toplumundaki kirvelik ve sünnet yaklaşımını, inanç, biyoloji ve sosyolojik açılardan değerlendirmek doğru olur. Aleviler, kirvelik ve sünnet olgusunu, İslam şeriatından oldukça farklı bir biçimde algılarlar. Kirvelik birbirini seven ve bunu nesilden nesile ikrar bağı olarak sürdüreceklerinden emin olup kanaat getirilen kişi ve aileler arasında gerçekleşir. Yani tarafların gönül ve rızalarıyla kirve olunur. Bununla birlikte aile ya da kabileler arasındaki düşmanlıklara son vermek, barış ve dostluğu sürekli kılmak amacıyla da kirvelik tesis edilir. Taraflar uzlaştırılıp, kirvelik bağıyla birbirine bağlandıktan sonra, düşmanlık ve kan davaları son bulur. Bu yanıyla barış akdinin kutsal bir güvencesi rolüne de sahiptir.

Amaç hatayı asgariye indirgemek, toplumsal yaşamda birlikteliğin, dostluğun, kardeşliğin devamını sağlamaktır. Kirvelik, bu amaca yönelik manevi bağ ve kutsal törelerden biri olarak karşımıza çıkar.

Tüm bunlar dikkate alındığında Alevi toplumunda kirve olan kişiler ve aileler arasında evlilik kesinlikle söz konusu olmaz. Kirvelik de, Musahiplik ikrarı oranında kutsal ve mukaddestir. Bu durum sevgi ve saygıyla bütünleştirilerek akdedilerek ömür boyu ve kuşaktan kuşağa devam eder.

İnançsal manadaysa, toplumsal barışı yaşama dönüştürmektir. Kirvelik akdi sırasında, kişiler veya aileler, kendi aralarında, simgesel anlamda birbirlerine "**on iki kuruş**" vermiş sayılırlar. Böylece ikrar verilmiş, gülbank alınarak ikrar kapısından içeriye adım atmışlardır. Artık her iki ailede karşılıklı sevgi, saygı ve dayanışma duygu ve yükümlülükleri sürekli olarak yerine getirilmeye çalışılır.

Sosyal boyutlarıyla kirvelik kurumu, Alevi toplumu açısından dayanışmanın, barışın, dostluğun, birlikte hareket etmenin başlıca kaynaklarındandır. Bu, birçok temel kurum ve değerlerden, vasıf ve kriterlerden sadece bir tanesidir. Biyolojik ve tıbbi anlamda sünnetin, insan sağlığı bakımından da yararlı olduğu bilinmektedir.

ALEVİLİKTE DÜŞKÜNLÜK ERKÂNI VE CEZASI

Alevi Yol ve inanç sisteminde yaşama dair hareketler toleranslı ve hoşgörülüdür. Ama ahlaki hukuk işletilirken dedelerin deyişi ile demir perçinle bağlanmıştır. Alevi yolunda çok güçlü bir ahlak sistemi vardır. Kişinin yanlış yapmaması, ikrarına sadık kalması ve toplumsal birliğin, beraberliğin tam ve eksiksiz uygulanması için gerektiğinde çok ağır yaptırımlar uygulanmıştır. Bu yaptırımla maddi olduğu gibi en ağırı manevi yaptırımlardır.

Yolun sahibi öyle bir sistem koymuştur ki, her şeyin ve bu arada kötülüğün, haksızlığın veya ahlaksızlığın da bedellerini belirlemiştir. Manevi bedel olarak, gerektiğinde selam verilmemiş, selamı alınmamış, komşuluk ilişkileri kesilmiş, muhabbet edilmemiş, yemeği yenilmemiş, Cem'e alınmamıştır. Yaptığı suçun ağırlığına göre bazen bedeni (toplumun önünde değnek vurma), bazen de para cezaları uygulanmıştır.

Bu yazılı hukukun dışında Alevi yol önderlerinin genel çerçevesini çizdiği, ama asıl kararı Cem Meydanı'na ve pire, mürşide bıraktığı geleneksel hukuk sistemidir. Kuşaktan kuşağa aktarılarak gelen ve toplumun ahlaki normlarını sağlam ve ayakta tutan ve birliğin devamını sağlayan şey kamu vicdanı olarak oluşan geleneksel hukuk sistemidir.

Bu hukuk sistemi Yola girmiş, ikrar vermiş kişilere uygulanabilmektedir. İkrar vermek ile kişi zaten Yol'u ve kurallarını kabul etmiştir. Yolun kurallarına uymayan kişinin **Dar'ı Mansur'da** yargılanması gerekir ve suç işlemiş ise cezası Meydanda verilir. Dede tarafından bu ceza tatbik edilir. Bu suç "düşkün" olmayı gerektiriyorsa kişi süreli veya süresiz " düşkün" ilan edilir. "Düşkün" yolun yasalarını bozmuş, ikrarında durmamış, ahtına sahip çıkmamıştır.

Alevi toplumu kendi ahlaki kuralları, disiplini ve paylaşımcılığı ile bu günlere gelebilmiş ve ayakta kalabilmiştir. İkrarından sapanlara, yoldan çıkanlara verilen cezalar ile örnekleme oluşturulmuş ve eğitici özelliği de gerçekleşmiştir.

(*)Risale-i Tarikat adlı el yazması Cönk'te Mağdur olan taraf davasını mürşidine bildirir. Suç iki türlüdür. 1) "Gunah-ı sagair (Küçük suç) ve 2) Günah-ı Kebair (Büyük Suç) Yol'a yeni girmiş biri suç işlerse, suç incelenir. Suça göre değerlendirilir, küçük suç işlemiş ise, uyarılır, ikinci kez tekrarlarsa ihtar edilir, üçüncü kez tekrarlarsa sitem vurulur ve para cezası verilir. Büyük suçlarda ise Mürşit bir kurul oluşturur. Mürşit, Pir, rehber, Davacı, Davalı, Musahipler ve Musahipli canlardan oluşur. Kişi dardadır. Hakk'ın huzurundadır, Bilineni, bilenden saklamanın anlamı yoktur diyerek ağır bir yemin ettirilir. Doğru söyleyeceğine dair özünü dara çeker. Bu kurul tarafları dinler, suçu sabitse ve küçük suçlardan birini işlemiş ise adilce cezasını verir. Cezası ağır(Büyük suç) ise, "Yol Düşkünü" ise Hıdır Abdal Dergâhına (Düşkünler Ocağı) veya Hacı Bektaş Dergâhına gönderir. Düşkünler Ocağı tarafsızdır ve özerktir. Mürşidi, piri, rehberi, kendi ocağındadır. Neden? Çünkü başka bir ocağa bağlı olursa tarafsızlığını yitirebilir. Düşkünler Ocağı yargılamasını yapar ve kararını verir. Düşkünlük cezası verilmiş ise bu karar Serçeşme Hacı Bektaş Dergâhı'na gönderilir ve Serçeşme'nin onayı ile "Yol Düşkünü" olur ve cezası uygulanır.

(*) Gulam-ı Şah Abdal Musa Sultan (Derviş Halil yay. 1820)

YOLDAN DÜŞME

Alevilikte düşkünlüğün en ağır ifadesi olarak yoldan düşme tabiri kullanılır. Yaklaşık olarak çizilen çerçeve ile büyük günahlar olarak zikredilen günahları işleyenler yoldan düşmüş olurlar. Bu suçları işleyenlerin dönüşü de yoktur.

Yoldan düşme şu hallerde olur:

1. Katillik (Adam öldürme)
2. Hırsızlık
3. İkrardan dönmek.
4. Zinada bulunma ve yasak ilişki hali.

Bu durumlar kesinlikle yasaklanmıştır. Tesadüfen de olsa bu duruma düşenler, Alevilik'te Yol'dan düşmüş olanlar, **Merdut ve Mervan** sayılırlar. Ölümleri halinde dahi cenazesi yıkanmaz ve namazı kılınmaz öylece defnedilirler". Buna **süresiz düşkünlük** de denilir. Bu ağır suçlardan dolayı süresiz olarak törenlere almama ve sürgüne gönderme gibi cezalar verilmektedir.

Verilen cezalar, belirli bir süreyle düşkün sayılma, Cemlere alınmama, toplumsal ilişkilerin kesilmesi veya sınırlandırılması, askıya alınması, zararın ödetilmesi, (mağdura veya herhangi bir dergâha veya fakirin birine) belli bir süreyle bakıma muhtaç olan birine bakma zorunluluğu, çözülen bir meselenin resmi bir otoriteye götürülmesi (mahkeme gibi), toplum dışına çıkarılması gibi cezalardır.

Tunceli ve Erzincan bölgesinde uygulanan şekli ile düşkün ilan edilen kişilerin evlerinin önüne, **meydan** kararıyla ve dede tarafından, herkesin göreceği büyüklükte bir taş konulur ve bu taş düşkünlüğü ifade eder ve bu taş yine **meydan kararıyla** kaldırılabilir.

Günümüzde göreceli bir serbestlik yaşayan Aleviler; açılan ve hizmet veren Cem Evleri aracılığı ile ve geleneksel talip-rehber-pir-mürşit ilişkisi içerisinde düşkünlükle ilgili adetlerini de devam ettirmeleri olanaklıdır.

Alevi toplumunun disiplinli yapısını korumasında yüzyıllarda önemli bir işlev görmüş olan "düşkünlük kurumu" bu gün için geçmişi anmak bakımından istisnai durumlar dışında işlevini yitirmiş unutulmaya yüz tutmuştur. Bu kurumun uygulayıcıları olan dedelerin bu işlevlerinden mahrum kalmaları da dedelerin etkinliğine oldukça büyük bir zarar vermiştir. Günümüzde ahlaki sorumlulukların gerekliliği ile ilgili öğretiler devam etmekle beraber bu öğretilerin uygulanmadığı durumlarda herhangi bir yaptırımın olduğuyla ilgili herhangi bir söylem söz konusu değildir.

Globalleşme, kitle iletişim araçlarının etkisi ve gelişen, değişen siyasi değişikliklerle beraber Alevi toplumunda da bazı değişiklikler olmuştur. Bu durumdan düşkünlük müessesesi de nasibini almış, değişen şartlara bağlı olarak günümüzde pratikte geçerliliğini yitirmek üzeredir.

Düşkünlük kavramı günümüzde daha çok çıkarcı ve ahlaksız kimseler için kullanılan genel bir kavram şeklini almıştır. Her ne kadar değişik reaksiyonlara bağlı olarak Alevi toplumunda görülen tartışmalardan sonra; birilerinin birilerini düşkün ilan etme teşebbüsü oluyorsa da bu kararın bütün Alevilerce tanınmadığı ve de uygulama alanı bulmadığı da ayrı bir gerçektir.

BATTALGAZİ VE SEYİTGAZİ DERGÂHLARINA BAĞLI DEDELER TOPLANTISINDA YAPILAN "AHİTNAME"

"Bismişah, Ya Hakk, Ya Muhammed, Ya Ali!

Hak kılıncı keskin olur, mü'min kalbi incitme!

Bu meydan da ezel ebed gerçek vardır, yalan yok!

Bu meydana eğri bakan mervanlara aman yok!

Bu çerağın ışığını geçirene zaman yok!

Bu ocağı söndürene umulmadık ziyan yok!

İkrarına münkirlere erenlerden yaman yok!

Hakk kılıcı keskin olur, mü'min kalbi incitme!"

Ahitnamede geçen suçlar ve bu suçlara verilen cezalar şöyle sıralanmıştır:

1. Zina edenlere beş yıl düşkün cezası, yüz liradan beş yüz liraya kadar haline göre para cezası verilir. Cezayı ödedikten sonra seksen değnek vurulur.

2. Zinaya teşebbüs edenlere üç sene düşkünlük ve en çok üç yüz lira para cezası, verilir. Cezası kalkınca seksen değnek vurulur.

3. Hırsızlık yapanlara, iki sene erkâna (toplantı ve resmi törenlere) katılmama cezası verilir. Hırsızlığın derecesine göre, çaldığı malın bedelini sahibine ödedikten sonra o malın değerinin dörtte biri kadar ceza alınır.

4. İftira edene bir sene düşkünlük, iftiranın ağırlığına göre yirmi beş ile iki yüz lira arasında para cezası verilir.

5. Yalan şahitlik yapana bir sene düşkünlük, yüz lira para cezası verilir.

6. Kasten insan öldürenler, sonsuza değin erkâna alınmazlar. Bunlara selam verilmez. Hayatını ve namusunu kurtarmak için silah kullananlarla kazara elinden vukuat çıkanlar suçlu sayılmazlar.

7. Sebepli sebepsiz bir küfür ve hakaret edenlerden yüz lira ceza alınmadıkça erkâna alınmazlar.

8. Hırsızlık, zina, kumar gibi fena yola teşvik edenlerden haline göre elli ile iki yüz liraya kadar para cezası alınır. Ve bir sene erkâna alınmazlar.

9. Düşkünlük cezası alan taliplerle zorunluluk olmadıkça yakın ilişki ve dostluk kurulmaz.

10. Cezasını bitiren bir talip, aynı rehberle husumeti olduğunu ileri sürerek Erkâna gelmemek isterse, rehberi ona

kendisinin istediği bir başka rehber verebilir. Kendiliğinden hiçbir talip rehber değiştiremez.

11. Düşkünü, talibi erkâna alan rehbere, o talibin aldığı cezanın aynısı verilir. Bu cezayı pir ocağından mürşit verir.

12. Hukuk islerinde zahiri mahkemeye başvurmak, rehberler ve talipler için suçtur. Rehberler arasındaki hak davalarını mürşit çözümler. Talipler arasındaki davalar ise, mürşitler bulunmadığı hallerde, rehberler tarafından uygulanır. Mürşit ve rehberin kararına uymayanlar, en çok bir sene erkâna alınmazlar.

13. Zorunluluk olmadıkça, çıkar gözeterek, kızını rızası ile zahire verenlere, beş sene düşkünlük cezası verilir. Kızı alan damat ikrara bent olursa ceza kaldırılır.

14. Bir talibin esinin zina ettiğine rehber kanaat getirirse beş sene düşkünlük cezası verilir. Talip karısını terk ederse cezası kaldırılır.

15. Rehberin oğluna bir talip kız veremez. Fakat rehber kızını bir talibin oğluna verebilir. Talip rehberini damat edinemez.

16. Bir rehber kendi oğlu ve torununu t talipliğe alamaz. Damadını alabilir.

17. Suçsuz yere, nefsinin hükmü ile keyfi nedenlerle karısını boşayanlar(şiddetli geçimsizlik hali hariç) ve karısının üzerine başka bir kadın ile evlenenler, evlendikten sonra boşadığı karısıyla temasta bulunamaz. Beş sene düşkün olur, vaktine göre beş yüz liraya kadar ceza verilir.

18. Bir rehber düşkün olduğu takdirde, rehber kalkıncaya kadar onun talipleri,

Geçici olarak başka bir rehbere teslim edilir. Taliplerden biri rehber vekilliği yapamaz. Yalnız, rehber yoldan ebedi düşer veya vefat ederse, halefi kalmazsa, talipler içinden ehil bir şahıs Pir ve Mürşit tarafından rehber tayin edilebilir.

19. Zahit olduğu halde kocası ölen bir kadın erkâna alınmaz. Ve öldüğünde dârı çekilmez.

20. Cezalardan tahsil olunan paraların üçte biri Seyit Battal Gazi Dergâhı'na, üçte biri Veli Baba Dergâhına (Senirkent-Uluğbeyde), üçte biri, arkasında halef bırakmayıp ölen fakir taliplerin hizmetine harcanmak üzere rehberine teslim edilir

21. Düşkün olan Taliplerin, isimleri bütün rehberlere duyurulacak, erkâna alınmayacaklardır.

22. Rehber menfaat sağlamak için kumar oynarsa, rehberlik şerefini kıracak şekilde sarhoşluk (Ayyaşlık)yaparsa cezalandırılır. Onun cezasını mürşit tayin eder.

23. Kumar oynayan talipler bir sene erkâna alınmazlar.

24. Rehberler bu ahitnameyle ilgili konuları konuşmak üzere ayda bir toplantı yapmayı kabul ederler ve 'Bu ahitnameyi erenler yolunun selameti bakımından aynen tatbik etmeyi biz rehberler, mürşidimiz huzurunda kabul ve imzaladık' derler.

MALATYA-ELAZIĞ-DERSİM DEDELERİ SUÇ VE CEZA YÖNETMELİĞİ

Bununla birlikte Malatya bölgesi Alevilerinde de islenen kimi suçlar için, dedeler bir araya gelerek, bir suç ve ceza yönetmeliği düzenlemişlerdir. Toplanan bu liste, olduğu gibi sunulmuştur.

1. Mürşid-i kâmilin, mürşidin, pirin, rehberin, sözünü dinlemeyip, saygısızlık yapanlar, hakaret edenler.

2. Komşular ve aileler arasında söz gezdirenler, başkalarının kapısını, penceresini, bacasını dinleyenler, yalan yere yemin edenler, ihbarcılık yapanlar, komşuları birbirine düşürenler, kendi kulaklarıyla duymadıklarını ve gözleriyle görmediklerini "gördüm, duydum" gibi söyleyenler, komşular ve akrabalar arasında kavgaları yatıştırması gerekirken, fesat vererek körükleyenler suçludur. Buyruk uyarınca düşkündürler. Bu gibi suçları işleyenlere şu cezalar verilir.

3. Komşularının ve başkalarının canlı ve cansız malını çalanlar, suçsuz yere akraba ve komşularına hakaret edenler, suçludurlar. Hırsızlıktan aldığı mallar, tanıkların ispatıyla çaldığı paralar, eşyalar ve mallar, olduğu gibi, sahiplerine verilir.

4. Kızını Hakk'ın emri ve cemaatin rızası ile emriyle başkasına vermiş, sözünü kesmiş iken sonradan, sözünden dönmüş ve başkasına vermiş olanlar, kıyılmış nikâhı bozmuş olanlar, bu suça yardım edenler suçludur.

5. Faize para verenler, alanlar ve aracılık edenler, faiz yoluyla başkalarını borçlandırarak, evini, tarlasını, mal ve mülkünü, elinden alanlar, kumar yoluyla başkalarının mallarını ellerinden alanlar, günahı kebir işlemiş olurlar, bu tür suçlular altı yıl boyunca pir ve cemaat yüzü görmeyeceklerdir.

6. Karısını tek taraflı, haksız yere, keyfi nedenlerle, mağdur ve rencide ederek boşamış olanlar ve boşanmamış nikâhlı karıyı alanlar, nikâhını bozmuş olanlar, bunlara yardım edenler suçludur. Bu suçu işleyenler yedi yıl boyunca pir ve cemaat huzuruna alınmazlar.

7. Nefsine ve hırsına uyarak, kin ve intikam amacıyla adam öldürenler, en büyük suçludur. Böyle bir suç isleyenler otuz yıl pir ve cemaat yüzü görmeyecekleredir.

8. Bakire bir kızı kandırarak zorla iğfal etmiş, sonuçta evlenmemiş ve geleceğini karartmış olanlar, gaddardır. Böylelerinin derdine derman bulunmaz. Lanetli şeytandırlar.

Kazandıkları haramdır, komşuluk haramdır. Ölünceye değin suçludur.

9. Musahibin, pirin, mürşidin, kirvenin karısıyla zina edenler, kirvesinin kızıyla evlenenler, evli, nikâhlı, sözlü kadınlara tecavüz edenler, ırz düşmanı olurlar ve suçludurlar. Bu suçluların derdine derman bulunmaz. Kâfir, gaddar, münafık ve şeytan-ı lâin olurlar. Hiçbir suretle Cem'e ve tarikata alınmazlar.

10. Mürşidini, rehberini, musahibini, kirvesini öldürenler, erkeklere livata (tecavüz) edenler ve bunlara yardım edenler en büyük suçludurlar. Tarikata giremezler. Kapılarının önünden bile geçilmez. Hiçbir yardım yapılmaz. Cenaze erkânı yapılmaz.

Böyle kem zamanda cihana geldim,
Herkes imanından süzüldü gitti,
Talip olan eden erkândan şaştı,
Onlar inkârından çözüldü gitti.

Kiminin yükü var haddinden kaba,
Harmanda nanı yok elinde yaba,
Yalancı şıh talip mürit kör baba,
Yarısı kuyruğu döküldü gitti.

Seyyid Nesimi'yim meydanda serim,
Doğruyu söylersem yüzerler derim,
Bu dünyada olan hayırla şerim,
O da defterime yazıldı gitti.

Düşkünlük ile ilgili Kaynakça:

• *Gulam-ı Şah Abdal Musa Sultan (derviş Halil yay. 1820)*

• Baha Sait Bey, *İttihat-Terakki'nin Alevilik-Bektaşilik Araştırması;* yay. Haz. Nejat Birdoğan, İstanbul 1994,

• Bedri Noyan, , "Bektaşi ve Alevilerde Hukuk düzeni (Düşkünlük)", *I. Uluslararası Türk Folklor Kongresi Bildirileri,* Ankara 1976, 4/190.

• Hüseyin Bal, *Alevi Bektaşi Köylerinde Toplumsal Kurumlar,* İstanbul 1997, s.98.

• Hüseyin. Bal, , *Alevi- Bektaşi Kültürü,* Isparta 2002, s.49-63.

Anadolu ve Mezopotamya'nın Mistik Geçmişi

İnsanlığın binlerce yıllık geçmişi süresince, Anadolu yüzlerce uygarlığa sahne oldu. Ve onları bağrında besledi geliştirdi. Roma uygarlığının bilinen tarihi M.Ö. 1000 yılını aşamıyoruz. Girit Uygarlığı ile ancak M.Ö. 3000'lere ulaşabiliyoruz. Mısır, Aztek, Maya Uygarlıkları M.Ö. 7000'li dönemlere inerken Anadolu'da yapılan son kazılar M.Ö. 12.OOO'li ve daha eski yıllarda Anadolu' da gelişmiş ama kimliği kaybolan uygarlıkların varlığını belirliyor. Özellikle Konya ve Göbeklitepe kazıları bu konuda Dünya'da dikkat çeken bir önemdedir.

Ayrıca Anadolu'nun dikkat çeken mistik ve dinsel bir geçmişi var. Bilinen etkin dinlerin hiç biri Anadolu' da doğmadığı halde hemen hemen hepsi bu topraklarda gelişip olgunlaştılar Anadolu yarımadası binlerce yıllık kültürel özgeçmişiyle büyük bir ortak alan, büyük bir sentez, güçlü bir beşik olma özelliğini hep korudu. Ve bu özgeçmiş Anadolu'nun birbirlerinden çok farklı gibi görünen din ve inançları sinesinde toplayarak sonuçta ortaya birleşik bir alan, birleşik bir insanlık realitesi ve hafızasını çıkarmasını sağladı.

İşte bu nedenle, yüzyıllar boyu çeşitli din ve inançlara bağlı toplumlar Anadolu' da ve Mezopotamya'da iç içe ve bütün olarak yaşayabildiler. Halkların, kültürlerin, inançların harman olduğu bu bölge; bu metafizik ve mistik özelliğiyle de binlerce yıl içinde pek çok uygarlığı aynı anda barındırdı. Onları birbirine birleştirdi. Birleşik bir insanlık anlayışının hümanizmin ilk temellerini attı. Bugün de ruhsal ve psişik yönden diğer dünya ülkelerinden çok farklı ruhu ile bu birleştirici-uzlaştırıcı-bütünleştirici özelliklerini taşımaya devam ediyor. Yetmiş iki millete bir nazardan bakma kültürü, enternasyonalizmi ve İnsanı merkeze alan, kutsayan yönü ile kadın ve erkeğin eş ve eşit olmasını savunması ile bir anda birbirine kenetlenen gizli ve görünmeyen bir ağı ya da bir zincir var gibi ve dünyasal hiçbir etki bu görünmeyen zincirin kenetlenmesine engel olamıyor!

Nice medeniyetlerin beşiği olan Anadolu ve Mezopotamya çağlar boyunca yüzlerce binlerce milyonlarca insana yol gösteren, ışık tutan, sevgi neşreden bir barınak, bir beşik olma özelliğini hep korudu. Sinesinde, evrensel kültürlerin izlerini halen taşımakta olan bölge, hem bizlere hem de dünyaya gizemli peçesini henüz açmış değil! Araştırmalar, antropolojik ve arkeolojik bulgular her gün İnsanlık tarihinin adeta yeniden yazılmasına sebep oluyor.

Gizemli Anadolu ve Mezopotamya binlerce yıldan beri dil, din, ırk ayrımı gözetmeden birlik-beraberlik ve kardeşlik ruhu ile evrensel kültürünü görünende de görünmeyende de tüm Dünya'ya yayıyor... Bölge halklarının kalbi büyük bir sevgi ve coşkulu ilerleyişle, tek bir nabız atışı gibi hep aynı hümanist hedeflere doğru yönleniyor ve diğer Dünya ülkeleri arasında kendine has bir prototip yaratıyor.

Dikkatli bir gözlem yapacak olursak görüyoruz ki Anadolu ve Mezopotamya'nın üzerinde kurulan tüm uygarlıklar binlerce-yıldır insanlık tarihini etkilemiş, onların gidişatlarına da yön vermiş yani yönlendirici bir konumda olmuş. Bir gizemler ülkesi olan Anadolu'nun gelecekte tüm dünya için her yönden önem taşıyacak yüksek potansiyelli ile birleştirici, toparlayıcı, organize edici, uzlaştırıcı bir ülke olması onun tüm uygarlıkların beşiği ve anası olmasıyla da çok yakından ilgili ve diğer ülkeler arasında dengeyi sağlayacak bir köprü olmasına olanak sağlıyor.

Kadim bilgeliğin, Kadim Güneş İmparatorluğu'nun bilgileri medeniyetler beşiği Anadolu ve Mezopotamya halkının manevi doğasında yeniden yaşama mı dönüyor? Doğu ile batı arasında bir köprü niteliği taşıyan Anadolu ve Mezopotamya doğu-batı sentezinin merkezindeki uzlaştırıcı, birleştirici ülke olma niteliğini Kadim Bilgeliğe ait geçmişinden buralara taşıyor.

Ezoterik araştırmalara göre; Anadolu ve Mezopotamya topraklarına gelen varlıkların ortak özellikleri ve toplumları yeniden yapılandırma konusunda üstün yetenekleri var. Burası hem Atlantis'ten hem de Mu'dan göç edenlerin birleştikleri, harman olup girdaplaştıkları bir bölge. Ege Denizi ve İskenderiye'ye kadar uzanan bölge bu nedenlerle çok önemli bir kavşak noktası haline gelmiştir.

Neolitik dönemden sonra evrimleşerek yaşamını devam ettiren insan yerleşik ve tarım toplumu olmaya başladıktan itibaren ortak yaşamın gereği birlikte üretmeye eşit ve ihtiyaca göre paylaşmaya esas olarak, bir yaşam felsefesi geliştirmişlerdir. Bu kültün ana şeması ve kutsallığı 1. Toprak 2. Su 3. Hava (rüzgâr) 4.Işık (Enerji); bu dört elementin (çar-ı anasır-dört unsur) yaşamın temel taşı olduğunu kavramışlar ve bunları kutsayarak inanç boyutuna taşımışlardır.

Ayrıca Anadolu ve Mezopotamya'nın dikkat çeken mistik ve dinsel bir geçmişi vardır. Bilinen etkin dinlerin hiç biri Anadolu' da doğmadığı halde hemen hemen hepsi bu topraklarda gelişip olgunlaştılar Anadolu ve Mezopotamya binlerce yıllık kültürel özgeçmişiyle büyük bir ortak alan, büyük bir sentez, güçlü bir beşik olma özelliğini hep korudu. Ve bu özgeçmiş bölgenin birbirlerinden çok farklı gibi görünen din ve inançları sinesinde toplayarak sonuçta ortaya birleşik bir alan, birleşik bir insanlık realitesi, birleşik bir insanlık hafızası çıkarmasını sağladı.

Buna göre bugün adına "Alevilik" dediğimiz öğreti; bir kültür bir inanç formu olarak yaşamın içinde yaşam felsefesi olarak tarif edebiliriz. Doğa ile uyumlu evrende varlığın birliği esasında, varoluş felsefesi olarak da tarif edilebilir. Aleviler bu tanıma uygun olarak yaradılış efsaneleri (semavi din) dışında var oluş felsefesine ezel-ebet ilişkisi içinde inanmışlardır. Hakk-Âlem-Âdem (Hakk-evren-insan) Varoluşu anlamak doğanın kendisini kâinata var olan tüm canlı ve cansız varlıkların yaratılmadığı, aslında daima var oldukları bilmekten geçer ki fizik kanunlarına göre de hiçbir cisim yoktan var olmaz, vardan yok olmaz.

İşte bu nedenle, yüzyıllar boyu çeşitli din ve inançlara bağlı toplumlar Anadolu ve Mezopotamya'da iç içe ve bütün olarak yaşayabildiler. Anadolu ve Mezopotamya bu metafizik ve mistik özelliğiyle de binlerce yıl içinde pek çok uygarlığı aynı anda barındırdı. Onları birbirine birleştirdi. Birleşik bir insanlık anlayışının ilk temellerini attı. Bugün de ruhsal ve psişik yönden diğer dünya ülkelerinden çok farklı ruhu, bu birleştirici-uzlaştırıcı-bütünleştirici özelliklerini taşımaya devam ediyor. Bu ruh ancak manevi ve kutsal sayılan şeyler ön plana çıktığında da bir anda alev gibi parlayabiliyor, hatta bir yangına bile dönüşebiliyor. Bu hem muhteşem hem de diğer ülkeler açısından biraz ürkütücü bir özellik çünkü ulaşılması, aşılması ve zapt edilmesi pek mümkün değil... Bir anda birbirine kenetlenen gizli ve görünmeyen bir ağı ya da bir zincir var gibi ve dünyasal hiçbir etki bu görünmeyen zincirin kenetlenmesine engel olamıyor!..

Alevi-Bektaşi Kızılbaş inanışında doğada her şeyi dört grup halindedir. Mesela sıcaklık ve soğukluk, kuruluk ve nemlilikten oluşan dört fiziki özellik; ateş, hava, su ve topraktan meydana gelen dört unsur (çar-ı anasır); dört salgı, dört mevsim... Dört esas yön... Dört rüzgâr... Takımyıldızlara göre tayin edilen dört yön, metaller, bitkiler, hayvanlar ve insanlardan oluşan dört ürün."

Bundan başka dört ölümsüzlüğün, dayanıklılığın, ısrarın, başarının ve umudun sayısı olarak da bilinir. Dört eşit kenara sahip olan "kare" ise maddede eşitlik ve dengeyi sağlamaktadır. Kare şekil olarak da sembolizmde Dünya küresini simgeler.

Yedinin kutsal bir nitelik taşıdığı inancı Anadolu ve Mezopotamya'da komşularıyla olan ilişkilerinde ortaya çıkıyor. Yedi çok önemli bir sayıdır. Mısır, Sümer, Akad, İran, Hint, Hitit daha sonra Yunan, Roma uluslarının düşüncesinde yedinin ayrı bir önemi, bir kutsallığı vardır sayı olarak. Genellikle kutlu, uğurlu sayılır. Tanrısallığın sembolüdür. Örneğin: Yedi kat gök, yedi kat yerin altı inançları; yedi yerden yamalı, yedi iklim, yedi deniz, yedi başlı yılan vb. deyimleriyle yedinin önemi belirtilmeye çalışılmıştır.

Yedi sembolizmde Tanrıyla dünyayı birleştiren bir sayı olarak tanınır. Çünkü üç, teslis de olduğu yaradan, yaşatan ve öldürenin, dört ise hava, ateş, su ve toprak elemanlarının oluşturduğu Dünya'nın sayısı ve simgesidir. Diğer bir yaklaşımla Yedi yerle göğü birleştiren tanrısallığın da sembolü olan bir sayıdır. Dört dünyayla üç de gökle ilgilidir. Dünyada elde edilebilecek en son bilgiler yediden verilir. Yedi hareket halindeki evrenin olduğu gibi uzayın ve zamanın da toplamını simgeler. Bu bakımdan Apokolips'in şifreli sayısıdır. Yedi aynı zamanda Güneş'e ait olup eril bir sayıdır.

ALEVİLİĞİN TANRI ANLAYIŞI

Bir kandilden bir kandile atıldım,
Turab oldum yeryüzüne saçıldım,
Bir zaman hak idim hak ile kaldım,
Gönlüme od düştü yandım da geldim.

Ezelden evveli bir hakkı bildim,
Haktan nida geldi hakka hak dedim,
Kırklar meydanında yundum pak oldum,
İstemem taharet yundum da geldim.

Şah Hatai eydür senindir ferman,
Olursun her kulun derdine derman,
Güzel şahım sana bin canım kurban,
İstemez kurbanı kestim de geldim.

(Şah Hatai)

Vahdet: "Bir/lik" demek.

Vücut: Var olan beden-varlık demek.

Mevcut: Tüm beden-var olan her şey demek.

Kızılbaşlar (Aleviler), vahdet-ı vücut anlayışını evvel savundular. Yani Nesimiler ve öncesi.

Sonra vahdet-i vücuttan, vahdet-i mevcuda girdiler. Aslında her ikisi de **Kızılbaşlık** inancında mevcut. Ne demek bunlar?

Vahdet-ı vücut: Varlık "Tekten/bir den/tek noktadan" doğdu. Dolaysıyla, varlık "Birdir." Yani panteizm. (Yaratan, yaratılanın da kendisidir.)

Taşı-ağacı-çiçeği-suyu-dağı-kutsayan bir inanç, Doğa ve doğal bir inançtır. "Neden dağa, taşa, su gözesine, ağaca, bazen ormana hatta bir kuşa (turna); kimi zaman ateşe, Ay'a, Güneş'e kutsiyet yükler, niyaz ederiz? Bir şeyi kutsamak ile ona tapmak farklı şeylerdir. Meselâ Pir Hace Bektaş Dergâhı'na ziyaret etmek, o pirin yarattığı sevgi ve insanlık, ilim ve hakikat yoluna hürmet/hatır/saygı ve niyazdır.

Sevgi ve hakikat yolu ile her zerreyi can bilir. İşte vahdet-i mevcut budur. Asıl felsefenin derinliği ve renkliliği ise vahdet-i mevcut ile pekişti.

Kısaca çeşitli akımlara göz atalım:

Panteizm: Vahdet-i mevcut

Pananteizm: Vahdet-i vücut

Vahdet-i Mevcut: Alevi (Kızılbaş) Varlığın Birliği: Vahdet-i mevcut anlayışı

Teizm: Din-kutsal kitap-Allah-peygamber-melek-şeytan vs. vardır inancı

Deizm: Tanrı /Allah vardır ama din, kitap, peygamber göndermemiştir.

Agnostizm: (Şüphecilik)Tanrı olabilir de olmayabilir de.

Panteizm ve/ya Vahdet-i mevcut veya varlığın birliği = Her şey ezeli ve ebedi vardır, başlangıcı-sonu yoktur. Vardan var olundu. Yoktan değil.

Ateizm: Tanrı yoktur. Her şey maddenin kendisi, kendi enerjisiyle dönüştü. Bilim doğrultusunda kabul vardır inanç kavramı yoktur.

Varlığın Birliği

Gafil olma cümle cihan bir vücud,
Fark edersen aziz mihman sendedir,
Çün âdeme kıldı secde-i sücud,
Her arşayı arşı rahman sendedir.

Âdem Beytullahtır Âdem Kâbe'dir,
Âdem kutb ü Âdem iş bu esmadır,
Âdemden badeyi ol Mustafa'dır,
Fark edersen aziz sultan sendedir.

Âdemi don edip giyindi Allah,
Cem-i cümlesine bir idi Allah,
Günah etmen deyi buyurdu Allah,
Sen hakkı görmezsen gören sendedir,

Âdem hakka, Hakk'ta, demde sır oldu,
Lehmekan rahmolup kula yar oldu,
Ali cümle evliyaya ser oldu,
İmam Cafer ilmi kuran sendedir.

Virani'yim emr-i ferman Allah'tan,
Derdine düşenin dermanı Allah'tan,
Haksızlık etmeyin korkun Allah'tan,
Defterini yazıp veren sendedir.

Tanrı ile evreni bir, aynı ve özdeş kabul eden görüştür. Panteizm, anlam olarak tümtanrıcılık-kamutanrıcılık demektir. Panteizme göre Tanrı'nın evrenden ayrı ve bağımsız bir varlığı yoktur. Tanrı doğada, nesnelerde, insan dünyasında vardır. Her şey Tanrı'dır.

Bu algılamada Tanrı'nın, evrenin kendisi olduğunu savunulur. Panteistler evrende var olan her şeyin (atom, hareket, insan, doğa, fizik kanunları, yıldızlar...) aslında bir bütün olarak Tanrı'yı oluşturduğunu söylerler. Bu bakımdan evrende vuku bulan her olay, her hareket aslında doğrudan Tanrı'nın hareketidir. Bu görüşün ilginç ve çarpıcı bir sonucu, insanın da Tanrı'nın bir parçası olduğudur.

Panteizme göre, Tanrı her şeydir ve her şey Tanrı'dır. Tanrı evren, insan ayırımı yoktur. Böyle bir ayrım aklın yanılsamasıdır. Aşkın bir Tanrı var olmadığı gibi, her hangi bir yaratmadan da söz edilemez.

Ateşi aşkına yaktın özümü,
Halil İbrahim'le nardan gelirem,
Abı Kevser ile yudum özümü,
Kırkların bezminde dardan gelirem,

Cebrail çerağın almış eline,
Muhabbete gider dostun iline,
Hayranım şakıyan dudu diline,
Rıdvan kapı açmış şardan gelirem,

Tenden sual etme ten kuru tendir,
Can onun içinde gevheri kandır,
Bu ilim deryası bahri ummandır,
Sırrı kal oldukça sırdan gelirem.

Mahkemede sual sordu kadılar,
Kitapların orta yere kodular,
Sen bu savn'ı kimden aldın dediler,
Ustasından aldım Pir'den gelirem.

Nesimi'yem ikrarsızdan beriyem,

Gerçek erenlerin kemter kuluyam,

Ali ravzasının gonca gülüyem,

Münkir münafığa Hakk'dan gelirem.

Tek Tanrılı (Semavi) Dinlerdeki Tanrı-Âlem ayrılığı, Yaratan-yaratılan diye bir ikilem, panteizmde yoktur. Doğayla Tanrı bir ve aynı şeydir. Tanrı yaradan değil, var olandır ve evrenin tümüdür. Evrende görülen şeylerden gayri bir Tanrı yoktur. Tanrı, evrendeki bütün varlıkların toplamıdır. Evrenin başlangıcı ve sonu yoktur. Evrendeki mevcut canlı cansız her şeyin bütünlüğü Tanrı'dır. Önsüz ve sonsuz olan Tanrı, hem makro kozmosta (evrende), hem de mikro kozmosta (insanda) bulunur.

Antikçağ Grek Stoacıları, Yeni Platoncular ve doğunun vahdet-i vücut anlayışı, Yahudilerin kabalası gibi çeşitli felsefî biçimlere bürünen bu inanç, çağımıza kadar süregelmiştir. Panteist olarak adlandırılan bazı Yahudi, Hıristiyan ve Müslüman düşünürler vardır. Ancak, Panteizmi üç semavi din genelde reddetmektedir.

Panteizm, Arapça 'da karşılığı "vücudiyye" sözcüğüdür. Tanrı anlayışı olarak her şeyi Tanrı tanımak, varlığı, ancak ona vermek olarak özetlenebilir. Bunu, sonsuzluk, sonsuz olan varlık; Tanrı, tabiat olarak tarif edenler de olmuştur.

Bu, Vahdet-i Vücut, yani varlığın değil, Vahdet-i Mevcut, yani fiziki evrenin, tabiatın birliği inancına varır ve tabiatın Tanrı oluşuna, tabiattan başka bir varlık, bir Tanrı, bir gerçek bulunmayışına inanmaktır. Özetle, Vahdet-i Mevcut, son tahlilde diyalektik ve Materyalist bir görüşe tekabül eder. Vahdet-i Vücut yaklaşımında, Tanrı yaratılmışların hiçbirine benzemez ve bu inanç eşyanın hakikatini Tanrı 'da görür oysaki panteizmde fiziki evrenin kendisi Tanrı'dır.

Panteizme göre evrenin toplamı Tanrı'dır ve evrenin dışında gizemcilerin savundukları gibi bir Tanrı yoktur. Açıkçası her zerre onun kendisidir. Gizemciliğe göre de, her zerre İlahi güzelliği yansıtan bir ayna ve araçtır. Evrenin yaratılış nedeni, Tanrı'nın güzelliğini yansıtmak ve göstermek içindir.

Panteizmin Türleri

1. **Tabiatçı Panteizm:** Tek realite tabiattır. Tanrı da tabiatın içinde var olandır. (Dideron, Boron d 'Holbach)

2. **İdealist Panteizm:** Tek realite ruhtur. Tanrı da ruhun özünde var olandır. (Hegel, Fichte, Brunschvicg)

3. **Teolojik Panteizm:** Felsefî anlamda asıl Panteizm budur. Evrende tek realite Tanrı'dır. Diğer bütün varlıklar, evren, dünya, tabiat, insan, ruhlar vs. her şey Tanrı'nın varlığında oluşmuştur. Hiçbir şey onun dışında değildir, her şey odur.

Bruno, Boehme, Spinoza gibi filozofların ileri sürdüğü tek ilkeci (monist) Panteist görüş, giderek Tasavvuf içinde de benimsenmiştir. Tasavvuf düşüncesi de özünde bir panteist anlam taşımaktadır. Anadolu ve Mezopotamya düşünürlerinden Hallac-ı Mansur ve Mevlâna bu düşüncededir.

Gel ey zahit bizim ile çekişme,
Hakkın yarattığı kul sana neyler,
Kendi kalbi narı bize ilişme,
Bende küfür sende imana neyler,

Zahit sen bu sırra erem mi dersin,
Erenler halinden bilem mi dersin,
Mescit hak meyhane haram mı dersin,
Hak olan mescide meyhane neyler.

Sekiz derler şol cennetin kapısı,
Hakka doğru gider yolun hepisi,
Korkusun çektiğim sırat köprüsü,
Yolu doğru süren insana neyler.

Pir Sultan Abdal'ım erhaksın erhak,
Münkir olanlardan ıraksın ırak,
Kurdun işi namert lokmasın yemek,
Hak için adanan kurbana neyler.

ALEVİLİKTE CEM

Aleviliğin Yol'u Erkânı, varı-yoğu, mahkemesi, dargını, küskünü, alacak-vereceği, düşkünü-müşkülü, paylaşımı, sohbeti, bilgisi, erdemi, ahlakı, öğretisi ve ikrarı Cem'de görülür. Alevi Kültürü ve inancı; (tarih sürecinde değişik adlarla anılmış olan) mürşitlerin/pirlerin-dedelerin-babaların, velhasıl Yol önderlerinin yüzyıllardır il il, kasaba kasaba, köy köy dağ taş demeden dolaşarak, elden ele, kulaktan kulağa, gönülden gönüle aktarılarak bu günlere taşıyıp getirmişlerdir.

Tarih içerisinde Aleviler; kendine özgü kuralları, yaptırımları, ahlaki normları ve kurumları olan yoluna **Cem**'de ikrar vererek adım atar, musahip kardeşini Cem'de, Cem erenlerinin rızası ile ilan eder, Alacağını veya borçlusunu Cem'de **dara** çeker-çekilir. Tüm toplumsal yaşama dair ne varsa Cem o problemin çözüm yeridir, "**halk mahkemesi**"dir.

Eğitimini, irfanını ve terbiyesini, görgü kurallarını Cem'de öğrenir, Cem'de deyiş, nefes, devriye ve semahı, aşk ile dönmeyi Cem'de kavrar. Tarihi, felsefeyi, zahir ilmini, batın ilmini, edebiyatı, ezeni, ezileni, hakkı hukuku, kısaca İnsan olmayı, insanlık erdemini ve insanlık idealini Cem'de öğrenir. Cem bir okuldur, derstir, muhabbettir, sevgidir ve aşktır.

Eğrinin düz olduğu, yalanın yersiz olduğu, Hakkın ve canın esas olduğu, bir olduğu meydandır. **Cem, huzuru arayanların, düzeni mükemmel şekilde kurup kurumlaştırmak isteyenlerin, kendini bilmek isteyenlerin, arınıp aklanmak isteyenlerin, ölüp yeniden doğmak isteyenlerin, sırrı hakikate ermek isteyenlerin, var olmak için yok olmayı göze alanların, semah dönüp gökyüzüne ağanlarındır.**

Sır içinde sırdan, yol içinden yoldan bihaber olan bilinç ve duyguların cemi basite almamaları gerekiyor. Son yüz yıldır sistemin kendinden/özünden yolundan erkânından mahrum bıraktığı canların tekrar öze dönüşlerinin en esaslı yolu cemlerden, cem olmaktan geçer. Toplumsal düzenin ve bireysel iç huzurun yolu, yani kendisiyle, doğayla ve çevresi ile barışık bir kişilik olabilmenin yolu; yüz yılların ötesinden süzülüp gelen değerlerle buluşmaktan geçer.

"Belki tam manasıyla günümüz Cemleri o olması gereken aşkın atmosferlerin hâkim olduğu boyutları, asırlardır Cemlerden uzak kalanlara yansıtmıyordur. Birçok yönüyle –pratik manada– eksiklikler, yetmezlikler olabilir. Bütün bu eksiklikler, yetmezlikler, katılımcıların ham ervahlıkları, bilinç bulanıklığı Cemleri gerçek amacından daha az işlevli hale getiriyor olabilir.

"Bütün bu olumsuz diyebileceğimiz pratik durumlar Cemlerin anlam ve öneminden bir eksilme meydana getirmiyor. Uygulamada yaşanan yetmezliklere rağmen samimiyetle cem olmak isteyen, ikrarına sadık olanların kısa sürede Cemin gerçek mana ve anlamını kavrayacaklarına, daha doğrusu Cemi yaşayacaklarına şüphe yok. Ancak samimi olmayan, şüpheci yaklaşan, Cem Meydanı'na bütün kötü duygu ve düşüncelerden arınmamış olarak gelenler için Cem Meydanı bir **Dar Meydanı** olacaktır.

Muhabbet Cemi'nin önemi, işlevi günümüzde çok artmıştır. Öz itibariyle Muhabbet Cemlerinin asıl işlevi genç insanları Yol'a, ikrara ve Görgü Cemi'ne hazırlamaktır. Günümüzde ise Muhabbet Cemlerinin işlevi çok daha büyüktür. Her tür yozluğun dayatıldığı, değerlerin anlamsızlaştırıldığı, ilişkilerin çıkar çelişkisi etrafında şekillendiği günümüzde Muhabbet Cemleri adeta bir insani olana dönüş programıdır.

Adından da anlaşılacağı gibi Muhabbet Cemleri, muhabbetin olduğu, insani duyarlılığın olduğu, yaşamın anlam ve değer kazandığı bir iklimdir. Bu atmosferdeki enerji hissedilir olmaktan çıkıp insanı başka boyuta, başka âlemlere götürür. Götürür ve tekrar özünü bulan insanı sağlamlaştırmış olarak geri getirir. İnsanın en çok da ihtiyaç duyduğu bu değil mi? Yani insan sadece fiziki görüntüsüyle değil, ruhuyla, duygularıyla, düşünceleriyle, sonuç olarak bir bütün halinde "**insan**" olmalıdır.

İnsani olan ne varsa kirletiliyor, anlamsızlaştırılıyor. Sürekli yapay mutluluklar, güdülerin doymak bilmez dürtüleri pompalanıyor. Böylesi koşulların hâkim olduğu bir ortamda "insani" olanın sağlam kalması mümkün değil. Sağlam olmak isteyen ve hayatı anlamlandırmak isteyenlerin sığınağı Muhabbet Cemleridir. Bu muhabbetler bir başlangıçtır. Sonsuz, sınırsız lezzetler, manzaralar diyarına yolculuğun başlangıcıdır.

21.yüzyıla girerken Dünya'da e ülkemizde yaşanan çok hızlı ve baş döndürücü teknolojik gelişmeler, iletişim çağı diye adlandırılan çağımızda artık her talip bilgi ile donanırken mürşitlerin/pirlerin/dedelerin bu bilgilerin dışında kalmasını beklemek yanlıştır. Her dede talibini bilgilendirirken asgari, tarih, felsefe ve genel kültür bilgisine sahip olmak zorundadır. **Sonuç olarak Cem, çağımızda anlaşılabilir ve anlatılabilir olmak zorundadır. Cem kabuk değiştirmek, çağdaş içeriklerle dolu olmak zorundadır.**

MUHABBET CEMİ ERKÂNI

Rehber Cem Evi'nin girişinde "Hak erenler hizmeti geliyor" diyerek 3 kez tekrarlar. Bu seslenişle birlikte herkes ayağa kalkar. Her tekrarda üç adım atılır. Dede/Ana rehberin arkasından **Pir Makamı'nın** önüne gelir. Cem erenlerinin karşısında dara durur.

Pir Dede/Ana:

"Destur-u Pir, Bismişah, ya Hakk; erenler, canlar hizmete başlamadan evvel gönülleri birlememiz lazımdır. Bu post hak ve hakikat yolunda gidenlerin postudur, bu post Serçeşmemiz Hünkâr Hâce Bektaş Veli'nin postudur. Bu post haksızlığa uğrayanların, mazlumların hak postudur. Bu post yetmiş iki millete aynı gözle bakanların postudur. Bu post en-el hak yolunda ezilenlerin, çilesini çekenlerin postudur. Bu post kâmil insan yolunda yürüyenlerin postudur," der.

1. Rızalık Erkânı

Pir/Dede/Ana: "Canlar bu hizmeti yürütmeme razı mısınız," diye üç kez sorar.

Canlar: "Razıyız, Hakk eyvallah."

Pir/Dede/Ana: "Hak erenler geldiğiniz yerden, durduğunuz dardan, çağırdığınız pirden ayırmaya. Darlarınız didarlarınız kabul ola," diyerek makama (posta) niyaz olur ve yerine oturur.

Pir/Dede/Ana: "Canlar yolumuz Rıza Yolu'dur. Cem hizmetini yürütmek için bana verdiğiniz rızalığa eyvallah. Rızasız hiçbir şey olmaz. Cem başlamaz, lokma yenmez, pir makamına oturamaz. Rıza gönül birliğinin tam olarak sağlanmasıdır.

Yolumuzda 'rızalık' üç türlüdür. Kişinin kendi ile rızası, kişinin toplum ile rızası ve toplumun birbiri ile rızası erkândır. Aranızda küskün dargın olanlar, üzerinde kul hakkı, yetim hakkı, insan hakkı herhangi bir can hakkı olanlar, hak meydanına çıksın. Haksızlığa uğrayanlar bu meydanda hakkını istesin. Üzerinde hak kalanlar özünü bu meydanda dara çeksin, dile gelip söylesin.

Eğer aranızda küskün dargın yoksa birbirinizden razı iseniz 'razıyız' deyiniz. Ben sizi sizden alıp yine size, özünüze teslim ediyorum. Birbirinizden hoşnut ve razı mısınız (üç kez sorulur)?" Rızalık alınır.

Pir/Dede/Ana:

"Hakk erenler cümlenizden razı olsun. 'Aşığa şan, dervişe nişan.'" Cem erenleri sağ ve solundakiyle niyazlaşır. Birbirlerinin omuzuna veya işaret parmağını dudağına değdirip kalbine koyarak da niyazlaşabilirler.

Pir/Dede/Ana: "Destur-u Pir... Bismişah... Hakk dirliğimizden, birliğimizden ayırmaya. Birliğimiz daim muhabbetimiz kaim ola. Dil bizden nefes Pir'den ola."

Yol bir, sürek bin bir anlayışı Alevi erkânlarının uygulanmasında yöresel göreceli farklılıkları da beraberinde getirebilir. Bu farklılıkla bölgenin, kültürel, sosyal değerleriyle ana kaynaktan (Serçeşmeden-Yol'dan) sapmadıktan sonra, özüne sadık kalınmak kaydı ile bir renk olarak kabul edilir ve hoş görülür.

3 nefes okunur:
Edep, erkâna bağlıdır, ayağımız başımız,
Gülden koku almıştır, toprağımız taşımız.
Soframızda bulunan, lokmalar hep helâldir,
Yiyen canlara nur olur, ekmeğimiz aşımız.

Erkek dişi sorulmaz, muhabbetin dilinde,
Hakk'ın yarattığı her şey yerli yerinde
Bizim nazarımızda, kadın erkek farkı yok,
Noksanlıkla eksiklik, senin görüşlerinde

Sevgi muhabbet kaynar, yanan ocağımızda,
Bülbüller şevke gelir, gül açar bağımızda.
Hırslar, kinler yok olur, aşkla meydanımızda,
Aslanlarla ceylanlar, dosttur kucağımızda.

Ateşi aşkına
Ateşi aşkına yaktın özümü,
Halil İbrahim'le nardan gelirem,
Abı Kevser ile yudum özümü,
Kırkların bezminde dardan gelirem,
Hü hü hü hü hü hü hü hü hü car Ali
Cebrail çerağın almış eline
Dost dost Ali dost

Cebrail çerağın almış eline,
Muhabbete gider dostun iline,
Hayranım şakıyan dudu diline,
Rıdvan kapı açmış şardan gelirem.
Hü hü hü car Ali
Tenden sual etme ten kuru tendir,
Dost dost Ali dost.

Tenden sual etme ten kuru tendir,
Can onun içinde gevheri kandır,
Bu ilim deryası bahri ummandır,
Sırrı kal oldukça sırdan gelirem.
Hü hü hü car Ali
Nesimi'yem ikrarımdan belliyim,
Dost dost Ali dost

Nesimi'yem ikrarımdan belliyim,
Gerçek erenlerin kemter kuluyum,
Ali bahçasının gonca gülüyüm,
Münkir münafığa hardan gelirem.

Hudey hudey, ya Hakk ya Hızır,
Sensin her dertlere derman ya Hızır,
Dem dem dem dem dem dem, yetiş ya Hızır.

Gel ey zahit bizim ile çekişme,
Hakk'ın yarattığı kul sana neyler,
Kendi kalbin arıt, bize ilişme,
Bende küfür sende, imana neyler.

Hudey hudey ya Hakk ya Hızır,
Sensin her dertlere derman ya Hızır,
Dem dem dem dem dem dem, yetiş ya Hızır.

Zahit sen bu sırra erem mi dersin,
Erenler halinden bilem mi dersin,
Mescit hak meyhane haram mı dersin,
Hak olan mescide meyhane neyler.

Hudey hudey ya Hakk ya Hızır,
Sensin her dertlere derman ya Hızır,
Dem dem dem dem dem dem, yetiş ya Hızır.

Sekiz derler şol cennetin kapısı,
Hakk'a doğru gider, yolun hepisi,
Korkusun çektiğin, sırat köprüsü,
Yol'u doğru süren, insana neyler.

Hudey hudey ya hakk ya Hızır,
Sensin her dertlere derman ya Hızır,
Dem dem dem dem dem dem, yetiş ya Hızır.

Pir Sultan Abdal'ım erhaksın erhak,
Münkir olanlardan hey dost ıraksın ırak,
Kurdun işi namert, lokmasın yemek,
Hakk için adama kurbana neyler,
Hudey hudey ya hakk ya Hızır,
Sensin her dertlere derman ya Hızır,
Dem dem dem dem dem dem, yetiş ya Hızır.

Pir/Dede/Ana: Telimiz gül, dilimiz bülbül ola, nefeslerimiz kırklar meydanı nefesi ola.

2. Muhabbet Erkânı: Pir/Dede/Ana. "Dar çeken didar göre" der!

Yağmur damlasıydım, taştım sel oldum,
Dostun bahçesinde gonca gül oldum,
Pir'in çınarında ince dal oldum,
İnsan-ı kâmile vardıktan beri.
Ehli hakkın kapısını çalınca,
Mihmanımız Hızır, gel can dediler.
Gönül gözün açık olsun, bu demde,
İnsan-ı kâmile vardıktan beri.

Rıza Şehri bilir isen gel beri,
Benliğini siler isen gel beri,
Cani cana katar isen gel beri,
İnsan-ı kâmile vardıktan beri.

"Ehl-i hakk" erenler, Yol'a girendir,
Edep-erkân üzre, pir'e sorandır,
Bu ilmin sırrına mutlak varandır,
İnsan-ı kâmile vardıktan beri
Örse çekiç oldum, dövüldüm geldim,
Şah'in ışığıyla, eğildim geldim.
Yol değirmeninde, üğündüm geldim,
İnsan-ı kâmile vardıktan beri
Halkımın derdinden haberdar oldum,
Eba Müslüm gibi, teberdar oldum.
Hızır der Kureyş'e türbedar oldum,
İnsan-ı kâmile vardıktan beri!*
*Hızır Baba yazarın mahlasıdır!

Kaygusuz Abdal'dan
Evliyâdan gelen kelam,
Okunan Kur'an değil mi?
Gerçek Veli'nin sözleri,
Sûre-i rahman değil mi?
Çün seni hak yarattığı,
Kendine mir'at ettiği,
Tecelli-i zât ettiği,
Sûret-i insan değil mi?
Hak haberin dinleyene,
Candan kabul eyleyene,
Hakk'i bilip anlayana,
Sözümüz bürhan değil mi?
Gerçek elini tutmayan,
Gönlün ana berk etmeyen,

Hakk'ı bâtılı seçmeyen,
Câhil-ü nâdan değil mi?

Ey Kaygusuz hâlin n'ola?
Gitmez isen doğru yola,
Hak kerem etse bir kula,
Hakikat âyan değil mi?

Yanlış erkân

Yanlış erkân ile yola gidilmez,
Arif isen bu manadan fark eyle.
Eğri hacet ile metah dokunmaz,
Üstat isen endazeni derk eyle.

Şu dünya bulandı, hiç durulmuyor,
Arif olmayınca fark olunmuyor.
Kürekle tarlaya su verilmiyor,
Muhabbet bendinden kaldır hark eyle.

Pir Sultan Abdal'ım, sadık yar ise,
Mecnun da gözlüyor leyla gelirse.
Bir talibin meyli Yol'da yok ise,
Ahir fayda etmez onu terk eyle.

3. Lokma Gülbangi: Pir/Dede/Ana

Bismişah ya Hakk, ya Hızır; Hak yolunda harcanan maddi ve manevi emekleriniz kabul ola. Hakk'ın gönül defterinde kaydola. Dilde dileklerinize, gönülde muratlarınıza vasıl ola.

Dergâhı Hünkâr'a yazılmış ola. Lokmalarınız kazaya kalkan belaya bekçi ola. Emeğiniz zayi olmaya, yüzünüz ak, gönlünüz pak ola. Ömrünüz sağlıklı, haneniz şen ola, dil bizden nefes Hünkâr Bektaş Veli'den, kabulü Hakk'tan ola. Gerçeğe hü!

4. Zakir on iki hizmetliyi sazı ile meydana çağırır. (Pir/Dede kendisi sazıyla da bu hizmeti yapabilir!)

Hakk'tan bize nida geldi.
Pirim sana haber olsun,
Şahtan bize name geldi.
Rehberime haber olsun.

Hak kuluna eyler nazar.
Dört kalıptan âdem dizer,
Kalleş gelmiş Cem'i bozar.
Gözcü sana haber olsun.

Zakirin zikri saz ile
Duvaz okur avaz ilZ
Mümin canlar niyaz ile
Zakir sana haber olsun.

Mümini çektiler dara,
Münkiri sürdüler dama,
Hizmet geldi tezekkâra,
Tezekkâra haber olsun.

Gelin gidek tarikata,
Kulak verin marifete
Tâlip girmiş hakikate,
Tarikçiye (postçu) haber olsun.

Mümin yolun yakın ister,
Münkirlerden sakın ister,
Delil yanmaz yağın ister,
Delilciye haber olsun.

Mümini çektiler dara,
Münkiri sürerler nara,
Hizmet verildi Selman'a.
Farraş sana haber olsun.

Yola gider haslar hası.
Giymiş hakikat libası,
Doldur ver bir engür tası,
Saki sana haber olsun.

Mümini çekti meydana,
Münkiri sürdü zindana,
Gulbang verildi kurbana,
Lokmacıya haber olsun.

Hünkâra giden hacılar,
Kırklar güruh-u naciler,
Cem kilidi kapıcılar,
Kapıcıya haber olsun.

Şah Hatai'm vara geldi,
Vara geldi zara geldi,
Sefil bülbül dile geldi,
Peyik sana haber olsun.

5. Pir/Dede/Ana on iki hizmetliye topluca gülbank verir.

"Desturu pir, Bismişah! Vakitler hayrola, hayırlar feth ola. Emekleriniz boşa gitmeye. Halka hizmet hakka hizmettir. Hizmetleriniz Hakk erenler divanında kabul ve makbul ola. Erenlerin, velilerin, âşıkların, sadıkların ve hizmetini gördüğünüz pirlerin himmetleri, hidayetleri sizlerle beraber ola.

Üçler beşler yediler, on iki kadimi nur, on dört masum-u paklar, on yedi kemerbestler ve kırklar aşkına, Bozatlı Hızır her daim yoldaşınız ola. Geldiğiniz yerden, durduğunuz dardan, çağırdığınız pirden ışık göresiniz. Dil bizden nefes Hünkâr Hace Bektaş Veli'den ola. Tecellanız, temennanız kabul ola, yüzünüz ak, gönlünüz pak ola.

Hak erenler cümlemizin yardımcısı, Hızır yoldaşınız ola, gerçeğe hü!" (Hizmetliler yerine geçer.)

6. Süpürgeci (Farraş) Hizmeti

Bu hizmeti yürüten üç süpürgeci bacı ise: Bismişah, üç bacıydık, güruhu Naci'ydik. Kırklar Cemi'nde süpürgeciydik. Süpürgeci Selman, pâk olsun meydan, kör olsun yezid-i mervan, zuhur etsin mehdi gibi ol Şah-ı Merdan. Eyvallah pirim, nefes pirdedir.

Pir/Dede/Ana: Destur-u Pir, Bismişah, hizmetleriniz, kabul ve makbul ola. Muratlarınız hâsıl ola. Hakk erenler yoldaşınız ola. Gerçeğe hü.

7- Tezekkar/ İbriktar Hizmeti (Selman-ı Pak)

Bir kadın bir erkek (eş olmalıdır!) İbrik leğen havlu ile hüü diyerek huzura gelir. Meydana eğilip karşılıklı diz çökerler. Önce erkek bayanın eline üç kez, sonra da bayan erkeğin eline 3 kez su dökerler. Havlu ile kurutup niyaz olurlar. Ardından dedeye ve rehbere ve en yaşlı bir cana su dökerler. Topluluk adına Cem birliğine diyerek dara dururlar."

Destur-u pir Bismişah.

Bu suyla yunduk arındık olduk pak,

Cümlemize güzellikler, iyilikler versin hak,

Kırklar meydanında, erenler katında pirimiz Selman-ı pak,

Eyvallah pirim nefes pirdedirderler.

Tüm Canlar hep birlikte " Hü" derler.

8. Tezekkâr (İbriktar Gülbangi)

Pir/Dede/Ana:" Destur-u pir, Bismişah; arifler hem arıdır hem arıtıcıdır. Selman-ı pak pirimizin himmet ve nazarları üzerinizde hazır ve nazır ola. Gelmiş, erişmiş, göz gönül katmış ola. Hizmetleriniz Hakk'ın gönül defterine kaydola. Dil bizden nefes Hünkârı pirden ola. Gerçeğe hü.

9. Post Hizmeti: Pir Makamını temsilen Post getirilir. Hizmet sahipleri

"Bu post Hakk Erenler Postudur, Hallacı Mansur, Seyyid Nesimi postudur. Bu post Hünkâr Bektaş Veli postudur. Cem birliğine, sohbet sırlığına, evliya demine, uğur açıklığına dest post. Eyvallah pirim nefes pirdedir."

Pir/Dede/Ana: Desturu pir, Bismişah; erenler postu geldi,. Canlar ikrarın verdi. İkrarınızda daim olasınız. Hakkın didarını göresiniz. Post "Yol" demektir. Yol sahiplerinin himmet ve hidayetleri sizinle beraber ola. Postu kadim, postu daim ola. Dil bizden nefes Hünkâr-ı Pirden ola. Gerçeğe hü.

Post Cem erenlerinin huzurunda özünü "dar"a çekip rızalık almak isteyenlerin üzerinde durdukları "Dar Postu'dur". Böyle bir ihtiyaç varsa Post açılır. Yoksa Delilin yanına biraz yüksek bir yere konulur.

10. Delil (Çerağ) hizmeti:

Çerağı-Delili uyaracak kişi delili meydana koyar. Delilin sağ-sol ve önüne niyaz olur. Edep-erkân oturarak;

"Bu çerağı uyandırdık fahri Huda'nın aşkına, nebilerin, velilerin, erenlerin, evliyaların, âşıkların ve sadıkların aşkına, pirimiz üstadımız Hünkâr Bektaş Veli aşkına der.

Çerağımız yansın yakılsın Hakk'ın nuru aşkına,

Çerağımız yansın yakılsın Nebilerin nuru aşkına,

Çerağımız yansın yakılsın velayetin ve Hakikatin nuru aşkına der ve çerağı/delili uyarır.

Pir/Dede/Ana:

"Destur-u pir, ilimden gidilmeyen yolun sonu karanlıktır! Ham ervahlıktan, insan-ı kâmile, yol o'dur ki ışık ile gidile! Düşünce karanlığına ışık tutanlara ne mutlu!

Çerağ-ı ruşen, fahri dervişan, himmeti piran, piri horasan.

Çerağımız yansın yakılsın hakkın nuru aşkına,

Çerağımız yansın yakılsın nebilerin nuru aşkına,

Çerağımız yansın yakılsın velayetin nuru aşkına,

Çerağımız yansın yakılsın pirimiz üstadımız

Hünkâr Bektaş Veli aşkına.

Âşıklar, sadıklar, veliler ve sırrı hakikat erenleri aşkına.

Vekitler hayrola, hayırlar fethola, çerağlar, beynimizi aydınlata.

Mum gibi eriyip insanlığa ışık saçmamıza vesile ola.

Hakk erenler cümlemizi ilmin ışığından ayırmaya.

Hizmetiniz Hakk katında kabul ola, gönül defterine yazıla.

Yüzünüz ak, yüreğiniz pak ola.

Dil bizden nefes hünkâr-ı pirden ola.

Gerçek erenlerin demine hü!

11- Cemin Mühürlenmesi:

Pir/Dede/Ana: Desturu pir, Bismişah; erenlerin himmeti, hünkârın erkânı ile inancımıza, Yol'umuza göre, kapımızı mühürlüyoruz. Hasta, yaşlı ve görevliler dışında giriş çıkış olmasın. Gerçek erenlerin demine Hü.

Pir/Dede/Ana: Bismişah; Vakitler hayrola, hayırlar fethola, şerler def ola, mazlumlar abat ola, zalimler berbat ola. İnkârlar mat, gönüller şâd ola. Hakk erenler cümlemize birlik, dirlik ve sevgi vere. Gerçekler demine devranına Hü!"

Zakir bu gülbankle birlikte Üç nefes veya duvaz okur.

Tevhid

Önüme bir çığır geldi,

Bir ucu var şar içinde,

Abdallar (arifler) dükkânın açmış,

Ne istersen var içinde, (2)

Gir dükkâna pazar eyle,

Çeşmin yikip hezar eyle,

Aya güne nazar eyle,

Ay Muhammed nur içinde, (2)

Ay Alidir gün Muhammed,
(Ali Ali Ali Ali Ali Ali medet)
Okunan seksen bin ayet,
Balıklar deryaya da hasret,
Çarka döner göl içinde, (2)

Göl içinde çarka döner,
Susuzluktan bağrı yanar,
Âlemler seyrana iner,
Seyir var seyir içinde.

Kuduretten verdi balı,
Bahanesi oldu arı,
Şimdi dinle ah-u zari,
Arı inler bal içinde. (2)

Pir sultanım ey gaziler,
(Ali Ali Ali Ali Ali Ali medet)
Yürekte yara sızılar,
Talipler pirin arzular,
Bülbül öter gül içinde. (2)

Nad-i Ali: Ali görünür
Aynayı tuttum yüzüme,
Ali görünür gözüme,
Kıldım nazarı özüme,
Ali görünür gözüme.

Âdem ile havva ile
Ol allem-al esma ile
Çark-ı felek sema ile
Ali görünür gözüme.

Hazreti Nuh naciyullah,
Hem İbrahim halilullah,
Tur-u Sina kelamullah,
Ali görünür gözüme,
İsa'yı ruhullah oldur,
Müminlere penah oldur,
İki âlemde şah oldur,
Ali görünür gözüme.

Ali candır, Ali canan,
Ali dindir ali iman,
Ali rahim ali rahman,
Ali görünür gözüme.

Ali tayyip Ali tahir,
Ali batin Ali zahir,
Ali evvel Ali ahir,
Ali görünür gözüme.

Ali evvel Ali ahır,
Ali batın Ali tahir,
Ali tabip Ali zahir,
Ali göründü gözüme.

Hilmi bir geda-yı kemter,
Görür gözüm dilim söyler,
Her nereye kılsam nazar,
Ali görünür gözüme.

12. Zakir Gülbangi

Dede/Ana: "Destur-u Pir; Bismişah! Telimiz gül, dilimiz bülbül ola. Nefeslerimiz Kırklar meydanında söylenen Hakk ve Hakikat nefesleri ola. Hizmetleriniz Dergâh-ı Hünkâr'a kaydola. Alnınız ak, yüzünüz pak, başınız dik ola. Hak erenler gözünüzden yaş, duvarınızdan taş düşürmeye. Hakk Erenler delilin aydınlığından ayırmaya.

Pir/Dede/Ana: Gülbank

Erenler, bacılar, dostlar yarenler, yüzümüz yerde, özümüz darda, elimiz bağlı, yüreğimiz Muaviye zihniyetinden dağlı, gözümüz Kerbela'dan bu yana yaşlı, bağrımız ateşli yaşam bitimli, acılar bitimsiz, sevgi acı ile kardeş, yaşam, ölümle eş.Vardan var olduk, kâinatın aynası olduk, bir tende can bulduk,

Taş taşa değmeden duvar olamaz, insan olanın yükü ağır,

Bazılarının duyguları sağır, bazısı bakar göremez, Perdelidir can gözü açılamaz.

An olur öfke kabarır, kırar dökeriz, öfke geçer yüz kararır, ar duygusu sarar.

Dünya işi dünyada kalır, Kişi kötü demeyelim, canlar, işi kötü diyelim, iyi bakalım, iyi görelim. Ağrınan incinen kötü geçmişi unutsun, bağışlanma günüdür, yüreğinden bağışlasın.

Sevgi en güzel çiçektir, bağışlamak en büyük emektir, en büyük fedakârlıktır.

Emeğiniz varsa bağışlayın.

"Dili, dini, ırkı, rengi ve cinsi ne olursa olsun, iyiler iyidir" demiş Hünkâr, iyilikle, güzellikle, sevgi ile dostluk ile yarışalım. Hakk, yaşam için umut, umut için sabır verdi. Ateş külde söner, Acı yürekte diner. Acı paylaşıldıkça azalır, sevgi paylaşıldıkça çoğalır. Acılar azalsın, sevgiler çoğalsın, kinler bitsin, dostluklar pekişsin. Yeni yeni çiçekler yetişsin. Yüreğimiz gül, gülistan olsun.

Destur-u Pir, Bismişah! Ya Hakk, Ya Hızır; vakitler hayrola, hayırlar fethola. Şerler def ola. Mazlumlar abat ola, zalimler berbat ola.

Erenler bağışlama vaktidir, yürekteki, kini, kibri, pası, isi atarak bağışlamayı seçin.

Elest-i bezm ikrarına bağışlayın.

Künt-ü kenz için bağışlayın, ulu divan hakki için bağışlayın.

Üçler, beşler, yediler hakkı için,

Oniki nur-u kadim, kırklar hakkı için bağışlayın.

Masum-u pak hürmetine bağışlayın. Erenler Katarı, didarı hakkı için bağışlayın.

Hızır aşkına, hazır aşkına bağışlayın. Mürşit, pir, rehber hakkı için bağışlayın!

Âşıklar, sadıklar hakkı için bağışlayın. Mazlumlar, masumlar hakkı için bağışlayın.

Aşk için, muhabbet için bağışlayın. Hikmet için, hizmet için bağışlayın.

Gönül, şükür, kerem aşkına, insan-ı kâmillerin nutku için bağışlayın.

Gerçeğin demi-devranı için bağışlayın.

Dil bizden, nefes Hünkâr-ı Pir'den, ola. Gerçek erenlerin demine devranına hû.

Tecellanız teberranız Hakk'a yazıla.

Zakir "Miraclama"yı okumaya başlar.

MİRAÇLAMA

Geldi çağırdı Cebrail,
Hak Muhammed Mustafa'ya,
Hak seni miraca okur,
Dâvete kadir hüdaya.

Evvel emanet budur ki,
Piri, rehberi tutasın,
Kadim erkâna yatasın,
Tariki müstakiyime.

Muhammed sükûta vardı,
Vardı hakk'ı zikreyledi,
Şimdi senden el tutayım, (el tutulacak)
Hak buyurdu vedduha.

Muhammedin belin bağladı, (bel bağlanacak)
Anda ahir cebrail,
İki gönül bir oluben,
Hep yürüdüler dergâha.

Vardı dergâh kapısına,
Gördü orda bir arslan yatar,
Arslan anda hamle kıldı,
Korktu Muhammed Mustafa.

Buyurdu sırr-ı kâinat,
Korkma yâ habibim dedi,
Hatemi ağzına ver ki,
Arslan ister bir nişane.

Hatemi ağzına verdi,
Arslan orda oldu sakin,
Muhammed'e yol verildi,
Arslan gitti nihaneye.

Vardı Hakk'ı tavaf etti.
Evvela bunu söyledi,
Ne heybetli şirin varmış.
Hayli cevreyledi bize.

Gördü bir biçare derviş,
Hemen yutmayı diledi,
Ali yanımda olaydı,
Dayanırdım ol şahıma.

Gel benim sırr-ı devletlim,
Sana tabiyim ey habibim,
Eğiliben secde kıldı,
Eşiği kıblegâhına.

Kudretten üç hon geldi,
Sütle Elma baldan aldı,
Muhammed destini sundu,
Nuş etti azametullaha.

Doksan bin kelam danıştı,
İki cihan dostu dostuna,
Tevhidi armağan verdi,
Yeryüzündeki insana.

Muhammed ayağa kalktı,   (herkes ayağa kalkar)
Taliplerini diledi,
Talibine rahmet olsun, (üç kere)
Anda o dedi kibriya.

Eğiliben secde kıldı, (secde)
Hoşça kal sultanım dedi,
Kalkıp evine giderken,
Yolu uğrattı kırklara. (2)

Vardı kırklar makamına,
Oturuben oldu sakin, (edeb-erkân)
Cümlesi de secde kıldı,
(Secde) Hazreti emirullaha.

Muhammed sürdü yüzünü, (secde)
Hakka teslim etti özünü,
Cebrail getirdi üzümü,
Hasan Hüseyin ol şaha.

Canım size kimler derler,
Şahım bize kırklar derler,
Cümleden ulu yolumuz,
Eldedir külli varımız.

Madem size kırklar derler,
Niçin noksandır biriniz,
Selman şeydullaha gitti,
Ondandır eksik birimiz.

Cümleden ulu yolumuz,
Eldedir külli varımız,
Birimize neşter vursan,
Bir yere akar kanımız.

Selman şeydullahtan geldi,
Hü deyip içeri girdi,
Bir üzüm tanesini koydu,
Selman'ın keşkullahına.

Kuduretten bir el geldi,
Ezdi bir engür eyledi,
Hatemi parmakta gördü,
Uğradı bir müşkül hale.

Ol şerbetten biri içti,
Cümlesi de oldu hayran,
Kardeş bacıüryan büryan,
Hepsi girdiler semaha (semah)

Cümlesi de el çırparak,
Dediler ki AllahAllah,
Muhammed semaha girdi,
Ol kırklar ile semaha.

Muhammed'im coşa geldi,
Tacı da başından düştü
Kemeri kırk pare oldu.
Hepsi sarıldı kırklara.

Muhabbetler galip oldu,
Yol erkân yerini aldı,
Muhammed'e yol göründü,
Hatırları oldu sefa.

Muhammed evine gitti,
Ali hakkı tavaf etti,
Hatemi önüne koydu,
Dedi saddaksın yâ Ali!

Evveli sen, ahiri sen,
Zahiri sen bâtını sen,
Cümle sırlar sana ayan,
Dedi ya şah-ı evliya.

Şah Hatai'm vakıf oldum.
Ben bu sırrın ötesine,
Hakkı inandıramadım.
Özü çürümüş ervaha.

Dede/Ana: Bismişah, ya Hakk, Ya Hızır
Semahlar saf ola. Şerler def ola. Hakk için ola, seyir için olmaya. Semahınız kırklar semahı ola.

Semah... Ağırlama

Başım açık yalın ayak yürüttüm,
Sen merhamet eyle lebb-i balım yar,
Yüreğimi ceviz gibi çürüttün,
Senin aşkın büktü kaddi dalım yar.

Çektirme cefalar yandırma nara,
Yitirdim aklımı oldum divane,
Köşeyi vahdette koyma avare,
Darül aman Cemalettin velim yar.

Sıtkı yakma ömrün kıyl-ı kal ile,
Hazine bulunmaz kuru fal ile,
Yalın ayak yırtık gömleğim ile,
Daha böyle nasıl olur halım yar.

Semah yürüme...
Kerbela çölünden yeni mi geldin,
Ne yaman fırgatli ötersin turnam,
İmam ali katarına uyarak,
Kırkların semahın tutarsın turnam.

Kırklar senin ile biledir bile,
Yediler hizmetin ol mail ola,
Ol Hızır nebi de yardımcın ola,
Güruhu naciye yetesin turnam.

Evvel bahar yaz ayları doğanda,
Semah tutup gökyüzüne ağanda,
Yavru şahin tellerine değende,
Ali'm dost dost diye ötersin turnam.

Ali'nin avazı sende bulundu,
Ne yaman ötersin bağrım delindi,
Ol pirden bir haber al da gel şimdi,
Gönlümün gamını atasın turnam.

Dedemoğlu durmuş hattini yazar,
Oturmuş ağ devin bendini çözer,
Mecnun leyla için çölleri gezer,
Can ver ki canana yetesin turnam.

3. Yeldirme - pervane

Gel gönül incinme bizden,
Gönül kalsın yol kalmasın,
Evvel ahir yol kadimdir,
Gönül kalsın yol kalmasın,

Bahçede açılan güldür,
Manayı söyleyen dildir,
Elif hakka doğru yoldur,
Gönül kalsın yol kalmasın.

Başındaki altın tacı,
Budur gerçekler miracı,
Keskindir yolun kılıcı,
Gönül kalsın, yol kalmasın,

Ne anlatam güzel şahım,
İyi olmaz benim ahım,
Ali benim padişahım,
Gönül kalsın yol kalmasın.

Gel beriye ey divane,
Kâmil olan kıymaz cane,
Şah Hatai'm Cem bahane,
Gönül kalsın yol kalmasın.
Semah dönen canlar dardadırlar!

Pir/Dede/Ana: Semah, Hakk ile bütünleşmenin onun varlığında erimenin adıdır. Oyun değildir. Hakk a gönül verenlerin miracıdır. Turnaların kanadında, gökyüzünün her yerinde, bulutların üstünde aşkla dönmek bizlere Semahı anlatır. Gün döner geceye, gece döner gündüze, kış döner yaza, yaz döner kışa, kâinatın işleyişi taşınmış Cem'e, körler görmez bu hakikati, arifler bilir marifeti.

Kâinatı okuyanlar görür can gözüyle, vücutta dolaşan kan, ırmakta akan sular, denizler, bulutlar aşkla semah yapmaktadır. Bütün evren semah döner, yerinde duran yok, varlıkların semahı durursa düzen bozulur, nizam alt üst olur.

Semah aşkla ilham ve keşifle, coşkuyla, Hakk'ın gerçeğine varmak için, kişinin kendi varlığından geçip Hakk'ın varlığına karıştığı, ilahi bir aşk halidir. Semah âşığın miracıdır. Muhabbet aşkından içip semah edenler Dünya'dan geçer. İlahi aşkla dolanlar tenden, candan geçerler. Hakk'ın varlığında var olurlar. Yüreklerini açar bütün insanlığı yüreklerindeki sevgiyle selamlarlar.

"Hâşâ ki semahımız oyuncak değil,

İlahi bir aşktır, salıncak değil,

Her kim ki semahı oyuncak sanır,

Onun cenazesi kılıncak değil"demiştir ulu Pirimiz. Semahlar saf ola, şerler def ola, Semahınız kırklar semahı ola, Hakk için ola, seyr için olmaya. Noksanlar tamam, gönüller abat ola. Gerçeğe hü!

Saki suyu gelir.

Saki bir elinde bardaklar, diğer elinde sürahisi dara durur: Destur-u Pir, Hü der:

Hakk ve Hakikat uğrunda, halk uğrunda canını feda eden, derisi yüzülen, asılan, yakılan tüm şehitlere aşk olsun. O canlar aşkına bir su gelmiştir, içenlere ab-ı hayat olsun. Dertlere

deva olsun, hastalara şifa olsun. Kerbelâ'da ser verenler aşkına, Bir yudum su veririm,

Hak ve Halk yolunda can verenlere aşk olsun,

Yezide ve zihniyetine lanet olsun. Üç cepheye su serpilir. Dara durur.

Pir/Dede/Ana: Destur-u Pir, Bismişah.

Âdem suretinde olan herkes âdem değildir, adalet her işte Hakk'ı bilmek ve gözetmektir. Düşmanının bile insan olduğunu unutmamaktır, mertliktir, yiğitliktir. Zalimin zulmüne karşı çıkmamak mazluma yapılacak en büyük kötülüktür, en büyük ihanettir.

Şah Hüseyin'in dediği gibi zalimle birlikte, zalime biat ederek varlık içinde yaşamaktansa, zalime karşı durarak ölmek büyük şereftir, yüceliktir. Bu yüzden Hüseyin her çağda mazlumların serdarı, ezilenlerin önderi olmuştur. Saki suyundan anlayacağımız budur, bu olmalıdır.

Son söz yine Hüseyin'indir. Bir gün Şam sokaklarında kesik bir baş bulursanız o baş benim başımdır. O başı alıp toprağa dik gömün ve unutmayın ki Hüseyin Yezid'e asla biat etmemiştir. İşte bu yüzden şah Hüseyin bizim yolumuzda "pir" makamındadır.

Hak erenler cümle canları zalimin zulmünden ve yobazın şerrinden korusun. Saki Kevser, Haydar-ı Kerrar, Şah-ı Merdan hizmetlerinizi dergâhında kabul ve makbul eyleye. Bir yudum içenin, bir damlası üzerine düşenin, Hakk erenler dilde dileklerini, gönülde muratlarını vere.

Gözünden yaş, duvarından taş düşürmeye. Hizmet sahiplerinin hizmeti kabul ve makbul ola. Dil bizden, nefes Pirden ola. Gerçek erenlerin demine devranına hü!

Secdeler can cana, cemal cemale ve deliledir.

Pir/Dede/Ana

Bismişah;

Ya Hakk, ya Hızır!

Vakitler hayrola, hayırlar fethola, aklımızda, yüreğimizde ve beynimizde çerağlar uyanmış ola.

Mazlumlar abat ola, zalimler berbat ola.

Gerçek erenler, Bozatlı Hızır;

Yol'umuzu yolsuza, arsıza, hırsıza, namussuza, nursuza ve pirsize düşürmeye.

Bir olmamızı, iri olmamızı, diri olmamızı sağlaya.

İnsan-ı kâmil yolunda, Hakk erenlerin izinde, gerçekler katarında bizlere kuvvet kudret ve sabır vere.

Yetmiş iki millete aynı nazardan bakanlardan eyleye; dil, din, ırk, kök, soy, kadın-erkek ayırımı yapanların şerrinden koruya,

Sevgiyi din edinenlerden eyleye. İnsanı, doğayı kutsal gören, kurdun kuşun ve tüm canların haklarını gözetenlerden eyleye.

Kamil insanı, Ehl-i Hakk, en-el Hakk görenlerden ayırmaya.

Hak ve adaleti, eşitliği ve özgürlüğü yüreğine alan ve kul hakkı, insan hakkı ve yetim hakkı yemeyenlerden eyleye.

Eline-diline-beline, aşına-işine-eşine, gözüne-sözüne-özüne sahip olanlardan eyleye.

Özümüzü, yüzümüzü ak, başımızı dik eyleye.

Üçler, beşler, yediler, on dört masum-u paklar ve kırkların irfanından, erenlerin katarından, didarından ve ikrarından ayırmaya.

Bildiğimize mürşit, bilmediğimize talip, dosta ve Yol'a turab eyleye.

Bozatlı Hızır her daim darda kalanın, zorda kalanın yoldaşı ola. Çocuklarımızı zalimin zulmünden, cahilin ve yobazın şerrinden koruya.

Meydanımız ulu, gönüllerimiz sevgi dolu ola. 72 milleti kılıç ile değil sevgi ile fethedenlerden ola...

Tüm canları, didardan katardan cemalden dirlikten barıştan ayırmaya. Tüm insanlığı muhabbetten sevgiden ve sevdiklerinden ayırmaya. Zorda kalanların, darda kalanların Hızır carına yetişe.

Tüm dilekler, darlar ve didarlarımız okunacak en büyük kitap olan insan-ı kâmile, mürşit-i kâmile ola. Hak erenler cümlemizi cahilin şerrinden, zalimin zulmünden ve kul hakkı, yetim hakkı, insan hakkı yiyenden koruya. Ezmeden ezilmeden insanca hakça bir yaşam vere. Eliyle, diliyle teliyle ve kalemiyle haksızlık önünde eğilmeyenlere kuvvet, kudret ve direnme gücü vere.

Ya Hızır, Bir olmamızdan iri olmamızdan diri olmamızdan ayırma. Nebilerin, erenlerin, âşıkların, sadıkların, gülbankların, dileklerin, niyetlerin hakkı için; şu anda Hakk'a ve Hakikate teslim olmuş canların, yüreklerini sevgiyle ışıklandır. Düşüncelerimizi ve gönüllerimizi, aydınlatarak Hakk ve hakikat ışığından feyz almamızı nasip eyle. Dil bizden, nefes Abdal Musa'dan, Kızıl Deli Sultan'dan, Şah Hatai'den, Düzgün Baba'dan, Munzur Baba'dan, Mansur Baba'dan, Serçeşmemiz, pirimiz, üstadımız Hünkâr Hace Bektaş Veli'den ve cümle Hak erenlerden ola.

Gerçeğe hü!

Lokma hizmeti Pir/Dede/Ana:

Bismişah!

Evveli Hakk diyelim. Ezeli Hakk diyelim. Ebedi Hakk diyelim.

En-el Hakk diyelim. Geldi Hakk sofrası, Hakk versin biz yiyelim.

Hakk ulu, sofra dolu, pirimiz Hünkâr Bektaş Veli,

Gerçeğin demine devranına hû diyelim.

Lokmalar eşit olarak herkese dağıtılır.

Lokma dağıtımı bittikten sonra lokmacı rızalık ister:

Canlar; "göz nizam el terazi / herkes hakkına oldu mu razı?"

(üç kez tekrar eder.)

Canlar: Razıyız der. Lokmacı: hak erenler de sizlerden razı olsun der ve Pir/Dede/Ana bir lokmayı "umanın, küsenin, Abdal Musa'nın lokması olsun" diyerek küçük bir masum çocuğa verir.

<u>Pir/Dede/Ana:</u> Destur-u Pir, Bismişah.

Niyazınız nur ola. Şah zuhur ola. Yiyene helâl, yedirene delil ola. Dertlerimize derman, hastalarımıza şifa ola. Erenler kerem eyleye. Arta eksilmeye, taşa dökülmeye, Hızır yerini doldura. Lokmalarınız Hünkâr Hace Bektaş Veli Dergâhı'na yazıla. Gerçeğe hü.

Süpürgeci:

Bismişah, üç bacıydık, gûruhu naciydik. Kırklar Cemi'nde süpürgeciydik. Süpürgeci Selman, pak olsun meydan, kör olsun Yezid-i mervan, zuhur etsin mehdi sahibi zaman. Eyvallah pirim, nefes pirdedir.

Pir süpürgecilerin gülbangini verir:

Desturu Pir, Bismişah.

Hayır hizmetleriniz kabul ola. Muradınız hâsıl ola. Hak erenler dilde dileklerinizi, gönülde muratlarınızı vere. Hizmetlerinizden iyilikler göresiniz. Dil bizden nefes hünkâr Hâce Bektaş Veli'den ola. Gerçeğe hû.

Post kaldırma gülbangi Pir/Dede/Ana:

Bismişah,

Post kadim ola. İnkâr yok ola.

Burada sorulan ötede sorulmaya.

Mazlumlar abat ola, zalimler berbat ola.

Gerçeğe hü

On iki hizmette görev alanların tümü dua için dardadır.

Pir/Dede/Ana:

Desturu pir, bismişah Ya Hakk, Ya Hızır.

Hamdülillah vâsıl-ı didar-ı Hakk olduk bugün.

Külli müşkil hâl olup esrar-i Hakk olduk bugün.

Bade-i aşk-i ilâhi şükür nûş kıldık bugün.

Mâsivadan el çekip mest-i ebed olduk bugün.

Hü diyelim gerçeklerin demine gerçeklerin demi nurdan sayılır. Hizmetleriniz Hakk'a yazıla. Dilde dilekleriniz gönülde muratlarınız kabul ola. Hak erenler geldiğiniz yerden, durduğunuz dardan çağırdığınız pirden ayırmaya. İçimize kin, kibir, fitne, fesat koymaya. Can gözü ile görenlerden, yetmiş iki millete aynı nazarla bakanlardan eyleye. Dil bizden, nefes Pirimiz üstadimiz, Serçeşmemiz Hünkâr Bektaş Veli'den, kabulü Hakk'tan ola.

Gerçeğe hü. "Tecella ve tavellanız Hakk'a yazıla," der.

<u>Oturan duran gülbangı</u>

<u>Pir/Dede/Ana:</u>

"Oturan, duran, pir ve civan, arife nazar, sırrı sır edenin, govsuz, gıybetsiz, işine gücüne varanın, yastığa baş koyanın demine devranına hü.

Hak erenler didarından, katarından ayırmaya, Bozatlı Hızır tüm mazlumların yoldaşı ola, Gerçeğe hû,

Çerağ gülbangı, Pir/Dede/Ana:

Desturu pir, Bismişah. Ya Hakk, Ya Hızır.

Batın oldu çerağı nur-u Ahmet,

Zahir oldu şemsi mah-i Muhammed.

Gerçeğe hü.

Pir çerağları "nur ola, sır ola, nur ola, sır ola, nur ola, sır ola" diyerek teker teker "sır" eder. Cem Evi'nden en son "pir" çıkar.

Gerçek erenlerin demine hü!

ALEVİLİKTE HIZIR İNANCI

Geldi geçti ömrüm benim,

Şol yel esip geçmiş gibi,

Hele bana şöyle gelir,

Şol göz yumup açmış gibi.

Bu dünyada bir nesneye,

Yanar içim göynür özüm,

Yiğit iken ölenlere,

Gök ekini biçmiş gibi.

Bir hastaya vardın ise,

Bir içim su verdin ise,

Yarın anda karşı gele,

Hak şarabın içmiş gibi.

Yunus Emre bu dünyada,

İki kişi kalır derler,

Meğer Hızır İlyas ola,

Abı hayat içmiş gibi.

Bin bir adı vardır birisi Hızır,

Nerede çağırsan orada Hazır..

Hızır bazı kaynaklarda el-Hadr, el-Hıdır olarak geçse de asıl doğrusu Hadır'dır. Bu sözcük Türklerde

Hızır veya nadiren Hıdır, İranlılarda ise Khezr şeklinde kullanılmaktadır. El-Hadır kelimesi Arapçada el-Ahdar (yeşil) anlamına gelmektedir.

İslâm âlimlerinin bir kısmı Hızır'ı peygamber, bir kısmı ise Veli olarak kabul etmektedirler. Kur'an'ın Kehf sûresinde geçen Salih adam kıssasından Hızır'ın anlaşıldığı ve onun Peygamber olduğu görüşü müfessirlerin bazılarının tercih ettiği bir görüştür (İbn Kesîr, Tefsir, V,179; el-Kehf,18/65). Ancak bazı âlimler tarafından da Nebî değil Velî olduğu görüşü ileri sürülmektedir (Tecridî Sarîh tercümesi, IX, 145). Nitekim Muhyiddîn-i Arabî Fütuhât-ı Mekkiye'sinde Hızır'ın hayatta olduğuna dair bilgiler verir. İbnü Salâhve Nevevî gibi bazı zatlar da Hızır'ın yaşadığı hakkında büyük âlimlerin görüş birliğinde olduklarını nakletmişler ve yeryüzünde hayat suyunun var olduğunu, ondan içenin kıyamete kadar hayatta kalacağını, Hızır'ın da ondan içtiğini haber vermişlerdir.

Birkaç efsane:

GILGAMIŞ

Destanın kahramanı, Uruk Kralı Gılgamış, dörtte üçü tanrı, dörtte biri insan olan bir varlıktır. Gılgamış halk tarafından çok sevilir; ama kral aynı zamanda sert, güçlü ve mağrurdur. Halk bu öfkeli kralın burnu biraz sürtülsün düşüncesiyle tanrılardan yardım ister. Dualar boşa gitmez ve tanrıça Aruru, yarı vahşi bir yaratık olan Enkidu'yu yeryüzüne gönderir. Fakat Enkidu'nun kırlarda yaptığıkıyımlar Gılgamış'tan ziyade Uruk halkının başına bela olur. Gılgamış, Enkidu'yu yola getirmek için güzel bir fahişe yollar ve ehlileşmesini sağlar. Kadının peşinden kente gelen krallar gibi ağırlanır, güzel kokularla yıkanır, kentlilere özgün elbise giyer, oturup kalkma dersleri alır. Tanrı'nın isteğinin aksine Enkidu ve Gılgamış iyi arkadaş olurlar. Güçlerini sınamak için beraber yola koyulurlar. Kendilerini sınamak için, korkunç sesiyle bile insanları öldürebilen, Sedir ormanının korucusu dev Huvava'yı seçerler. Devin gürleyişi karşısında Enkidu korkudan dona kalır. Gılgamış etkilenmez ve devi öldürür. Bunu gören tanrıça İştar, Gılgamış'a âşık olur. Fakat Gılgamış, tanrıçaya fahişe gibi davranır, aşağılar ve reddeder. Tanrıçanın intikam almak için kente düzenlediği saldırıları iki arkadaş kahramanca bertaraf ederler.

Günün birinde Enkidu ölüme yenik düşer. Dostunu kaybeden Gılgamış kendi öleceği gerçeğiyle yüz yüze gelir. Ölümsüzlüğün sırrını öğrenmek için "tufan"ı yaşamış ve ölümsüzlüğe ermiş olan Utnapiştim'i ziyaret eder. Utnapiştim, bin bir zorlukla Mutlular adasındaki evine gelen Gılgamış'ı geri çeviremez ve ona tufanı anlatır.

Tanrılar bir tufan ile insanları yok etme kararı alırlar. Ancak Utnapiştim, tanrı Ea'nın uyarısı üzerine ailesini, çeşitli sanat erbabını, hayvan ve bitki türlerini içine alacak yedi bölümden oluşan bir gemi inşa eder. Yedi gün, yedi sene süren ve yeryüzünün sularla kaplandığı tufan sonunda Utnapiştim'in gemisi Nisir dağının tepesinde karaya oturur.

Utnapiştim, Gılgamış'tan, genç kalmanın sırrının, denizin diplerinde bulunan bir bitkide olduğunu saklamaz. Kral sevinçle denizin diplerine doğru dalar ve otu bulur. Ancak Gılgamış'ın yorgunluktan uyukladığını gören bir yılan otu yutar. Destan yılanların her bahar deri değiştirmesini bu sebebe bağlar. Gılgamış deliye döner, Uruk'a tekrar döner ve Enkidu'nun ruhuyla bağlantı kurmaya çalışır. Ona ölümden sonraki hayata dair yönelttiği sorularla biraz olsun teselli bulurken bilgeliğin dünyanın nimetlerinden yararlanmak anlamına geldiğini kavrar ve destan sona erer. Not: Bu destan Nipur'da Asurbanipal'ın kütüphanesinde ve Eti'lerin başkenti Boğazköy'de bulunmuştur.

Hızır'ın Hıristiyan inancında ki ismi St. Georges'dir ya da Aya Yorgi. Bu isim halk arasında Aziz Corc olarak da bilinir. Hızır ile aynı kişi olduğuna inanılan St Georges, bazı velilerle de özdeşleştirilmiştir. St. Georges, Teselya'da torbalı sultan, Cafer baba, Mustafa baba ve Üsküp'te Karaca Ahmet Sultan ile özdeşleşmiştir. (A.Yaşar Ocak)

Hindistan'da Hızır hep bir balığa binmiş olarak tasvir edilmektedir.

Hızır-İlyas makamları deniz, Irmak, göl ve su kaynak kenarlarında yer almaktadır.

Hızır'ın Musa peygamber ile buluştuğu söylenen yer hakkında ileri sürülen varsayımlardan bazıları şunlardır:

1- Karadeniz ve Hazar Denizi arası (Azerbaycan).

2- Ermenistan'da Kur ve Res (Aras) nehirleri arası.

3- Akdeniz'le Kızıldeniz arası.

4- Ürdün ile Kuzlum nehirleri arası.

5- Antakya.

6- Eyle.

7- Atlas Okyanusu kıyısındaki Endülüs'te bir şehir.

8- Afrika'da Tunca şehri.

Suriye sahillerinde Hızır gemicilerin koruyucusu kabul edilmektedir. Hatay'da 14 Temmuz'da Aleviler Hızır'a dua ederek denizde yıkanmaktadırlar..

Hace Bektaş Velâyetnamesi'nde, Hızır'ın batmakta olan gemileri kurtardığını anlatan menkıbeleri yer almıştır. Aslında sadece peygamberlere bile lütfedilmemiş ölümsüzlük mertebesine sahip olması bile, Hızır'ın inanışlardaki kudretine dair bir ipucudur. Hızır ve İlyas isimlerinin halk ağzında aldığı şekilden ibaret olan Hıdrellez, kökü İslâm öncesi Orta Asya, Orta Doğu ve Anadolu yaz bayramlarına dayanan, Hızır yahut Hızır ve İlyas kavramları etrafında dinî bir muhtevaya bürünmüş halk bayramının adıdır. Bu bayram, merkezini özellikle Anadolu ve Balkanların, Kırım, Irak ve Suriye'nin teşkil ettiği Batı Türkleri arasında, 6 Mayıs günü kutlanmaktadır.

Hızır inancını tek bir kültüre mal etmek olanaksızdır. İlk çağlardan başlayarak Mezopotamya, Anadolu, İran, Yunanistan ve hatta bütün Doğu Akdeniz ülkelerinde bahar ya da yazın gelişiyle ilgili bazı tanrılar adına çeşitli tören ve ayinlerin düzenlendiği saptanmıştır. Tarihi, halk geleneklerini biraz kurcalayınca Hızır'ı bir "Asyalı boz atlı yol tengrisi" olarak bulmamız da hiç yadırgatıcı değildir. Uzun kış mevsimlerinden sonra toprağın ısınmasının, yeşermesinin tam gününün saptanması ve hep o günlerde bayram yapılması doğaldır.

Her din kendinden önceki kutsal günleri unutturmaya çalışır. Bunu başaramaz ise kendi kapsamına alır. Hıristiyanlığın kabulünden sonra da, bahar bayramı unutturulmaya çalışılmış. Ne var ki halk öteki putperest bayramlarını unutmuş, ama içgüdüsel bir korkuyla, kışın bitişini bildiren bu bayramı bırakamamış. Sonunda bu bayram nihayet Hıristiyanlık tarafından da resmi bayram olarak tanınmış.

Hızır kültü Hıristiyanlıktan da Müslümanlıktan ve hatta tüm tek tanrıcı dinlerden de çok eskidir ve onlar tarafından benimsenecek kadar etkili ve köklüdür. Bilindiği gibi "dört büyük Semavi din" ve öteki Ortadoğu kaynaklı dinlerin tümü ağırlıklı olarak eski Sümer ve Eti inançlarına dayanmaktadır.

Hızır kültü, bu müşterek ve süreğen yanın en özlü, en çıkarsız, en samimi ve en doğal temsilcisidir.

Hızır, bugün oldukça geniş bir coğrafyada dara düşenlerin, ezilenlerin, karda tipiye tutulanların, denizde boğulmak üzere olanların, işkence görenlerin, hastaların, fakirlerin, "yetiş imdadıma ya Hızır" diyerek çağırdıkları ortak bir isimdir. Ölümsüz olduğuna inanılır.

Anadolu'nun birçok bölgesinde "Hıdırlık" denilen mesire yerleri mevcuttur. (Hıdır sözü, Hızır sözcüğünün aynıdır. Ayrılır eski harflerle d/z yazılımının aynı oluşunda) Bu bölgelerde mezarlık, yatır vb. gibi çevre halkınca kutsal sayılan adak adanan yerler de görülmektedir.

Kaynaklara göre Adıyaman'da Karadağ eteklerindeki Nakıplar Havuzu, Afyonkarahisar'da Hıdırlık, Beşparmak-altı, Taşpınar, Çorum'da Hıdırlık, Amasya'da Pirler Parkı, Priştine çevresinde Karabaş Baba türbesi, Kuruşaya, Prizren bağlarındaki Toçilla çeşmesi, Dobruca'da Murfatlar, Azaplar Ovası, Tatlıcak Köprüsü, Acemler Bayırı Hıdrellez törenlerinin yapıldığı yerlerdir.

Hıdrellez gecesi, Hızır'ın yeryüzünde gezindiği ve dokunduğu yerlere bereket saçacağına inanıldığından, kuru baklagiller bir torba içinde bahçede ağaçlara asılır. Hıdır Baba'nın kamçısıyla bunlara dokunması ve bereket getirmesi dileği tutulur. Evlerin kapı ve pencereleri, cüzdan ve para keseleri ağızları kapatılmaz yiyecek içecek kaplarının, zahire ambarlarının kapakları açık bırakılırmış...

Buna benzer biçimde ev, araba, çocuk ziynet eşyası resimleri de yapılarak bahçeye muhtelif yerlere asılır. (Benzer bir uygulama Rum kiliselerinde vardır.) Evde kalma tehlikesiyle karşı karşıya genç kızların başları üzerinde Hıdrellez günü kullanılmamış kilit açılır, açların doyurulması, dargınların barıştırılması, üzüntülü olanların sevindirilmesine çalışılır. Hıdrellez sabahı erken kalkmak, temiz ve varsa yeni giyinmek, kadınların el ve ayaklarına kına yakması, toplu olarak ailece yemek yenilmesi, kabir ziyareti yapılması nişanlı çiftler arasında karşılıklı hediyeler gönderilmesi gerekli ve uğurlu sayılır.

Hıdrellez'de, yapılması uygun olmayan davranışlar halk bilimcilere göre şöyle özetlenebilir: Evler ilaçlanmaz, kısmeti süpürülür inancıyla bazı bölgelerde evler süpürülmez, çamaşır yıkanmaz, un elenmez, ekmek yapılmaz. Yeşil ot, dal koparılmaz, çiçek toplanmaz. Bağ ve bahçelerde, tarlada çalışılmaz. Akşama kadar un kabına, hamur tahtasına el sürülmez. Eve kuru çalı-çırpı götürülmez. Ayrıca içki içilmez, kumar oynanmaz.

Dersim'de Hızır Ayı, 13 Ocak'ta başlar 12 Şubat'ta sona erer. Bir ay boyunca bölgede Cemler tutulur, 3 günlük oruçlar niyaz edilir, kurbanlar kesilir, lokmalar dağıtılır ve özel şenlikler yapılır. Kışın en şiddetli geçtiği dönemde yer alan Roze Xızıri (Hızır Urucu) etkinliklerini Dersim'de yaşayanlar büyük bir özlemle anımsatırlar. Çünkü kültürel ve inançsal boyutları iç içe bulunan bir etkinliktir ve Dersimlide böyle çok yönlü hazlar uyandırmaktadır. O yüzden her yaşta ve cinsten insanların özlemle beklediği bir aydır. Çocuklar "xeylas" toplarlar, genç kızlar ve erkekler bahtını sınarlar, yoksullar ve zorda olanlar selamete erişmeyi dilerler.

Yaşlılar, Cem, kurban ve niyazla topluca ibadet eder, daha çok ilahi tatmin ve huzur bulurlar. Dersim'de oruç, niyaz, kurban törenleri ve ritüeller, Hızır'ın gezişine atfedildiği anlaşılan bir plan dâhilinde her haftanın Çarşamba günü bir yörede finale ulaşmaktadır.

Dersim'deki Hızır algılama ve inancı Hintliler'in aksakallı, yeşil urbalı Hâce Hızır kutsal dervişi ile nerdeyse tamamen aynıdır. Dersim'e halk arasında "Hardo Dewres" denir (derviş toprağı). Dersimliler ise Hızır'ın kendi dillerinden konuştuğunu ve bu dile aynı zamanda "Zone ma zone Hızıriyo, (Bizim dilimiz Hızırın Dilidir)" dendiğini belirtirler.

O yüzden ilginçtir, diğer Alevi cemlerinden farklı olarak Dersim'de Hızır yakarış, dua ve Cemleri genellikle Kırmançki ile yapılır.

Tasavvufta Hızır:

Tasavvufçulara göre Hz. Musa zahir ilmini, Hz. Hızır da Batın ilmini (Hakikat) temsil eder. Dört kapının son halkası hakikattir. Hz. Hızır Tanrı tarafından sunulup, kalbe yerleştirilen Ledün İlmini Hz. Musa'ya vermekle ona mürşitlik etmiştir. Ledün İlmi: Tanrısal gizleri ve gerçekleri kavramaya çalıştığı bilgidir. Hızır'ın temel özelliği, Abı Hayat'ı (Bengi su) içerek ölmezlik mertebesine ulaşmasında yatar.

İnsanoğlunun ölüm karşısındaki çaresizliğinin ve arayışının bir sembolü olan Hızır, orta doğu mitolojisinin temel unsurlarından biridir. İnanç alanında oluşturduğu bu olgu halk arasında çok canlı ve güçlü tutulmaktadır. Kendisine tanrı tarafından batın bilgisi (Ledün ilmi, Hakikat ilmi, gerçek ilim) verilerek Hz. Musa'yı eğitmekle görevlendirilmiş, tasavvuf ehli tarafından "gerçek bilgiye" sahip olmuş yetkin insanın (insan-ı kâmilin) simgesi sayılmıştır. Halk arasında ise dar zamanlarda imdada yetiştiğine inanılan bir peygamber, eren olarak kabul edilmiştir.

Hz. Musa, peygamber olmasına rağmen, tanrı dostu olan bir kul olan Hızır'ın bildiklerini bilmiyordu. Burada ilmi sınırsız olduğu, bilinmeyen çok şeyin varlığı ispatlanıyor.

Bütün bu anlatımlar, şunu kesin olarak ortaya koymaktadır: Hızır, mevcut Dört Kitap dinlerinden çok eskidir ve Sümerler'in eski derya ve yer tanrıları ikilemiyle, hatta Sümerler'den önceki aynı inanç öğeleriyle ilişkilidir.

Hızır, bütün inanç çağlarını, insanlığın inanç evrelerini kendi özetinde sunan bir simgedir. Tufan'da o var, Gılgameş'in esrarengiz sularında, dağlarında ve ormanlarında o var. Ahura Mazda'da "Kutsal Beyaz Ruh"tur o.

Supaniler'in "gökleri izleyen" tanrısı "Haldi"dir, "gökteki kutsal ruhu" Homa'dır. "Şimşeklere binen hız tanrısı" Teişeba'dır. Hurriler'in "fırtına tanrısı" Teşup'tur. Âdemin oğlu Al Hazir veya Kabil ve El Yasa'dan olma Âdemin torunudur, Musa peygamberin imrendiği "Bilge Kul"dur, İran'da Ab-ı Hayat içen Behrûz'dur, Hıristiyanların ton ton Nikolaus'udur, Muhammet ile Ali'ye dua öğreten tanrısal ruhtur... Ve en nihayet O "Bozatlı Hızır" ve "Şah-ı Merdan Ali"dir. İyilik, doğruluk, dürüstlük ve bilgelik gibi yüksek ahlak ve erdem simgesidir.

Yani O her dönemde bu doğrultuda yaşadı ve yaşamaya devam ediyor. Çünkü O "Ab-ı Hayat" içerek ölümsüzleşen tek kutsal ruhtur. Aynı zamanda bütün bu dönemler boyunca onu herkes gördü, ama hiç kimse de gördüğünden kesin olarak emin değildi! Çünkü o sırdır, ama "her yerde hazır ve nazırdır". Aramıza "tanrı misafiri", yol arkadaşı, yoldaşı, olarak karışır.

XVI. yüz yıl halk şairlerinden Bahsi'nin bir destanında yer alan, bir dörtlüğünde şöyle der:

Zulmet deryasını nur edip gelen,

Hızır- İlyas Şah-ı Merdan Ali'dir,

Garibin mazlumun halini bilen,

Hızır-İlyas Şah-ı Merdan Ali'dir.

Şah Hatai de Şöyle der;

Azattır fenadan geçen,

Ab-ı Hayattan su içen,

Zulmetin(iyiliğin) kapısını açan,

Hızır sıfat Veli gerek.

Hatai sözünün manisin verdi,

Yar ile ettiği ahdinde durdu,

Cebrail Musa Hızır'a var dedi,

Mürşid-i Kâmile varmadan olmaz.

Muhyi'd -Din Abdal'da şöyle der;

Hızır'ın suyu benem,

Ab-ı Hayat bendedir,

Kevser'den içer geçsin,

Kadr-ü Berat bendedir.

Uşten ile cân benem,

Delil-ü burhan benem,

Bu cümle Kur'an benem,

Sevm-ü salat bendedir.

Bektaşilikte on iki posttan mihmandar postunun Hızır'ı temsil ettiği anlatılır. Misafir için Aleviler Ali derler. Bunu da "mihman Ali'dir" sözüyle dile getirirler. Arap Alevilerinde de misafir çok değerlidir ve misafire Ali gözüyle bakılır. Buradan da anlaşıldığı gibi Alevi-Bektaşi inancında Ali ile Hızır özdeşleşmiştir.

Alevi inancında Mürşitlerin tıpkı Hızır gibi, müritlerin her müşkülünü halledecek ve onları yanlış yollara gitmekten alıkoyacak vasıfta olması gerekir.

Hıdrellez yüzyıllardır bir bahar bayramıdır ama çağımızda **"insanlığın ebedi baharı için savaşanların günü"**dür. Gelecek günlerin bugünden güzel olacağına inanan herkes için... Bozatlı Hızır hepimizin yoldaşı olsun.

KIRKLAR MECLİSİ – KIRKLAR CEMİ

Kızılbaş-Alevi-Bektaşi söylencesi olarak yer alan inanışa göre, Muhammed Miraç'a çıkarken önüne bir aslan çıkar. Aslandan korkar ve "Ali yanımda olaydı" diye iç geçirir, Ali'yi anımsar. Ama yanında Ali yoktur ve yalnızdır. Bu sırada duyduğu bir ses, "Hatem yüzüğünü aslana ver!" der. Muhammed hatemi aslanın ağzına bırakır ve aslan sakinleşerek yolu açar. Kırklar söylencesindeki Aslan Ali'dir, Hatem yüzüğü ise Muhammed'in peygamberlik mührüdür.

Muhammed Allah ile görüşmesinden dönerken, bu kez "Kırklar Meclisinin toplantısının yapıldığı" kapıya gelir, kapıya vurur. İçerden bir ses, "Kimsin, ne istersin?" der. Muhammed, "Peygamberim," der, içeriden topluca bir ses gelir, "Bizim aramıza peygamberler sığmaz, peygamberliğini var git ümmetine eyle" denir ve kapı açılmaz.

Bu kesin yanıt açıkça göstermektedir ki Kırklar, Muhammet'in ümmetinin inancının dışında, üstünde bir inançtır ve farklı bir Yol süren topluluktur.

Üstelik bu inanç, peygamber gereksinmeyen bir inançtır. Nitekim Muhammet, bu kararlı yanıta üzülür, Bir anlatımda Allah'a geri döner, bir anlatımda da Cebrail ona ses verir "Ol kapıya var," diye ısrar eder. İçeridekiler Muhammet'in ümmetinden değildir, ama Allah ısrarla o kapıdan geçmesini istemektedir.

Muhammed'in kendini yine Peygamber olarak tanıtması karşısında, içeridekiler, "Bize peygamber gerekmez, sen git ümmetine peygamberliğini eyle" diye kapıyı yine açmazlar. Muhammed yine teessürle Tanrı'ya döner ve yol diler.

Tanrı bu kez o kapıdan girişin anahtar sözcüklerini öğrenir. Üçüncü kez aynı kapıya vardığında, içeridekilerden aynı soruyu duyar ve soruyu, "hadim-ül fukarayım", diye cevaplar; yani fukaraların hizmetçisiyim. Bunun üzerine "Kırklar" kapıyı açıp, ona "Hoş geldin can," derler.

Dikkat edilirse burada Muhammed, Kırkların "Yol cümleden uludur" ilkesini aşmasının mümkün olmadığını görmüş ve Kırkların Yol kurallarına boyun eğmiş bir durumdadır. Pir Sultan, "Kırklar meydanında erkân isteyen, Arıtsın kalbini girsin otursun," nefesinde Yol'un yüceliği anlatımında ifadesini bulur. Oysa İslami gelenekte Muhammed, tüm meleklerin ve tüm peygamberlerin üstünde, Allah'ın en sevgili ve ayrıcalıklı varlığıdır.

Görüldüğü gibi karşımızda yapısal bir farklılık durmaktadır. İslam'ın peygamberi, Kırklar'ın arasına peygamber kimliğiyle giremez. Peygamberliği kendi ümmeti için geçerlidir, Kırklar'ın şahsında belirginleşen Aleviler nezdinde geçersizdir. O'nun Kırklar, dolayısıyla Aleviler nezdinde peygamber olarak bir değeri yoktur. O'nun değer kazanması, diğerleriyle eşitlenmesi, benini ezmesi, peygamberliğini kapıda bırakması, fakirlerin hizmetçisi haline gelmesi ile gerçekleşir.

Alevi felsefesinde Vahdet-i Mevcut anlatılırken ifade edilen "Hak-Muhammet-Ali" kavramı, özünde eski söylenişiyle "Hakk Âlem, Âdem- veya Hakk-evren-insan "olarak anlaşılmalıdır. Bu felsefeye göre makamı, sınıfı, rütbesi ne olursa olsun her can Kırklar Meclisinde eşittir. Üstün olan, egemen olan, teba olan, biat eden yoktur. İkrar vardır ve ikrar Yol'a verilir. Bu nedenle **"Gönül kalsın Yol kalmasın"** ilkesi işletilir. Yol hukuku işletildiğinde yukarıdan aşağıya En üstte Hakk, sonra Peygamber

Muhammet, en altta ise Ali şeklinde bir dizilişin dahi anlam taşımadığını bu dizilişin bir ve birlikte olduğu Hakk-Muhammed-Ali'nin Vahdet-i Mevcut'u anlattığı simgesel olarak bir kez daha net olarak gösterilmektedir.

Bu gerçeklik, son otuz-kırk yılda devlet-diyanet destekli 'Alevi İslam' söylemi geliştiren ve ezel-ebet, rahim-rahman Ali'yi, Serçeşme'nin deyişiyle, "Aliyi bilmeyen kendini Ali bilir," misali İslam peygamberinin altına yerleştirip tarihsel Halife Ali'ye indirgeyenlerin Alevi değil, Alevi teolojisinden uzaklaşmış, bir şekliyle Şiiliğin bir mezhebi haline geldiklerini göstermektedir. Durum bu kadar açıkken, Kırkların tanımadığı "şeriat ve peygamberlik" kapısını Aleviliğe dayatanlar ve zahiri Muhammet'i Ali'nin üstüne oturtanlar, gerçekte Kırkların hem felsefesini, hem yapısını, hukukunu yapısal olarak değiştirmişler, tahrif etmişler, devlet-diyanet, korku ve takiyye mantığıyla Yol'un her kuralını zahiri ve şer'i bir zemine oturmaya çalışmaktadırlar.

Kırklar Cemi söylencesinin devamında Muhammed, kendisine gösterilen yere oturur. Ortam Cem ortamıdır ve yirmi iki erkek, on yedi kadın yarım daire halinde cemal cemale Cem yapmaktadırlar. Salman-ı Farisî ise onlara yiyecek bulmaya gitmiştir. "Kimsiniz," sorusu, "biz Kırklarız"; "küçüğünüz ve ulunuz kimdir" sorusu ise, "Küçüğümüz de büyüğümüz de uludur," yani biz eşitiz diye yanıtlanır.

Kırkların olmazsa olmazı kadın erkek birlikte ve yüz yüze yapılan Cem Kırklar'ın ibadetidir. Burada hiyerarşi yoktur ve eşitlik esastır. Bu eşitlik ve çoğul konuşma, aynı zamanda birlikte karar verme anlamında ciddi bir demokrasi kurumlaşmasıdır. Dünya'daki inançlar içinde oy birliği ile dar, yargılama, ikrar ve diğer taleplerin erkân olduğu tek inanç Kırklar Ceminden kaynağını alan Alevilik Yolu'dur.

Buna karşılık semavi inançlar eşitsizliğin, temel öğe olduğu, tanrı- kul, kadın-erkek, mümin- kâfir, köle-efendi, fakir-zengin olarak bütün kategorilerde tartışılamaz norm olduğu anımsanırsa, Kırkların Yol'u ve inancı ile Semavi inançlar arasındaki fark, her aşamada daha da netleşir. Kırkların ırk, cins, renk eşitliği anlayışı, her alanda öykünün devamında daha da belirginleştirilmiş ve bilince çıkarılmıştır.

"Muhammet biriniz eksik, 39 kişisiniz bir kişi nerede?" diye sorar, "Selman birazdan aramıza katılacak ama bizimledir, aramızdadır," derler. Muhammed tam anlayamaz, şaşkınlığı devam eden Peygambere, "Biz kırk kişiyiz, kırkımız da biriz," denir. Ancak bu Muhammed'e inandırıcı gelmez; (Buraya dikkat edelim) bunun üzerine Ali, elini keser ve orada hazır bulunanların hepsinin elinden kan akması yanı sıra Selman'ın da kanı tavandaki pencereden gelerek odaya damlar. Ali'nin eli sarılınca hepsinin kanı durur ve Selman da biraz sonra eli sarılı olarak ve elinde üzüm ile gelir.

Kırkların eşitliği Vahdeti Vücut ve Vahdeti Mevcut anlayışını, yani "çoklukta tekliği, teklikte çokluğu" ifade eder. Oysa Semavi dinlerde "kader" vardır. Tanrı kaderinizi yazmıştır ve bunu mutlaka yaşarsınız.

Kırklar mitolojisine göre Selman gelmiş, ancak yiyecek olarak sadece bir üzüm tanesi getirmiştir. Tek üzüm tanesi Yol kuralı gereği herkese eşit bir biçimde paylaştırılmak üzere Muhammed'in önüne konur. Muhammed şaşkınlığı devam eder, çünkü bir üzümü kırka bölmenin bilincinden yoksundur. Yol'un ve erkânın bu kuralını bilmemektedir. Kırklar ona paylaştırmanın yolunu öğretirler. Muhammed üzümü ezer. Şeriatçı otorite korkusuyla üzümden üretilenin "şerbet" olduğu söylense de gerçekte şaraba dönüşür. Nitekim Kırklar onu içtikçe mest olur ve semah dönmeye başlarlar.

Kul Nesimi;

"Sorma be birader mezhebimizi,

Biz mezhep bilmeyiz yolumuz vardır.

Çağırma meclis-i riyaya bizi,

Biz şerbet içmeyiz dolumuz vardır." diyerek duruma açıklık getirir.

Pir Sultan ise bu durumu,

"Kırklar Meclisi'ne gelen doluyu / Dolduran Muhammed içen Ali'dir" diyerek Ali'den yana özel bir üstünlük vurgusuyla belirtir. Öykünün İslamcı mantalite açısından kabul edilmezliği her aşamada daha da derinleşir. Nitekim Muhammed de kendinden geçer ve Semaha katılır. Bu dönüş sırasında başındaki imame de düşer ve Kırklar onu da kırka bölerek bellerine dolarlar.

Tek bir üzüm tanesini bile ortaklaştıran bir eşitlik kültürü yanı sıra, ibadette içki içmek ve semah dönmek şeklindeki Alevi ibadeti İslam ibadetinin yerine ikame edilmiştir. Öyle ki Muhammed'in bile bunun dışında kalamadığı bir yana, yere düşen imamesini de paylaştırılır.

Öykünün sonunda Muhammet, yaşadığı şaşkınlıklar içinde bir de mührünün Ali'de olduğunu görünce, aslanın da o olduğunu anlar ve peygamberlerden de üstün bir eren olduğunu kabullenir. Bu kapsamda ve bu nedenle, şeriat Muhammed'e, tarikat, marifet ve hakikat ise Ali'ye bırakılır.

Öykünün bütünündeki en önemli ders ise hakikat katında karar organı sadece Kırklar'dır, Muhammet bu Cem'e katılmasına rağmen Kırklar kırk kişi olarak kalır, 'Kırkbirler' olmaz. Muhammet tekrar ümmetine ve şeriatına geri döner. Kırklar ise tarikat-marifet ve hakikat mertebesinde kalırlar.

Aleviler Kırklar Meclisi söylencesiyle esasen toplumsal kültürel yapılarının temel taşlarını, yol ilkelerini, erkânlarının esaslarını net bir şekilde belirlemiş, semavi din ve inançlarla aralarındaki köklü ve uzlaşmaz farklılıkları netleştirmişlerdir. Bu öykü hem Aleviliğin ne olduğunu-ne olmadığını net olarak ayırması, belirginleştirmesi yanında kendilerine dayatılan İslami kuralları reddetmenin bir yolu, yöntemi olarak İslami örtüyü kabul etmiş gibi görünmüşler, yani takiyye yapmışlar ve bu şekilde kendi inançlarını Yol'larını sürdürebilmenin meşru zeminini yaratmışlardır.

Egemen zihniyetlerin dayatmalarıyla "biz de Müslümanız" deseler de içerik olarak bambaşka bir kalıba dökülmüş, "Sır" ile özgün yapı korunmuş, İkrar vererek Tarikat, Marifet ve Hakikat kapılarıyla her kapının kendine özgü anlatım, eğitim ve öğretimleri ile "Sırları" kişiye alabileceği kadar, kabınca verilmiştir. Bu nedenle zahiren "İslam", Bâtınen Alevilik yaşanmış ve yaşatılmıştır. İçeriğiyle İslamiyet olmayan bir "İslamiyet" ile karşı karşıya olduğumuz açıktır.

Özetle Kırklar Cemi'nin gösterdiği Alevilik, İslamiyet'ten ayrı özgün bir sentez olup, bu gerçeklikte ezel ve ebet olan Ali, Kırklar Meclisi'nin başı olarak bir tanrısallık ifade etmektedir. Durum bu kadar açıkken, Ali'yi tarihsel, halife Ali'ye indirgeyip, Sünni İslami geleneğe karşı Muhammet'e yakınlığı ile meşrulaştırmaya çalışmak da, Aleviliğin değil Şiî geleneğin yaklaşımıdır.

Bu bağlamda Şiî kaynaklardan aktarılan hadislerle Alevilik ve Ali anlatıları Kırklar Cemi'nde anlatılan Ali'nin ve Aleviliğin açık bir inkârıdır.

Oysa yukarıda da gördüğümüz gibi Kırklar Cemi'nin Ali'si, Muhammet'in hadisleriyle meşruluk aramayacak denli üstte bir kavramdır. Yine Alevi inanç önderlerinin deyişlerinde sıklıkla yinelendiği gibi Alevilikte Ali algısı, 'evvel', 'ahir', 'tayyip', 'tahir', 'batın', 'zahir', 'Mevla', rahim ve 'rahman' olan, 'on sekiz bin bin âlemi yaratan', Muhammet'in okuduklarını 'yazan', bir diğer ismi 'Allah' olan, ismi 'dört kitapta okunan', 'rızkları veren', 'mülkün sahibi' olan bir bağlamda şekillenmektedir.

Dolayısıyla Alevi ahlakıyla anlatmaya kalktığımızda da, onun bu ezel ve ebet olan gerçekliğinin açıklıkla ortaya konması gerekmektedir.

Kuşkusuz soruna sosyolojik açıdan yaklaştığımızda, günümüzde Alevilik İslam kültür dünyasının dışında değildir. Ancak başta Kur'an ve Hadis külliyatı olmak üzere, onun kayıt altında olan kural ve teolojisinin dışında bir anlayışın ifadesidir.

Alevilik farklı bir gelenek ve tarihten gelmiş olup, esas olarak da Mekke-Şam-Bağdat üçgeninde değil Horasan-Mezopotamya-Anadolu hattı üzerinde biçimlenmiştir. İslamcı otoritelerin baskıları karşısında zaman içinde İslam dairesine girmek zorunda bırakılmış ve zamanla bu durum içselleştirilmiştir.

Ancak Sünnileşerek veya Şiîleşerek, yani teolojik yapısı itibariyle değişime uğrayıp tümüyle asimle olan kökü Alevi olanlar hariç, Aleviliğin içselleştirdiği şey, İslam'ın özü ve kuralları değil, sadece yüzeysel (zahiri) ifadeleri olmuştur. Nitekim Allah, Muhammed, Ali, 12 İmam, Ehl-i Beyt, Kur'an hep bu içerik farklılaştırılmasıyla, yani kabuk kavramlar olarak Aleviliğin içine alınmış ve kullanılmıştır.

Yani M.S. 700 yılından itibaren süregelen baskı ve asimilasyon sonucunda giderek geleneksel inançlarını yaşayamaz hale gelen halklar "elhamdülillah Müslüman olduk" demek durumunda kalmışlardır. Ancak onların, İslam'ın tüm bu temel kavramlarına yükledikleri anlamlar, gerek Sünni gerekse de Alici-on iki imamcı Şiîlikten hep özsel farklılığa sahip olmuştur. Yani Aleviliğin İslam'ın bu Ortodoks kollarından farkı, sadece İslam'ın farzlarını ve şeriatını reddetmekle sınırlı olmayıp, aynı zamanda onun Allah, öbür dünya, kıyamet, insan, vb. temel kavramlarının ayrı, neredeyse zıt bir muhtevada tanımlanmasını içermektedir.

Unutulmamalıdır ki laikliği benimsemiş bir Sünni yurttaş da şeriatı reddetmekte, dahası Sünni yurttaşların çoğunluğu da genellikle namaz kılmamakta, hacca gitmemekte, Ramazan orucunda fireler vermektedir. Yani sorun inanç gereklerinin yerine getirilmesiyle ilgili böylesi bir sorun olsaydı, Alevi'nin Sünni'den veya laikleşmiş bir Şiî'den farkı kalmazdı. Nitekim dünyevileşmiş bir Şiî ile dünyevileşmiş bir Sünni arasındaki fark, Ali'nin hakkına ve sevgisine ilişkin önemsiz bir ayrıntılardan ibarettir.

Oysa dünyevileşmiş on iki imamcı bir Şiî'den bile yapısal bir farklılığı sahip olan Alevinin, dine, Allah'a, 'öbür dünya'ya, bu dünyanın düzenine, kadına, vb. bakışında temelli farklar vardır. Yani aradaki fark basit bir kurallar farkı olmayıp, onun bizzat dinsel felsefesi, yani teolojisine ilişkin temelli bir fark söz konusudur. İktidarların onu sevmemesi, iktidar olan Alevilerin bile zamanla Alevilikten vazgeçmesi, Safeviler gibi Şiîleşmesi veya Osmanlılar gibi Sünnileşmesi de onun bu temelli farkından kaynaklanıyor. Ve tabii Aleviliğin temel kavramı olan Ali de, önceden gösterdiğim gibi Sünni ve Şiî bakıştakinden farklı olup, nasıl yaşadığı ve neler yaptığı tarihsel kayıtlarla bilinen Muhammed'in damadı, amcası Ebu Talip oğlu ve sözcüğün gerçek anlamında bir imam olan Ali'den de farklılaştırılmıştır.

Öyle ki bu Ali, hümanist ve adaletçi yanları belirginleştirilip cihatçı ve şeriatçı yanları törpülenerek eline, beline, diline hâkim hale getirilmiştir. O artık yetmiş iki millete kılıç çalan, öldüren değil, sadece savunma pozisyonlarında iyi bir savaşçı olan, onun dışında çelik kılıcı alınıp eline tahta kılıç verilmiş bir Ali'dir. Bu da yetmemiş tabii, çünkü Anadolu Aleviliğinin elinde Ali, Muhammed'in tilmizi (öğrencisi) Ali olmaktan çıkarılmış, Kırkların başı ve tanrısal, Tanrı'nın sureti, görünümü kılınmıştır. Özetle Ali, Alevi teolojisine göre bütünüyle yeniden yaratılmış bir Ali olup, esasen geleneksel inançlarındaki tanrısallığın yeni bir adı olmuştur.

Özetle İslam görüntüsü ve İslam'la paylaştığı kimi kavramsal öğeler altında özgün bir inanç ile karşı karşıyayız. Durum buyken Aleviliğin İslam içinde heteredoks anlamı da tarihsel toplumsal koşulların gereği sonradan gerçekleşen bir farklılaşma değil, ayrı bir inanç olarak kendini yaşama olanağı elinden alınan bir inancın, mecburen İslamiyet'in içine girip, onun heteredoks bir kolu haline gelmesidir. Ol hikâye bundan ibarettir ve ötesi eskilerin deyimiyle laf-ü güzaftır!

İşin bu gerçeği, dünden çok daha ince yöntemlerle ve esas olarak da (şeriat korkusu ve devletin yasak ve asimilasyonu eşliğinde) Hızır Paşalar kullanılarak tasfiye edilmeye çalışılmaktadır. Dolayısıyla üzerine gelen bu çok ince gericiliği, örneğin bir Yunus Emre'nin felsefî derinliği ve bir Hüseyin'in kararlılığı ile göğüsleyemezse, önümüzdeki süreçte bin yıldır tutunduğu mevzilerden hızla geriletilecektir.

"Dolayısıyla Aleviliğin "İslam'ın özü" olduğunu söyleyenler, bırakalım bilimsel namusu, asgarî bir dürüstlüğe sahip iseler, Hallac-ı Mansur, Bektâş-ı Velî, Yunus Emre, Abdal Musa, Kaygusuz, Nesimi, Pir Sultan, Edip Harabî, Viranî, Kul Himmet ve daha nice benzeri Aleviliğin gerçek inanç önderleriyle hesaplaşmak zorundadırlar."

Bu ozanları kendi önderleri olarak kabullenen bir inancın temsilcilerinin, "en hakiki Müslümanlık" yarışına girmeyeceği açıktır. Giriyorlarsa, bunun bir açıklaması olmalı. Bu açıklama günümüzde artık onları kuşatan çıplak zorun korkusu ve asimilasyon değil, siyasal ve ekonomik dünyalık elde etme olanaklarını kısıtlayan dışlamadan kurtulma gayretidir.

Aleviliği, bu gerçek inanç önderlerinin felsefesinden soyundurarak, gerçek gıdasını başta İmam Cafer olmak üzere Şia kaynaklarından almaya çalışanların misyonu, tarih boyunca Aleviliği ortodoksluk içine çekmeye çalışan egemenlerin misyonu olacaktır. Ancak bugün dünyada esen karşı devrimci, muhafazakâr rüzgârların onlardan yana esiyor olmasına fazla güvenmesinler; çünkü hiçbir gericilik dünyada kadim değildir.

Bu noktada özellikle anımsanmalıdır ki amcaoğlu-damat ve ilk Müslümanlardan olan insan Ali, Muhammed'in şeriat anlayışının yardımcısı durumundadır. Dolayısıyla Anadolu Aleviliğinin yüklemlerinden soyundurulmuş bir şekilde bu Ali'yi tüm gerçekliği ile kendine temel önder yapanların varacağı yer Alevilik değil, Şiîlik olacaktır. Esasen Anadolu Aleviliğinin onunla tanışmasından ve sahiplenmesinden itibaren 15. yy. dan sonra

Şiacı kalıplar, anlayışlar gerçekleşmiş ve bu önemli tarihsel şahsiyeti yeniden farklı bir formda kendi kalıbına dökmüştür.

Bundandır ki Anadolu Aleviliği ile İslami Ortodoksi arasındaki fark ibadet, tanrı, insan, adalet, şeriat, kadın, vb. hemen hemen her alanda oldukça belirgindir. Nitekim Şia ile Sünnilik arasındaki ayrım biçimsel ve iktidar kavgasına dair olmasına karşın, Alevilik ile Şia ve Sünnilik arasındaki ayrım özsel, felsefi bir ayrımdır.

Sünni ve Şiîler, aynı felsefî evreni paylaşırken, Şiî mezhebiyle Ali ve 12 İmamı paylaşan Alevilik ayrı bir felsefî evreni ifade eder. Bu nedenledir ki Şia ile Sünnilik, Ali'ye biçilen önemde ve Ali'ye yapılmış haksızlık üzerinden ayrışırken, Ali'nin Ortodoks, cihatçı, şeriatçı, çok karılı, ibadetini aksatmayan kimliği üzerinde anlaşırken, Alevilerin Ali'si Kırklar Cemi'nin başı, ortaklaşacı, barışçı, tanrısal bir kimliktir. Oysa Şia'da (yanı sıra Sünnilikte) Ali, Tanrıyla kıyaslanamaz bir insan, Muhammed ile kıyaslanamaz bir izleyici ve onun ideolojisinin önemli savaşçılarından biri olmaktan ibarettir.

Sünni ile Şiî açısından ayrışma Muhammed'in ölümünden sonra bir iktidar hakkı yarışı olarak başlarken, Aleviliğin Ali'si, daha Miraç'tan başlayarak tanrısal, Muhammed karşısında üstün ve karar vericidir. Dolayısıyla Ali algılanışı arasındaki niteliksel farkı ortadan kaldırarak, onu tarihsel Ali'ye indirgemek, gerçekte Aleviliğin içini boşaltmak, niteliğini değiştirmektir.

Sorunu bu boyutuyla aydınlatmak açısından Aleviliğin olmazsa olmazı, temel mitolojisi, alâmet-i farikası olan Kırklar Meclisi'ni tekrar tekrar anımsatmak gerekiyor. Öykü Alevi kültürüyle tanışmış herkes tarafından çok iyi bilindiği halde içeriği boşaltılmaya, tıpkı Aleviliğin folklora indirgenmesi gibi, Aleviliğin Müslümanlık ile özdeşleştirilmesi için de kapı arkası edilmeye çalışılıyor. Oysa Aleviliğin, Aleviliğin Ali'sinin, Alevilikle Müslümanlığın, Ali'yle Muhammed ilişkisinin niteliğini göstermek anlamında gerçekten de tayin edici önem taşıyor.

ALEVİLİKTE "ÖLÜM" ANLAYIŞI VE DEVRİYE

Çar anasır babından nikap büründüm (Dört madde – elementten örtü giyindim)

Alevi-Bektaşî inancında "**Devir**" kuramı vardır. Bu kurama göre, Eski deyişle Gayb Âlemine, yani madde âlemine düşen varlık, önce cemat (cansızlar), sonra bitkiler, daha sonra hayvanlar, en sonra da insanlar biçiminde görülür. Bu aşama ve evrelerden geçer. (Evrim!) Toprak – Ateş– Hava – Su ana dörtlüdür. Bu dört öğeden geçen insan, asıl gerçeğinden haberli olmak ve aslına kavuşmak isteğinde bulunur. Ondan sonra derece derece yükselerek, çeşitli aşamalardan geçerek Hakk'a yani Tanrı'ya kavuşur. Bu bir çeşit "iniş ve çıkış"tır.

Devir İnancı (Kavs-ı Uruc ve Kavs-ı Nüzul): Devir; dönmek, dolanmak, çağ ve zaman, etrafında dönmek manalarına gelir. Alevîlik veya inanç açısından bakıldığında ise; madde âlemine düşen varlık yukarıda da belirtildiği gibi önce cansız (cemat) sonra bitki (nebat), sonra hayvan ve en son olarak insan biçiminde görülür. Bir nevi tekâmül-evrim süreci geçirir. Bu süreç **Kavs-ı Nüzul** yani "inme yayı" ile ifade edilir.

Devir bununla sınırlı değil. Dört kapı, kırk makam gibi birçok eğitim süreçlerinden geçen insan (Ham ervah) insan-ı kâmil olur ve ondan sonra artık geldiği kaynağa geri döner. Yani Hak ile Hak olur. Alevî atasözünde anlatıldığı gibi "Hay'dan geldi, Hû'ya döner" ve ölmez, Hakk'a yürür, göçer. Tüm bu süreç bir yay veya daire, çember şeklinde anlatılır ve buna **Kavs-ı Uruç** "**yükselen veya çıkan yay**" denir; çünkü geldiği başlangıca geri döner. Aksi durumunda ise çeşitli formlarda insan-ı kâmil olununcaya dek bu süreç devam eder. Çünkü ruh hâlâ hamdır, yani **ham ervah**tır.

Kavs-ı Nüzul'da çar anasır (yani dört madde ateş hava su ve toprak) yani ana dörtlü etkin iken; Kavs-ı Uruç'ta ise kendi varlığından -dört kapı kırk makam gibi çeşitli itikadî eğitimsel ve bilinçsel süreçlerden geçerek- geçmek önemlidir. Bu varoluş çemberinin son halkası, insan-ı kâmil olmak ve hakka ulaşmak, kaynağa dönmektir. Bir ek yapmak gerekirse, **Devir Kuramı; tenasuh, ışık (südur) ve insan-ı kâmil teori**lerinden bağımsız değildir.

Devir kuramı Aleviliğe hastır ve hiçbir semavi din devir inancını kabul etmez; çünkü bu inanç cennet ve cehennem kabulüne terstir. Hiçbir dinde de yoktur. Zorlama fikirlerle var dense de bizzat Alevi pirleri tarafından en az 600 yıl öncesinden reddedilmiş ve bu nefeslerle dillendirilmiştir.

Dört kitapta yoktur bu ilim inan,
İlm-i devriyedir bu bir sırrı kan,
Bulup bir mürşid-i kâmil ü irfan,
Okuyup bu dersi âyâna geldim.

(Hüsnî-16.yy)

Açıklama: Pir; devir inancının dört kitapta (zebur, tevrat, incil ve kuran) olmadığını; kanla sonuçlanan, gizli ve belki de dillendirilmemesi gereken bir sır ve ilim olduğunu; bir kâmilden, mürşitten bu sırrı aldığını, dersi ondan okuduğunu (Dört kapı kırk makam sürecinde) ve açıkladığını, ayan ettiğini (yani açık, belli) söylüyor.

Vahdet kaynağından dolu içenler,
Kanmıştır badeye şarap istemez,
Hakikat sırrına candan erenler,
Ermiştir mahbuba mihrap istemez.

Bu yolda can yoktur, canan isterler,
Gönül Kâbe'sinde erkân isterler,
Âdem'e secdeyi her an isterler,
Başka bir ibadet, sevap istemez.

Ariftir mushaftan dersler okuyan,
Tevrat'ı İncil'i ezber okuyan,
Cemal-i Mushaf'ı bir bir okuyan,
Almıştır fermanı Kur'an istemez.

Nesimi'yem aşkla zar-u zar olan,
Ezel ikrarında ber karar olan,
Kiramen kâtibe yar-ı gar olan,
Düşmüştür defteri kitap istemez.

Nesimî

Aleviler; Hakka yürüdükten sonra kâmil insan ise eğer (dört kapıdan geçmişse) devri daim ve kaim olsun derler. Eğer hakka yürüyen kişi (dört kapıdan geçmemişse), "devri asan olsun" (yani asan Kürtçe, Farsça kolay demek); yani devri kolay olsun derler. Bu sözler devir inancının gereği olarak kullanılır. **Mekânı cennet olsun, Allah rahmet eylesin gibi terimler, karşılıklar İslam'ın veya Sünniliğin –Şiîliğin söylemleridir; Alevîlik ile hiçbir ilgisi yoktur.**

Devriye: Devir kuramını anlatan şiirlere ise devriye denir ve Alevîler–Alevî pirleri tarafından yazılmışlardır. Yukarıda ana hatları çizilen kurama devir, bu kuramı anlatan şiirlere ise devriye denir. Şath ve şathiye veya meth (övmek) övgü içerikli şiirlere methiye denmesi gibi.

Devriye Örneği:

Katre idim ummanlara karıştım,
Kaç bulandım kaç duruldum kim bilir,
Devre edip âlemleri dolaştım,
Bir sanata kaç sarıldım kim bilir.

Bulut olup ağdığımı bilirim,
Boran ile yağdığımı bilirim,
Alt anadan doğduğumu bilirim,
Kaç ebeden kaç soruldum kim bilir.

Kaç kez gani oldum kaç kere fakir,
Kaç kez altın oldum kaç kere bakir,
Bilmem ki kaç kâtip ismimi okur,
Kaç defterde kaç dürüldüm kim bilir.

Bazı nebat oldum toprakta sürdüm,
Bilmem kaç atanın sulbünde durdum,
Kaç defa cenneti alaya girdim,
Cehenneme kaç sürüldüm kim bilir.

Kaç kez alet oldum elde bakıldım,
Semadan kaç kere indim çekildim,
Balcık olup kerpiç kerpiç döküldüm,
Kaç bozuldum kaç kuruldum kim bilir.

Dünyayı dolaştım hep karabatak,
Görmedim bir karar bilmedim durak,
Üstümü kaç örtü bu kara toprak,
Kaç serildim kaç dirildim kim bilir.

Gufrani'yim tarikatım boş değil,
İyi bil ki kara bağrım taş değil,
Felek ile hiç hatırım hoş değil,
Kaç barıştım kaç darıldım kim bilir.

(Gufrani)

"Kemteri'yem yeryüzünde bittikçe,
Çok kalıp eskittim gelip gittikçe."

        (Kemter Baba)

Kısacası; Alevilikte ölüm, cennet ve cehennem inançlarının olmaması devir inancının gereğidir.

(Nefesin aslı.)

Ma'nî eri bu yolda melûl olası degül,
Ma'nî tuyan gönüller hergiz ölesi degül

Ten fânîdür cân ölmez çün gitdi girü gelmez,
Ölürise ten ölür cânlar ölesi degül,

Gevhersüz gönüllere yüz bin söz eydürisen,
Hak'dan nasîb olmasa nasîb olası degül,

Sakıngıl yârün gönlin sırçadur sımayasın,
Sırça sındukdan girü bütün olası degül,

Çeşmelerden bardagun toldurmadın korısan,
Bin yıl anda turursa kendü tolası degül,

Şol Hızır'ıla İlyâs Âb-ı Hayât içdiler,
Bu bir kaç yıl içinde bunlar ölesi degül,

Yaratdı Hak dünyâyı Nebinin dostlığına,
Dünyâya gelen gider bâkî kalası degül,

Yûnus gözün görürken yaragun eyleyigör,
Gelmedi anda varan girü gelesi degül,

Günümüz Türkçesi ile

Mana eri bu yolda melül olası değil,
Mana duyan gönüller her giz ölesi değil.

Ten fanidir can ölmez, gidenler geri gelmez,
Ölür ise ten ölür, canlar ölesi değil.

Gevhersiz gönüllere yüz bin söz söyler isen,
Hak'tan nasip olmasa nasip alası değil.

Yârin gönlü sırçadır, sakın ha kırmayasın,
Sırça sındıktan sonra bütün olası değil.

Çeşmelerden bardağın doldurmadan kor isen,
Bin yıl orda durursa kendi dolası değil.

Şu Hızır ile İlyas abıhayat içtiler,
Bu birkaç gün içinde bunlar ölesi değil.

Yarattı Hak Dünya'yı Nebi'nin dostluğuna,
Dünya'ya gelen gider, baki kalası değil.

Yunus gözün görürken, sen bugünden hazırlan,
Gelmedi Hakk'a varan, geri gelesi değil.

(Yunus Emre)

Bu 'can' bu 'ten'de konuktur derken ulularımız bunu anlatmak istemişlerdir.

ALEVİ-BEKTAŞİ İNANCINDA HAKK'A YÜRÜME HİZMETLERİ

Alevi-Bektaşi felsefesinde kadın-erkek-çocuk genç-ihtiyar demeden herkes "**can**" olarak adlandırılır. Can sözcüğü eşitliği, özgürlüğü ve adaleti simgeler. Halkın ve Hakk'ın huzurunda herkes eşittir. Alevi-Bektaşi inanç geleneğinde ölüm kabul edilmez. Bunun yerine hemen hemen her yerde "don değiştirdi, Hakk'a yürüdü, Yolcu oldu, Dünya'dan göçtü" gibi deyimlerle ifade edilir. "Hakk'a yürüme" kavramı ile de Hakk'tan geldik, yine Hakk'a döneceğiz sözüyle "varlığın birliğine", biçimden öze, esas kaynağa dönüşü işaret edilir.

Öncelikle şu gerçeği ifade etmek gereklidir. Maalesef Alevi-Bektaşiler yüzyıllar boyunca sürdürdükleri inanç gelenek ve felsefelerine uygun bir cenaze töreni yapamıyorlar. Yüzyıllardır Yol ulularımıza yapılan baskılar, asimilasyon, sürgün ve katliamlar ve dergâhlarımıza yapılan Nakşi atamaları ve uygulanan yasaklar sonucu Yol ve erkân konusunda devletin ve diyanetin İslam anlayışına teslim olmaya dönük çaba ve çalışmalar toplumda maalesef belli bir oranda etki yapmıştır. Bazı kesimlerde, yörelerde Yol içinde esas olan bazı kurallar ihmal edilmiş veya bozulmuş, yolun batıni değerleri örselenmiş, zahiri ve biçimsel yön öne çıkarılmış bu yönde yapılan çalışmalar ile benzeşmeye çalışılmıştır.

Bu gün birçok yerde Cem Evi yapılmış ve birçoğu da yapılmaktadır. Hemen hemen her Cem Evi'nde görevli bir " **dede**" ya da " **hoca**" bulunmaktadır. Ama yapılan araştırmalar göstermektedir ki, özellikle İstanbul başta olmak üzere büyük illerde yapılan cenaze erkânları içerik olarak "Cenaze namazına" dönüşmüş, gülbankler yerine ayetli-sureli okumalar yapılmakta cenaze erkânlarının camiden kaldırılan cenaze törenleri ile hiçbir farkı kalmamıştır. Dede veya hizmeti yürüten ehil kişiler diyanetin cami hocası gibi giyinmekte, diyanet hocalarının cenaze "namazını" taklit etmektedirler.

Hâlbuki ölüme inanmayan Alevi-Bektaşi inancında tam aksine "Ölmeden evvel ölmek" kavramı vardır. Bazı yerlerde bu deyim "yaşarken dirilmek" şeklinde de ifade edilir. Yine, "Kin ve kibirden ayrılmak, nefsi ıslah etmektir." Çünkü Hakk'a yürüyen can, "ruh-u revan" olmuştur. O "hak dünyasında; diğer canlar 'na-hak' dünyasındadır."

Alevi Bektaşilerde ne cennet hayali, ne de cehennem ateşi korkusu vardır. Pirlerimiz, yol ulularımız "Eşim bana huri, evim de cennet," diyerek bu "Ödül ve ceza " anlayışına karşı çıkmışlardır.

Aynı şekilde Alevi uluları, pirleri, seyitleri; "Cehennem Narı" yerine " Hak aşkının narına yanmak ve Ölmeden evvel ölmek" gerektiğini söylemişlerdir.

Alevi- Bektaşi felsefesinde toprağa karışan ve yeni "can"lara hayat veren bedendir. Ruhlar yaşar ve ölümsüzdür. "İyi insanların ruhu bir masum-u pakta yaşar," denilerek, Hakk'a yürüyen canın adı yeni doğan bir çocuğa verilir. Bizlere düşen en önemli ve acil görev ise bir an önce Alevi-Bektaşi-Kızılbaş öze dönük olmak üzere gerek Cemlerde, gerekse Cenaze Erkânları'nda asimilasyonu durduracak çalışmalar yapmaktır.

HAKK'A YÜRÜME ERKÂNI NASIL OLMALIDIR?

Bir can ruhunu Hakk'a teslim ettiğinde o an en yakınında bulunan bir kimse Hakk'a yürüyen Can'ın gözlerini baş ve orta parmağını kullanarak gülbank eşliğinde kapatır.

Bu sırada bir Dede/Ana veya düşkün olmayan bir ehil kişi, tarafından veya hiç kimse yoksa aile fertlerinden biri tarafından şu gülbank okunur.

"Destur-u Pir, Bismişah. Hakk'a göçen ... Can'ın ten gözleri sırra erdi. Hakk'a ulaşan canı Canana kavuşa, Can gözüyle Hakk'a vara. Gerçekler demine devranına Hü!"

Temiz bir bez, mendil ya da tülbent ile çenesini "Destur-u Pir Bismişah! Ya Hakk, Ya Hızır," diyerek bağlar. Elbiseleri çıkarılarak, bir çarşafa sarılıp "Rahat döşeğe, Hak döşeğine". Yine Destur-u Pir, Bismişah diyerek bırakılır. Elleri yanlarına düzgün bir şekilde Destur-u Pir, Bismişah diyerek uzatılır. Her iki ayak başparmakları Destur-u Pir Bismişah diyerek bir bezle birbirine bağlanır. Sırt üstü yatırılan mevtanın üzeri tamamen kapanacak şekilde temiz bir çarşafla ya da bezle " Sır Örtüsü" ile örtülür. Her hareket yapıldığında Destur-u Pir, Bismişah demek gerekir.

HAKK'A YÜRÜME ERKÂNININ DUYURULMASI

Günümüzde çok çeşitli yollarla duyuru yapılabilmektedir. Ulaşılabilen tüm iletişim araçları ile Hakk'a yürüme erkânının yeri, zamanı, vb gibi bilgiler net ve anlaşılır bir şekilde bildirilir.

YIKAMA HİZMETİ

Hakk'a yürüyen canın bedeni, yıkamanın yapılacağı alana büyük bir dikkat, saygı ve özenle taşınır. Bu sırada bir gülbank okunur. Dede/Ana veya ehil hizmetli kişi, öncelikle ailesinden bu hizmet için rızalık ister. Rızalık verildikten sonra " Destur-u Pir, Bismişah, ... can bu Dünya'dan göçtü. Bedeninin Hakk'ın rızası için yıkamaya geldik. Biz ondan razı olduk, Hakk razı olsun. Hak'tan geldik, Hakk'a gidiyoruz. Can kıblesine döndük, Hakk'a yürüyen can senin aşığındır. Sen canansın. O da candır. Şimdi can bedeni terk etti. Bedeni toprağa dönecek don değiştirecek. Canı ruhu ise sana dönecek. Gerçeklerin demi devranına Hü!" diye gülbank verir. Devamında Nefes veya devriyeler okunur.

ÖN TEMİZLİK

Bu gülbankler verilirken Hakk'a göçen canın bedeni baş ve omuzlardan iki kişi tarafından tutularak oturur vaziyete getirilir.

Yukarıdan aşağıya kadar karın boşluğu üç kez güçlü bir şekilde sıvazlanır. Karında var olan gaz ve diğer atıkların yıkama öncesi dışarıya çıkması sağlanır.

Can'ın üzerine iki kat ya da kalın bir "stil bezi" örtülür. Bu bezin kalın ya da iki kat örtülmesinin sebebi vücudun iç kısmını ve avret yerlerini göstermemesi amaçlıdır. Önce avret yerleri yıkanır ve bir pamuk ya da bezle tıkanır. Yıkama esnasında akıntı olmasına karşı tedbir olarak öncelikle bu işlem yapılmalıdır.

Sonra, başından ve vücudunun üst kısmından başlayarak, ayaklara kadar yıkanır, ardından diğer taraftaki kol üzerine çevrilir sırtı ve vücudun geri kalan kısmı için aynı yıkama tekrarlanır.

İkinci yıkama da aynı şekilde yapılır. Vücudunun her bölümünde ayrı eldiven ve sünger kullanarak bol sabunlu ılık suyla iyice yıkanır. 3. Yıkamada ise son sünger ile vücut baştan ayağa kadar tekrar köpüklü su ile yıkanır. Yıkama esnasında Hakk'a göçen canın erkek ise erkek musahibi, kadın ise bayan musahibi yıkamaya yardımcı olur.(Dört takım eldiven ve sünger gereklidir!)

Bu aşamadan sonra musahibi varsa öncelikle musahibinden başlamak üzere en yakın akraba ve arkadaş dost, komşular sırası ile Hakk'a göçen canı ziyaret eder, bir miktar "Rızalık Suyu" dökerler. En son bir kez daha su dökülüp kurulama işlemine geçilir. (Can suyu)

Dede/Ana veya Ehil Kişi:

Destur-u Pir, Bismişah.

Kem bizden, Kerem erenlerden ola.

Eksik bizden, tamamı erenlerden ola.

Hakk erenler eksiğimizi tamama kaydeyleye,

Bedenini Dünya kirinden arındırdığımız ...... canımızı,

Âşıkların, sadıkların, erenlerin, katarından yolundan, didarından ayırmaya.

Dil bizden, nefes Hünkâr Bektaş Veli'den ola.

Gerçek erenlerin demine, devranına Hü! diyerek bir gülbank verir.

KURULAMA HİZMETİ:

Yıkama bittikten sonra Hakk'a göçen canın üst tarafı temiz bir havlu ile alt tarafı ayrı bir havlu ile başı da ayrı bir havlu ile kurulanır. Cenazenin sarılacağı kefen bezinin (Yolculuk Gömleği) altına sargı bezleri (ayaklarına, beline ve boynuna gelecek şekilde üç adet) önceden yerleştirilir. Üzerine sargı bezi açılır. Beden bu sargı bezinin üzerine sırt üstü yatırılır. Beline sarılan ikrar bendidir. Ehil kişi tarafından Destur-u Pir Bismişah denilerek bağlanır.

Erkek kefeni (Yolculuk gömleği, Bâtın gömleği, yakasız gömlek diye de adlandırılır) beş parçadır. Yolculuk gömleği, eteklik ve sargıdan oluşur. Kadın kefen ise beş parçadır. Gömlek, eteklik, sargıya ilaveten başörtüsü ve göğüs örtüsü bezi bulunur.

Sargı bezinin üzerine yatırılmış olan mevtaya Yolculuk gömleği giydirilir, ardından eteklik sarılır. Sonra sargı bezi her iki taraftan vücudu iyice saracak şekilde, baş ve ayaklar görünmeyecek şekilde sarılır. Baş ve ayakuçlarından ve belinden bağlanır. Bu bağlar beden kabire konulduğunda çözülür.

Kefenleme işleminde önemli bir kural ise kefen bezinin Hakk'a göçen canın kendi kazancından sağlanması ilkesidir. Hakk'a yürüyen Can, bedeni dâr duruşuna getirilir. Elleri göğüs hizasında birleştirilir bu şekilde konulduktan sonra isteğe bağlı olmak üzere yüzü açılabilir. Akraba, komşu ve yolculamaya gelenler isteğe bağlı olmak üzere, Hakk'a yürüyen canı son kez görebilirler. Ziyaret esnasında gözyaşı dökülmez, ziyaret sonucu kefenin başı da kapatılır.

Bir can doğduğunda temiz bir beze sarılarak kundaklanırsa Hakk'a göçtüğünde de aynı şekilde tertemiz kundaklanır. Bazı yörelerde Hakk'a göçen kişinin, çocuk, genç, bekâr, nişanlı veya yeni evli gibi özel durumlarına istinaden veya geleneksel olarak elbiseleriyle, bir takım eşyaları ile toprağa sırlanmaktadırlar. Yol bir sürek bin bir ilkesi gereği bu tip durumlar da saygı ile karşılanmalıdır.

Tabuta konma anında ehil kişi:

"Destur-u Pir, Bismişah,

Suyum ısıttılar, tenim yudular,

Bedenim bağlayıp bele sardılar,

Hizmetim bitirip, dara durdular,

Dârımın kıblesi mürşit-i kâmil" diye kısa bir gülbank-nefes okur.

RIZALIK ALINMASI

Hakk'a yürüyen canı uğurlamaya gelenlerden "rızalık" alınır. Bu rızalık töreni hem Hakk'a yürüyen canın evinin önünde, hem de cenaze töreninin yapılacağı yerde alınır. Buna Alevi-Bektaşi inancında "Helallik Meydanı" da denir.

Hakk'a yürüyen can, evinin önünde uygun yükseklikte bir yere konur. Tabutun yanında Can'ın musahibi, eşi ve çocukları, yoksa anne, baba veya kardeşleri darda durur. Dede rızalık ve helallik isterken diğer canlar Cemlerde olduğu gibi yarım ay biçiminde ayaklar mühürlenerek ve eller göğüste çapraz bir vaziyette dar duruşuna geçerler. Çünkü dar duruşu bir teslimiyettir.

Dede/Ana veya ehil kişi Hakk'a yürüyen erkek ya da bayan adı ile anılarak:

"Destur-u Pir, Bismişah...

Divanına geldik ey Hakk, darına durduk , özümüzü öze bağladık, Hakk'a yürüyen... can için yar olup birleştik. Ya Hakk, saklımız gizlimiz yoktur. Vardan var olduk, senden geldik, yine sana döneriz; çünkü sen bilirsin halimizi, varımızı, yoğumuzu. Üçlerin, beşlerin, yedilerin, masum-u pakların, on iki nur-u kadimim ve kırkların aşkına. Hakk erenler haldaşımız, Bozatlı Hızır yoldaşımız ola. Hakk'a yürüyen... canı katarından, didarından ayırmaya," der.

Ardından Dede/Ana veya Ehil Kişi Hakk'a yürüme hizmetimiz, üç erkândır. Birincisi Rızalık, İkincisi birleme yani Tevhid, üçüncüsü de Sırlamadır.

Geldi geçti ömrüm benim,
Şol yel esip geçmiş gibi,
Hele bana şöyle gelir,
Bir göz yumup açmış gibi,

Miskin âdemoğulları,
Ekinlere benzer gidre,
Kimi biter, kimi yiter,
Yere tohum saçmış gibi,

Yunus Emre'm şu dünyada,
İki kişi kalır derler,
Meğer Hızır İlyas ola,
Ab-ı Hayat içmiş gibi.

Mana eri bu yolda, melül olası değil,
Mana duyan gönüller, her giz ölesi değil.

Ten fanidir can ölmez, gidenler geri gelmez,
Ölür ise ten ölür, canlar ölesi değil.

Gevhersiz gönüllere, yüz bin söz söyler isen,
Hak'tan nasip olmasa, nasip alası değil.

Yârin gönlü sırçadır, sakın ha kırmayasın,
Sırça sındıktan sonra, bütün olası değil.

Çeşmelerden bardağın, doldurmadan kor isen,
Bin yıl orda durursa, kendi dolası değil.

Şu Hızır ile İlyas, ab-ı hayat içtiler,
Bu birkaç gün içinde, bunlar ölesi değil.

Yarattı Hak Dünya'yı, Nebi'nin dostluğuna,
Dünya'ya gelen gider, baki kalası değil.

Yunus gözün görürken, sen bugünden hazırlan,
Gelmedi Hakk'a varan, geri gelesi değil

Yol önderlerimizden pirimiz Pir Sultan'ın dediği gibi,
Geldim gider oldum illerinize,
Dostlar sefa ile gönderin beni,
Doyamadım tatlı dillerinize,
Dostlar sefa ile gönderin bizi,

Himmet edin şu dağları aşalım,
Pir aşkına kaynayalım coşalım,
Gelin birer birer rızalaşalım,
Dostlar sefa ile gönderin bizi.

Dede/ Ana / Ehil Kişi:

"Canlar, Hakk'ı, hakikati özünde gören, bu yüzden En-el Hakk diyen; yetmiş iki millete bir nazarla bakıp, eline, diline, beline sahip olmayı kendisine ilke edinen; dini sevgi, Kâbe'si insan, kitabı bilim, mazlumun yanında, zalimin karşısında yer alan ve şimdi Hakk'a yürüyen bu can (bu yol eri ya da bacısı) sizin içinizde yiyip içti, sizlerle yaşadı. Belki de hak yedi, şimdi göçtü. Hakk'a yürüdü.

Hakk'a göçen bu candan gönül birliği ile razı mısınız?

-Razıyız

-Razı mısınız?

-Razıyız

-Razı mısınız?

-Razıyız derler.

Eğer rızalık göstermeyen bir kişi dahi olsa Hakk'a yürüme erkânı yarım kalır, o dava görülmediği, barış ve rızalık alınmadığı sürece erkân yerine gelemez.

Rızalık alındıktan sonra, "Bu can üzerinde maddi, manevi hakkınız olabilir, varsa helal ediyor musunuz?" diye sorar. Canlar ,"Helal olsun" derler.

Bu soru üç kez tekrarlanır. Her defasında Helal olsun cevabı alınır. Ardından Dede/Ana veya Ehil Kişi " Hakkımız varsa helal ediyoruz diyen canlardan Hak erenler razı olsun der.

Sonra Zakirler nefes, devriye veya düvazlar okurlar. Tüm canlar bu esnada Dâr duruşundadırlar.

CİHAN VAR OLMADAN

Cihan var olmadan ketmi âdemde,
Hakk ile birlikte yekdaş idim ben,
Yarattı bu mülkü çünkü o demde,
Yaptım tasvirini Nakkaş idim ben.

Anasırdan bir libasa büründüm,
Nar'ü bad'ü Hakk'ü âpdan göründüm,
Hayrülbeşer ile dünyaya geldim,
Âdem ile bile bir yaş idim ben.

Âdemin sulbünden Şit olup geldim,
Nuh'u Nebi olup tufana girdim,
Bir zaman bu mülke İbrahim oldum,
Yaptım Beytullah'ı taş taşıdım ben.

İsmail göründüm bir zaman ey can,
İshak Yakup Yusuf oldum bir zaman,
Eyyub geldim çok çağırdım el aman,
Kurt yedi vücudum kanyaş idim ben.

Zekeriya ile beni biçtiler,
Yahya ile kanım yere saçtılar,
Davut geldim çok peşime düştüler,
Mühr-ü Süleyman'ı çok taşıdım ben.

Mübarek asayı Musa'ya verdim,
Ruh-ül Kudüs olup Meryem'e erdim,
Cümle Evliyaya ben rehber oldum,
Cibril-i Emin'e sağdaş idim ben.

Sülb-ü pederimden Ahmed-i Muhtar,
Rehnümalarından erdi Zülfikar,
Cihan var olmadan Ehl-i Beyte yar,
Kul iken zat ile sırdaş idim ben.

Tefekkür eyledim ben kendi kendim,
Mucize görmeden imana geldim,
Şahimerdan ile Düldül'e bindim,
Zülfikar bağladım, tığ taşıdım ben.

Sekahüm hamrinden içildi şerbet,
Kuruldu ayni Cem ettik muhabbet,
Meydana açıldı sırrı hakikat,
Aldığım esrarı çok taşıdım ben.

Hidayet irişti bize Allah'tan,
Biat ettik cümle Resülullahtan,
Haber verdi bize seyrifillahtan,
Şah-ı Merdan ile sırdaş idim ben.

Bu cihan mülkünü devredip geldim,
Kırklar meydanında erkâna girdim,
Şahı Velayetten kemerbest oldum,
Selman-ı Pak ile yoldaş idim ben.

Şükür matlabımı getirdim ele,
Gül oldum feryadı verdim bülbüle,
Cem olduk bir yere Ehlibeyt ile
Kırklar meydanında ferraş idim ben.

İkrar verdik cümle düzüldük yola,
Sırrı faş etmedik asla bir kula,
Kerbela'da İmam Hüseyin'le bile,
Pak ettim dameni gül taşıdım ben.

Şu fena mülküne çok geldim, gittim,
Yağmur olup yağdım, ot olup bittim,
Urum diyarını ben irşat ettim,
Horasan'dan gelen Bektaş idim ben.

Gâhi nebi gâhi Veli göründüm,
Gâhi uslu gâhi deli göründüm,
Gâhi Ahmet gâhi Ali göründüm,
Kimse bilmez sırrım kallaş idim ben.

Şimdi Hamdülillah Şiri dediler,
Geldim gittim zatım hiç bilmediler,
Sırrımı kimseler fehm etmediler,
Hep mahlûk kuluna kardaş idim ben.

DEVRİYE

Katre idim Ummanlara karıştım
Kaç bulandım kaç duruldum kim bilir?
Devre edip âlemleri dolaştım
Bir sanata kaç sarıldım kim bilir?

Bulut olup ağdığımı bilirim
Boran ile yağdığımı bilirim
Alt anadan doğduğumu bilirim
Kaç ebeden kaç soruldum kim bilir?

Kaç kez gani oldum kaç kere fakir,
Kaç kez altın oldum kaç kere bakir,
Bilmem ki kaç kâtip ismimi okur,
Kaç defterde kaç dürüldüm kim bilir?

Bazı nebat oldum toprakta sürdüm,
Bilmem kaç atanın sulbünde durdum,
Kaç defa cenneti alaya girdim,
Cehenneme kaç sürüldüm kim bilir?

Kaç kez alet oldum elde bakıldım,
Semadan kaç kere indim çekildim,
Balcık olup kerpiç kerpiç döküldüm,
Kaç bozuldum kaç kuruldum kim bilir?

Dünyayı dolaştım hep karabatak,
Görmedim bir karar bilmedim durak,
Üstümü kaç örtü bu kara toprak,
Kaç serildim kaç dirildim kim bilir?

Gufrani'yim tarikatım bos değil,
İyi bil ki kara bağrım tas değil,
Felek ile hiç hatırım hoş değil,
Kaç barıştım kaç darıldım kim bilir?

TEVHİD "BİRLEME" GÜLBANK

Dede/Ana veya ehil kişi gülbank verir:

Destur-u Pir, Bismişah, Hakk'a yürüyen... canımız ve hazırda bulunan cümle canların Hakk'a göçenleri için gönülleri birleyelim, Destur-u Pir Bismişah. Üçler, beşler yediler... On iki nur-u kadim, on dört masum-u paklar, on yedi kemerbestler, Kırklar, Hünkâr Hace Bektaş-ı Veli aşkına. Evliyalar, enbiyalar, sadıklar, arifler, âşıklar ve Hakk erenler aşkına... Tenini toprağa sırladığımız... canın ve geçmişte Hakk'a göçen canlarımızın devirleri daim/Devirleri âsan ola. Hakk'ın huzurunda Dem-i Ali, Sırr-ı Nebi, Pirimiz üstadımız Hünkâr Hacı Bektaş-ı Veli ve tüm yol erenlerinin aşkına, dil bizden nefes Hünkâr Bektaş Veli'den ola. Gerçeklerin demine devranına Hü!

TOPRAĞA SIRLAMA

Rızalık-Helallik ve Birleme-Tevhid Gülbanginin ve nefes, devriye ve duvaz okunduktan sonra, toprağa sırlama başlar. Hakk' yürüme erkânına gelen canların Cem törenine gelirken yaptıkları gibi tertemiz giyinmiş, yıkanmış, etrafı rahatsız edecek kokular sürmeden gelmiş olmaları gereklidir.

Hakk'a yürüme erkânında kadın erkek yan yana safa durur. Canlar ellerini çapraz bir şekilde göğsünde buluştururlar. Cem töreninde olduğu gibi ayaklar mühürlenip "dar" durumuna geçerler. Alevi-Bektaşi erkânı böyle olması gerekirken bugün diyanetin İslami anlayışın uygulamaları yapılmaktadır ve bu doğru değildir.

Dede/Ana veya Ehil kişi:

Destur-u Pir, Bismişah; canlar, yarenler, erenler, yoldaşlar. Yüzümüz yerde, özümüz darda, elimiz bağlı, yüreğimiz dağlı, Hakk'a yürüyen canımız... devri asan/daim ola, bir bedende can ola. Toprakta sır ola. Yedi kat yerde, yedi kat gökte, arşta, kürşte, on sekiz bin âlemde varlığını her yere, her şeye nakş eyleyen varından var olduğumuz Hakk aşkına, dar günümüzün imdadı Hızır aşkına, âşıklar, sadıklar ve hazır aşkına, toprağa sırladığımız... canımızın ve hazırda bulunan cümle canların Hakk'a göçen canları için gönül birliğiyle yüzümüzü gönül kıblesine döndük, varından var olduğumuz Hakk ile Nokta-i Âmada buluştuk, Hakk'ı hakikati insan-ı kamilde bulduk. Elest-i Bezm ikrarına, künt-ü kenzin ikrarına En-el Hakk olduk.

Üçler, Beşler, Yediler aşkına...

On iki nur-u kadim, Kırklar aşkına. Masum-u paklar aşkına.

On yedi Kemerbest aşkına. Gerçek Erenlerin katarı didarı aşkına,

Ser verip sır vermeyen mürşitler, pirler, rehberler aşkına.

Mazlumların yoldaşı Bozatlı Hızır aşkına, bu can Hakk'a yürüdü. Kâinatın temsilcisi idi. Hakk ile buluştu, aslına kavuştu. Yeni bir dona, bin bir cana karıştı. Bu can ölmeden evvel zaten binlerce kez ölmüş, binlerce kez de dirilmiş idi. Şimdi bu can başka bedenlerde yeniden dirilecek, bu canın bedeni canlı cansız her şeye sinecek. Kâinat durdukça yaşayacak bu can canan içinde.

Niyaz ehlindeniz zannetme zahit,

Meşhur-u cihandır nazımız bizim.

Sözümüz mutlaka canana ait,

Ene-l Hakk çağırır sözümüz bizim.

(Yunus Emre)

Bu dünya durdukça eğer dursan da

On dünya dolusu kitap görsen de

Her harfine bin bir mana versen de.

Mürşit-i kâmile varmadan olmaz.

Âşıklar sadıklar, mazlumlar ve masumlar aşkına, toprağa sırladığımız... canın devrini daim/devrini âsan eyle.

GULBANK:

"Destur-u Pir Bismişah; hizmet eyledik, Hakk aşkına, eksiğimizi tamam eyle, kusurlarımıza bakma. Gönlümüze kin, kibir, gammazlık, garezlik, hasetlik sokma. Alnımızı kara, Kalbimizi kara, yüzümüzü yara etme. Ya Boz atlı Hızır; Hastalarımıza şifa, dertlerimize deva eyle. Görünür, görünmez kazadan, beladan, şerden, münkirden, nursuzdan, pirsizden, yolsuzdan bizleri koru. Bizlerden doğacak zümreyi, insan-ı kâmil eyle, evlat isteyene evlat, nimet isteyene nimet, kısmet isteyene kısmet nasip eyle. Gökten hayırlı rahmet, yerden hayırlı bereket ihsan eyle. Kalıp değiştiren, Hakk'a yürüyen ana-baba, konu komşu, çoluk çocuk, kimsesi olmayan, mezar taşı dahi belli olmayanların gönül defterine kayıt eyle.

Hak ve Hakikat yolunda, Halk uğrunda can verenlerin, çilesini çekenlerin aşkına bir hizmet eyledik. İnsanlığa ışık tutanların, Hallac-ı Mansurların, Seyyit Nesimilerin, Pir Sultanların ve insanlık yolunda, can veren şehitlerin aşkına hizmet eyledik, gönül defterine kayıt eyle. Hakk'a yürüyen, sana doğru uçan, sana doğru yolculadığımız...... canın gönül defterine kayıt eyle." Ve cenaze erkânı biter.

Dede/Ana veya ehil kişi bu erkân sonrasında Hakk'a yürüyen canın evine hane halkı ve yakın akrabalarını toplar. Hakk'a yürüyen canın vasiyeti var mıdır? diye sorar. Borcu var mıdır? diye sorar. Var ise dedenin huzurunda açıklanır. Borcu varsa ödeme şekli kararlaştırılır. Rızalık alınır. Hakk'a yürüme erkânı ardından katılanlara lokma verilir. Cenaze evine birkaç gün komşular tarafından yemek verilir, ev işleri yapılır.

Bozatlı Hızır yoldaşımız olsun.

ALEVİLERİN SORUNLARI VE ÇÖZÜM ÖNERİLERİ

Ülkemizde demokratik Alevi hareketinin onlarca yıllık mücadelesini özetlemesi açısından yazımın başlığını "Alevilerin sorunları ve çözüm önerileri" koydum. Çünkü bana göre sorun "Alevilik" değildir. Bilakis Alevilerin sorunları vardır ve bu sorunlar yeni değildir... Anadolu Alevilerinin yaşadığı sorunları ve çözüm önerilerini de İnsan hakları bağlamında irdelemek ve ortaya koymak gerekir.

Bilindiği gibi özgürlük, kişinin insan olmasından gelen serbestçe davranma gücünü, hak ise özgürlüklerin yasalar ile güvence altına alınmasını anlatır. İnsan hakları da bu hak ve özgürlükleri olması gereken en iyi ve en ideal boyutlarda sağlanmasını anlatır.

Özgürlük, insan hakları ve demokrasi arasında zorunlu bir bağ vardır. Çünkü temelinde insan vardır. Özgürlük bütün hakların ortak paydasıdır. Düşünce ve ifade özgürlüğü başta olmak üzere "inanç ve ibadet özgürlüğü" üzerinde durulması gereken en önemli konulardır.

İnanç özgürlüğü; bireyin inanma ya da inanmama veya farklı inanma konusundaki seçiminde, bireylerden, diğer topluluklardan, siyasal erkten, yasal ya da başka türlü bir baskıya uğramadan, zor görmeden özgürce davranabilmesini anlatır. İnancından dolayı kınanmamayı, aşağılanmamayı, inancını açıklamak zorunda kalmamayı anlatır. İbadet özgürlüğü ise bir inancın kurallarını, felsefesini öğrenme, öğretme, yayma haklarını kapsar.

Bu genel ilkeler ışığında bakıldığında; Anadolu Alevilerinin İnanç ve İfade özgürlüğü yüzyıllara varan bir baskılanma ile karşı karşıya olduğu rahatlıkla görülebilir. Aleviliğin sosyal, yargısal ve inançsal temeli ve olmazsa olmaz ritüeli "Cem" yüzyıllarca verilen şeyh-ül İslam fetvaları ve bu fetvalara dayandırılan padişah fermanları ile yasaklanmıştır. Bu nedenle Aleviler Cem'lerini gizli yapmak ve değişik uzaklıklara gözcü koymak sureti ile Cemlerini yapabilmişlerdir.

Anadolu ve Mezopotamya coğrafyası, tarih boyunca farklı kültürler ve uygarlıklara beşiklik etmiştir. Anadolu coğrafyasının her karışında tarihin çeşitli devrelerinden izler vardır. Anadolu coğrafyasında yaşayanlar isteseler de "ötekileştirme" yapamazlar. Üzerinde yaşadığımız topraklar, farklı kültür unsurlarının bir arada, yan yana barındırılmasıyla övünülen bir kültürün izlerini taşıyor. Ancak çok dilli, çok dinli, çok kültürlü, çok uluslu bir toplumun özneleri iken, içinde farklılıkları barındırmak istemeyen ve ötekileştirme dediğimiz bir psikolojik mekanizmanın nesneleri haline dönüşümüz ise son derece dramatik bir gerçek olarak yüzümüze çarpıyor.

İnsanlar, kendilerini belirli gruplara ait hissederler, bu grupların üyeleriyle aralarında birtakım ortaklıklar bulunduğunu düşünürler ve her zaman, her konuda olmasa bile bu gruplar içinde genelde uzlaşırlar. Bir de bazılarını ötekileştirme vardır; adı açıkça konmasa bile bazıları "öteki" olarak algılanır; ötekinin farklı olduğuna, yanlış düşündüğüne, yanlış davrandığına, bu yüzden de onunla uzlaşılamayacağına inanılır. İnsan iradi bir varlıktır. İnsan nesne değil, öznedir. Ötekileşme, kim ne derse desin ve nasıl düşünürse düşünsün bizim kaderimiz değildir. Ötekileştirme, kendimizden farklı gördüğümüz kişileri dışlama, yabancılaştırma, düşman haline getirmedir.

Tarih boyunca Aleviler için dışlama, ötekileştirme, inkâr, asimilasyon ve kıyım için yüzlerce hatta binlerce örnek verilebilir. Bu Çalışmanın konusu ve ana fikri itibarı ile amaçlanan şeyin Anadolu Alevilerinin düşünce, ifade, inanç ve İbadet özgürlüğünün nasıl sağlanacağı ve yasal güvenceye kavuşturulacağı ve asimilasyon politikalarına nasıl son verileceğidir. Diğer bir deyişle "Özgürlüklerin eşitlik ilkesi ışığında ve adaletle nasıl uygulanacağıdır?"

O halde Anadolu Alevileri 2020 yılında somut olarak ne istiyor sorusunu sormalıyız? Anadolu Alevileri en başta yukarıda belirtilen Düşünce, ifade, inanç ve ibadet özgürlüğünün önündeki engellerin kaldırılmasını istiyor.

Bu taleplerini; kurucu ve asli unsuru olduğu Türkiye Cumhuriyeti Devleti'nden istiyor. Devletin yasama organı Türkiye büyük Millet Meclisi'nden istiyor. Devletin yürütme organı olan Türkiye Cumhuriyeti hükümetinden istiyor. Demokrasinin işlemesinin yegâne unsuru olan siyasi partilerin hepsinden istiyor ve bu ülkede yaşayan tüm halklardan, toplumsal ve kültürel yapılardan istiyor!

- Devletin Başbakanlık makamına bağlı Diyanet İşleri Başkanlığı, Din İşleri Yüksek Kurulu; fetva makamıdır. Osmanlıdan bugüne kadar Kızılbaş, Rafızî, Işık Taifesi, Kalenderî, Haydarî, Bedrettinî ve diğer adlarla anılan Aleviler hakkında verilmiş tüm fetvalar geçersiz addedilmeli ve ortadan kaldırılmalıdır.

- Alevilik hakkında tanım yapma; Alevi tabiri ile "Yol ve Sürek" hakkında görüş belirtme Alevi Yol önderlerine bırakılmalıdır. Devleti yönetenler, siyasi partiler, sivil toplum örgütleri, dernek veya vakıflar Aleviliği tanımlamamalı; bilakis, hakları ile özgürlükleri ile inancı ile ritüeli ile olduğu gibi kabul etmeli ve tanımalıdır.

- Zorunlu Din dersleri "Seçmeli" hale getirilmeli, Seçmeli olan derslerde ise Alevilik ile ilgili müfredat yine Alevilerin "Serçeşme" diye tabir ettikleri postnişin denetimi ve gözetiminde oluşturulacak akademik-eğitimci bir kurul tarafından hazırlanmalı ve Milli Eğitim Bakanlığı'nca müfredata konulmalıdır.

- Yasal değişiklikler yapılarak Cem Evleri Alevilerin inanç ve ibadet Merkezi olarak tanınmalı ve 2002/4100 sayılı Bakanlar Kurulu kararı yeniden düzenlenerek "İbadethaneler" cümlesi içerisine "Cem Evi" eklenmelidir. Cem Evleri elektrik ve su parasından muaf tutulmalıdır. Bu konudaki uygulama AİHM kararına gerek kalmadan uygulanmalıdır.

Milli Eğitim Bakanlığı Talim ve Terbiye Kurulu tarafından tüm ders kitapları incelenerek Aleviler hakkında yazılan iftiralar ayıklanmalıdır.

Bir eğitimci olarak bu konuda örnekler vermek gerekirse "bilgi notu olsun diye" başlıcalarını şöyle sıralayabilirim:

- Meydan Larousse Ansiklopedisi, 'Antropoloji' maddesinde yakınlarıyla cinsel ilişkide bulunmayı Kızılbaşlık terimiyle açıklamaktadır.

- Prof. Cemal Köprülü-Dr. Karl Stewrwald'in birlikte hazırladıkları Almanca Türkçe Wörterbuch'da (sözlük) Kızılbaşlık (Bulutschande): Yakın akrabalarla zina, kızılbaşlık. Kızılbaş: Akraba içi zina, aile içi zina yapan.

- Fono yayınlarından çıkan Ahmet Karaahmetoğlu'nun Fransızca Türkçe-Türkçe Fransızca sözlüğünde İnceste sözcüğüne iki anlam verilmiş. Birincisi "akraba ile zina", ikincisi ise kızılbaşlık.

- Remzi yayınevince basılan İngilizce Türkçe sözlükte İngilizce İncest sözcüğünün karşılığı olarak Aile içi zina, kızılbaşlık olarak verilmiştir.

- Pars Tuğlacı'nın İnkılap ve Aka Kitabevi'ne hazırladığı" Büyük Türkçe İngilizce Sözlük'te "Kızılbaş" sözcüğünün karşılığı: Günahkâr bir Müslüman mezhebinin üyesi. Ahlaki değeri düşük olan, geçmişte Şah İsmail'in ordusunda, düşük ahlaklı bir sınıf.

- Redhouse Yayınevince yayınlanan "Yeni Redhouse Türkçe-İngilizce Sözlük'te Kızılbaş: Cinsel yönden düşük ahlaklı kimse olarak tanımlanır.

- Turhan Kitabevince yayınlanan "Türkçe Büyük Lügat'ta da kızılbaş maddesi aynı içerikli tümcelerle tanımlanır. Verdikleri tanım şudur: Günahkâr bir Müslüman mezhebinin üyesi. Düşük ahlaklı kimse. Hafif meşrep, cinsel yönden zayıf davranan.

- K.M. Vasıf Okçugil'in Kanaat Kitabevi'nde yayınlanmış "İngilizce-Türkçe Büyük Lügat'ında incest sözcüğünün karşılığı: kızılbaş, akraba ile zina olarak karşılanır.

- Aynı yayınevinin Arif Cemil Denker ve Dr. Bülent Davan'a hazırlattığı "Almanca Türkçe Büyük Lügat'ta da İnzest sözcüğü"yakın kan hısımları arasında, yasak olan (memnu) cinsi mukavenet: fücur, kızılbaşlık, zina olarak açıklanır.

- Resuhi Akdimen ile Ekrem Uzbay'ın İnkılap Kitabevi'ne hazırladıkları Pocket English Dictionary adlı sözlükte incest" akraba ile zina, kızılbaşlık demektir.

- Karl Steverwald tarafından yazılan Otto Harrassowitz Verlag yayınevince basılan Almanca Türkçe Sözlük'te "Blutschande-Inzest" sözcüğü "yakın akrabalarla zina, kızılbaşlık" olarak verilir.

Bu ifadeleri genelleyerek bir topluma mal etmek apaçık bir iftiradır.

"Eline, diline, beline sahip ol" ilkesini benimsemiş olan bu yüksek ahlaki kültüre sahip insanları bu tür ifadelerle karalamak hangi dine, hangi ahlaka ve hangi vicdana sığmaktadır? Bu iftiraların önüne ne zaman geçilecektir? Bu sorunun çözümünde yasaya gerek yoktur, sadece irade, ahlak ve vicdan yeterlidir!

T.C. DEVLETİ OLARAK İMZALADIĞIMIZ SÖZLEŞMELERDEN BAZILARI:

1. 10 Aralık 1948'de Paris'te kabul edilen ve 6 Nisan 1949'da 7217 sayılı Resmi Gazete'de yayınlanan İnsan hakları Evrensel Bildirgesi,

2. 4 Kasım 1950'de kabul edilen ve 19 Mart 1954 tarih ve 8662 sayılı Resmi Gazete'de yayınlanarak yürürlüğe giren Avrupa İnsan Haklarını ve Temel Özgürlükleri Koruma Sözleşmesi,

3. 23 Mart 1976'da New York'ta kabul edilen ve 18.06.2003 tarihinde 4868 sayılı yasa ile 25142 sayılı resmi gazetede

yayınlanarak yürürlüğe giren Kişisel ve Siyasal Haklar Uluslararası Sözleşmesi,

4. 1 Ağustos 1975'te imzalanan Helsinki Sonuç Belgesi, 21 Kasım 1990'da kabul edilen Agik (Agit) Paris Şartı Sözleşmesi, 6-12 Mart 1995'te kabul edilen Kopenhag Toplumsal Kalkınma Deklarasyonu ve Eylem Planı,

5. 20 Kasım 1959'da kabul edilen ve 4058 sayılı yasa ile 11.12.1994 tarihinde 22138 no.lu Resmi Gazete'de yayınlanan Çocuk Hakları Sözleşmesi.

6. 1981 yılında New York'ta kabul edilen Din ya da İnanca Dayalı Her Türlü Hoşgörüsüzlük ve Ayırımcılığın Kaldırılması Bildirgesi.

Yukarıda sayılan ve ülkemizin altına imza attığı bir kısım uluslararası sözleşmelerin gereğinin yapılması Anadolu Alevilerinin beklentileridir.

SONUÇ:

Türkiye hukukî ve siyasî sisteminin dayandığı resmî ideoloji, Alevî sorununu üreten bir yapı ve işleyişi de beraberinde getirmiştir. Toplumun "din hizmetleri"ni karşılamak için devlet tarafından kurulan Diyanet İşleri Başkanlığı da sâdece Sünnî İslâm inancıyla ilgili "hizmetler" yürütmüş, diğer inanç gruplarını dışta bırakmıştır.

Hâlbuki devlet; dinler ve inançlar karşısında gerçekten tarafsız olmalıdır; hiçbir inançtan yana veya ona karşı bir tutum almamalıdır! Diyanet İşleri Başkanlığı ile ilgili talep eşit yurttaşlık ilkesi çerçevesinde çözülmelidir. Laik ve demokratik bir devlette DİB gibi bir kurumun varlığı tartışmalıdır, Adil çözüm, devlete bağlı din sisteminden vazgeçmektir ve bu kapsamda DİB'in idari ve mali yapısı yeniden gözden geçirilmelidir.

"DİB, bütün inanç gruplarını içerecek bir şekilde genişletilirse, bugünkü eleştiriler ortadan kalkar ve adalet ilkesi bakımından sorun çözülür." Anlayışı âcizane bu fakire göre yanlıştır; çünkü dinin, inancın içeriği ile ilgili uzlaşmazlığın veri olması bir yana, din alanının nasıl idare edileceği konusunda da mutabakat mümkün değildir ve her durumda bir kesim özellikle de Aleviler kendisini mağdur hissedecektir ve öyle de olacaktır. Cemlerin özgünlüğü kalkacak, dedelerin Cemlerde ne konuşacağına DİB karar verecek ve memur olarak eğitime, mevzuata ve prosedüre tabi tutulacaklarından dolayı asimilasyon hızlanacaktır. Bu durum Alevilerin problemlerini çözmek bir yana daha da artıracaktır.

Kimliklerdeki din hanesi çıkarılmalıdır! Bu uygulama bireylere dinsel kanaatlerini açıklama zorunluluğu getirmesi nedeniyle inanç özgürlüğünü zedelemekte ve ayırımcılık üretmektedir.

Avrupa ülkelerinde olduğu gibi "inanç vergisi" uygulaması getirilmelidir. İnanç vergisi konusunda vatandaşlar serbest bırakılmalıdır.

Alevilerin kamu kurumlarına alımlarda karşılaştıkları ayrımcılığa karşı bir takım önlemler acilen alınmalıdır. Özellikle mülakatla alımlarda ayrımcılık yapılmasına izin verilmemelidir. Bürokraside ve kamu yönetiminde Aleviler; ehliyete ve liyakate göre hak ettikleri oranda temsil edilebilmelidirler.

İstanbul Boğazı'na yapılacak 3. köprünün ismi konusu toplumsal barış açısından yeniden gözden geçirilmeli ve değiştirilmelidir.

Hace Bektaş Veli Dergâhı müze statüsünden çıkarılarak sahipleri olan Alevi yol önderlerimizin oluşturdukları vakfa veya yerel yönetime teslim edilmelidir! Aleviler en kutsal kabul ettikleri dergâhlarına ücret ödeyerek girmekte ve sadece seyirlik bir gezinti yapmak zorunda bırakılmaktadırlar. Dergâhın manevi havasını almak, orada Cem yapmak ve ibadet etmek, inanç önderlerini eğitip yetiştirmek Alevilerin en doğal hakkıdır.

Zorunlu din dersi kaldırılmalıdır. Din eğitimi ve din dersi sivil toplum tarafından verilmelidir. Böylece bütün inanç grupları kendi inanç önderlerini yetiştirecek temel eğitim veya yükseköğretim kurumlarını serbestçe oluşturabileceklerdir. Aleviler için Cem Evlerinin statüsü konusu, din ve inanç öğretimi sorununun bir parçasıdır. Çünkü dinî inanç ve tutumların çocuklara aktarılması meselesi, temelde örgün eğitimden ziyade yaygın eğitimle halledilebilir.

Aleviler için Cem Evleri yaygın eğitim alanlarıdır. Bu nedenle devlet, Cem Evlerini hukuki statüde inanç ve eğitim kurumları olarak tanımalıdır. Cem Evleri, diğer ibadethaneler gibi ya da kriminal açıdan ya da insan hakları açısından denetlenebilir. Devlet okullarında ve özel okullarda ebeveynlerin isteklerine göre farklı inanç ve mezheplere ait derslerin okutulmasına izin verilmelidir.

Alevilik eğitim ve öğretimini mevcut ilahiyat fakültelerinden mezun olan öğretmenlerin vermesi hem pedagojik açıdan hem de bu öğretmenlerin Alevi kültürü hakkında yeterli birikime sahip olmamaları nedeniyle uygun değildir. Bu derslerin, yeterli alt yapı sağlanıncaya kadar lisans mezunu Alevi bireylerin kısmi ya da tam zamanlı istihdamı ile verilmesi sağlanmalıdır.

Alevilerin taleplerinin büyük bir kısmı laik devlet ilkesi çerçevesinde rahatlıkla çözülebilecek konulardır. Bu nedenle eşit yurttaşlık talepleri insan hakları ve hukuk devleti temelli bir çözüme acilen kavuşturulmalıdır.

Alevilerin sorunlarının çözümü sadece Alevileri ilgilendirmemektedir; Alevilerin sorunlarının çözümü aslında Türkiye'de Alevi-Sünni-Gayrı Müslim tüm cemaatlerin ve inanç gruplarının da özgürlüğü anlamına geleceği kavranmalı ve mesele bu noktadan ele alınmalıdır.

Alevilerin sorunlarının çözümü, evrensel anlamıyla düşünce, inanç ve ibadet özgürlüğünü garanti altına alan bir hukukî ve siyasi çerçevenin tesisini gerektirmektedir. Bunun başarılması, her kesimden ve her inanç grubundan bireylerin çabasını gerekli ve değerli kılmaktadır.

ALEVİLİKTE DEDELİK KURUMU ve DEVLET

Son söz Aleviliğin Serçeşmesi Hünkâr Hace Bektaş Veli Dergâhı postnişini Sayın Veliyettin Hürrem Ulusoy'un olsun:

Devletin "Dedesine Maaş", Talibin Dedesine Hakkullah

Mevcut hükümetin geçmiş yıllara ait çalışma ve söylemleri dikkate alındığında Aleviliğin inançsal yapılanmasına yönelik resmi ve hukuksal birtakım girişimlerde bulunulmak istenmekte ve bu girişimler dâhilinde Diyanet İşleri Başkanlığı bünyesinde kurumsallaştırılmaya gidilmesinin gerekliliği savunulmaktadır.

Ancak, gerek Aleviliğin temel kurumları ve gerekse bu temel kurumlar içerisinde yer alan *"Dedelik Kurumu"*, devletin doğrudan düzenleyici müdahalesine maruz kalmamıştır. Bu aşamada, devletin doğrudan Aleviliğin inançsal yapısı ve dedelik kurumuna müdahalesi son derece tehlikeli ve özellikle kaçınılması gereken bir tutum olmalıdır.

Dedelik kurumuna müdahale edilmesi, bu kurumun kendi inançsal meşru meşruiyetini ve bu meşruiyet dâhilinde varlığının anlamını bütünüyle imha edecek ve yerine devlet merkezli bir kurumsallaşmaya yer verilecektir.

Böyle bir girişim, laiklik ilkesi ile tümüyle çelişeceği gibi, bir inancın kurumsal yapısının devlet eli ile düzenlemesi kabul edilemez. Yapılması düşünülen böyle bir düzenleme olsa olsa mevcut eşitsizliğin, yanlışların ve ayrımcılığın daha da ağırlaşmasına katkısı olur.

Dedelerin nasıl yetiştirileceği, kimlerin dedelik yapıp yapmayacağı, dedelerin yapacağı hizmetlerde aranan ölçüt, özellik ve koşullar bir bütün olarak Alevi öğretisinin iç meselesidir ve bu mesele zaten belirli bir düzene bağlanmış durumdadır.

İşlenmekte olan bu düzene müdahale edilmesi açıkça Aleviliğin devlet eli ile yeniden inşası demektir. Bu da Alevilerin temel hak ve özgürlükler bağlamında talep etmiş oldukları hiçbir sorunu çözmez tam tersine kronikleşen sorunlara birinin daha eklenmesi ile sonuçlanır.

Devlet eli ile dedelik kurumuna müdahale edilmesinin Alevi toplumuna pozitif hiçbir katkısı olmayacaktır, tam tersine aşağıda yer alan sonuçları beraberinde getirir:

Dedelere devlet bünyesi veya bunun dışında yer alan herhangi bir kuruluş aracılığı ile kadro tahsis edilip, maaşa bağlanmaları Diyanet'in resmi verilere göre sayısı 140 bini aşan kadrosundan sonra maaşlı yeni bir dinsel kesimin yaratılması ile sonuçlanır. Ezel ve Ebed olan Yolumuzun hiçbir düsturunda böyle bir uygulama bugüne kadar yer verilmemiştir ve bundan sonra verilmesi de kabul edilemez.

Dedelik kurumu, devletin gördüğü ve anlamak istediği şekilde yalnızca dededen ibaret değildir. Tersine dedelik kurumu pir, rehber, mürşit, zakir, ana, sultan ana, baba vb. öğeleri de kendi içinde barındırır. Bu anlamda devletin, dedelik kurumuna müdahale etmesi Alevi inancının terminolojisinde yer alan bazı kavramların da imha edilmesi anlamına gelir.

Alevi inancı cinsiyet farkı gözetmeksizin kendi içinde eşitlikçi bir yapıya sahiptir. Eşikteki, beşikteki, döşekteki birdir ve hepsi candır. Devlet eli ile yapılacak bir müdahale ve düzenleme Diyanet'in sayısı 140 bini aşan kadrosunun eşitlik anlayışından hiçbir farkı olmayacaktır. Örneğin, DİB Strateji Geliştirme Başkanlığı "2014 Yılı Performans Program Raporu"na göre Genel Personel Durumu Tablo 11 - Hizmet Sınıfları ve Tahsis Durumlarına Göre Kadro Dağılımı:

Merkez Teşkilatı'nda görev yapan personel sayısı: 1040 (Kadın: 67, Erkek: 973), Taşra Teşkilatı'nda görev yapan personel sayısı: 103560 (Kadın: 16.456, Erkek: 87.104), yüzdelik oranı (Kadın:%15.79, Erkek: % 84.2)

Bu verilere bakıldığında Diyanet bünyesinde kadro tahsis edilmesi düşünülen dedelerin toplumsal cinsiyet eşitliğindeki görüşleri başta Alevi toplumuna zarar vereceği gibi Türkiye toplumuna da pozitif yönde hiçbir katkısının olmayacağı açıktır.

Alevi Bektaşi inancında "Yetmiş iki fırkayı bir nazar ile görmeyen halka müderris olsa hakikatte asi" sayılır.

Diyanet'in resmi web sayfasında yer alan Dini Kavramlar Sözlüğü bölümüne bakıldığında

Gayr-i Müslim: "Müslüman olmayan anlamına gelen gayrimüslim, din ıstılahında kâfir, müşrik ve münafık kimseyi ifade eder," şeklinde bir tanım ve bakış açısı ile hangi ortak noktada buluşacağız ya da hangi sorun üzerine ortak bir zeminde görüş birliğine varacağız?

Eğer dedeler için böyle bir görüş ya da fikir düşünülüyorsa vay halimize ve tabii bir o kadar insan olma gerekçemize.

Alevi tarihinin hiçbir döneminde "dedelere maaş" adı altında herhangi bir ödeme yapılmamıştır, yapılması da kabul edilmez; çünkü Alevilikte Yol hizmetini yürütenlere, talipleri tarafından gönüllerinden geldiği oranda Çerağ veya hakkullah verilir. Ödenen bu meblağın ederi hiçbir zaman hizmeti yürüten kişi veya kişiler tarafından da belirlenemez.

Devletin belirleyeceği ve ödeme yapacağı maaş Alevi öğretisindeki hakulah anlayışı ile tamamen zıt noktalarda yer alır, çünkü devletin bütçesi bu ülkede yaşayan bütün toplumsal kesimlerin ödediği vergilerden oluşur. Alevi toplumunun hizmetini yürüten herhangi bir kişinin bütün toplumsal kesimlerin ödediği vergilerden olan bir bütçeden maaş alması yürütmüş olduğu hizmetin inkârı anlamına gelir ki bu durum aynı zamanda diğer toplumsal kesimlerin haklarının yenilmesi ve ihlal edilmesi demektir. Oysa Aleviliğin temeli haktır, hizmeti yürütenler ise bu hakkı korumak ile mükelleftirler.

Alevilikte ve Alevilerde Yol hizmetini yürütenler talipleri gibi işinde, gücünde, tarlasında, bağında, bahçesinde, özel sektörde, devlet dairesinde (son dönemlerde bu daire Aleviler için hayli daraldı) çalışır ve üretirler.

Devlet eli ile dedelik kurumuna müdahale edilmesi halinde ise Alevi toplumu içindeki bu eşitlik olgusunu zedeler ve aynı zamanda Aleviler içerisinde bir *"fukaha takımının"* oluşmasına neden olur.

Alevilikte ve Alevilerde hiç kimse veya hiçbir organ *"fetva makamı"* değildir, devlet eli ile yapılmak istenen ise Alevileri *"terbiye etme"* adına bir *"fetva"* makamı oluşturmaktır. Oysa Alevi öğretisinin düsturları net ve açıktır. Örneğin, "eline, beline, diline sahip olmak." Bunun için herhangi bir *"fetva"* makamına gerek var mı? Kesinlikle hayır.

Yol'a talip olmak ile bir devlete yurttaş olmak farklı olgusal gerçekliklerdir. Devletin ödev ve sorumluluğu yurttaşlara eşit haklar perspektifinde yaklaşmasıdır. Alevilerin devletten beklentisi talebi de bu yöndedir.

Uzunca bir süredir Alevi toplumu tarafından dile getirilen taleplerin hiçbir yerinde *"dedelerimizi maaşa bağlayın"*, *"dedelerimize kadro tahsis edilsin"*, *"dedelerimizi yetiştirin"* vb. ifadeler yer almamıştır. Devletin burada yapmak istediği Alevi yurttaşlara olumlu yönde herhangi bir hizmet yapmaktan öte kendinin kontrol ettiği ve yeri geldiğinde dileği gibi müdahale ettiği bir Alevi toplumunu inşa etmektir.

Bunun sadece ismi Alevilik olur. Oysa dedeler Yol'a hizmet için talibe gider, devlete hizmet için değil. Devlet hizmeti ise yurttaşlık temelinde kendisine verilen veya üstlenilen görev ve sorumluluğu liyakati ve yaptığı hizmetin niteliği yerine getirilir.

Dedelerin, talipler ile birlikte yürütmüş olduğu Yol, Hak-Muhammed-Ali Yolu'dur. Buna ne Diyanet, ne ilahiyat fakülteleri ve ne de devletin asimilasyon amaçlı yetiştirmiş olduğu kadrolar müdahale edebilir. Devletin mevcut Anayasası, kanun ve kaidelerinde dahi böyle bir uygulama yer almamaktadır.

Devlet, dedelerin Ayin-i Cem yaptığı yeri ibadethane olarak tanımıyorsa, dedenin yürütmüş olduğu Cem'i ibadet olarak kabul etmiyorsa, mantıksal olarak dedenin kendisini de bizzat inkâr ettiği sonucuna varılmaz mı?

Veliyettin Hürrem Ulusoy

NAZARI ŞAH-I ERENLER BİZLERİ BEKTAŞ ETTİ,
NAMIMIZ AŞK-I ALİ BÖYLE KIZILBAŞ ETTİ!
Aşk ile!

Musa Kâzım Engin